時間と空間の相克

後期ティリッヒ思想再考

Conflict between Time and Space:
Reconsideration of the Late Tillich's Thoughts

鬼頭葉子 著
KITTO Yoko

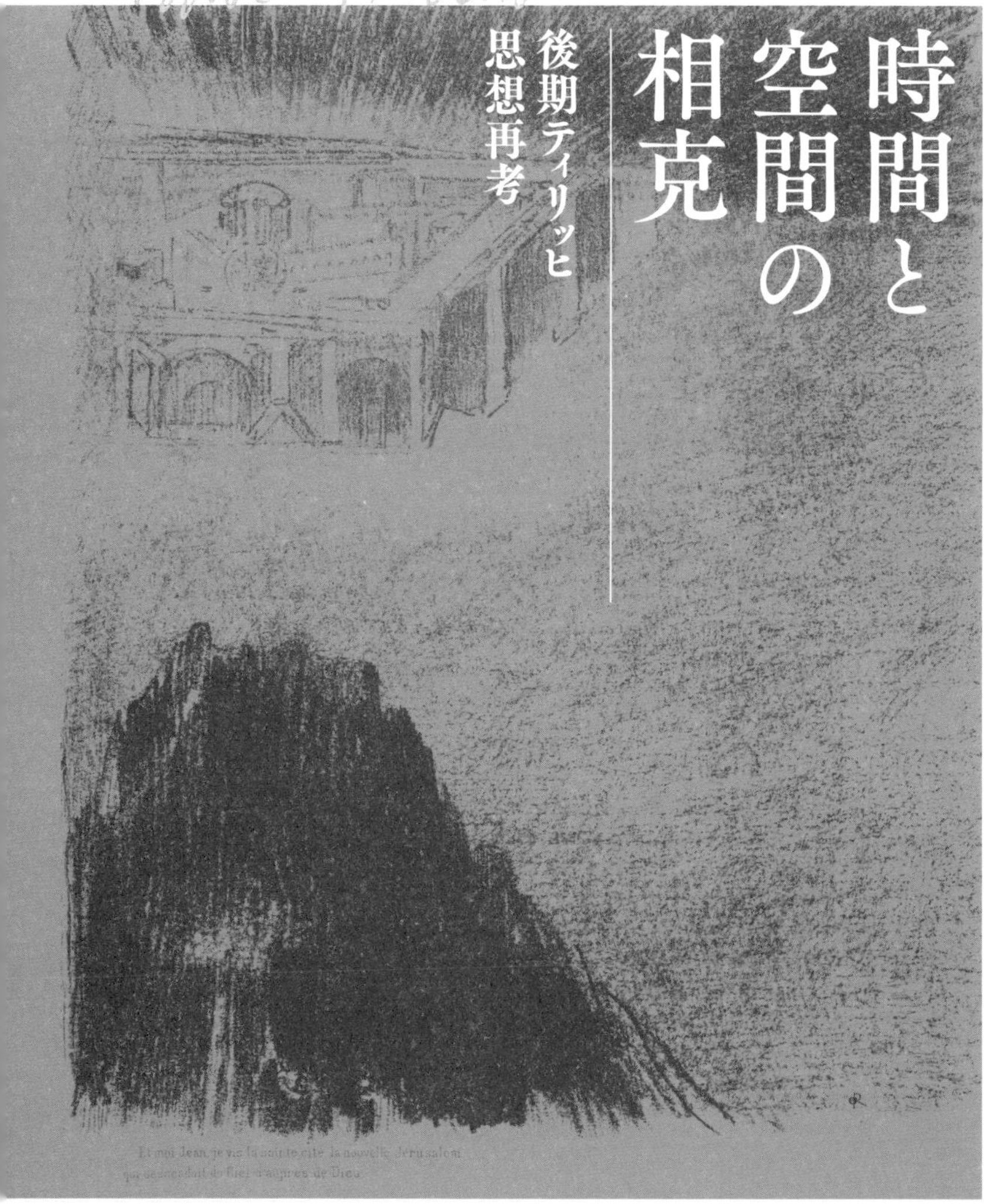

ナカニシヤ出版

序　――現代におけるティリッヒ思想の意義――

「神学の基盤そのものが歴史的であり、預言者精神が神学に、人間の実存そのものに対する歴史的な見方を迫るのである。」
――Paul Tillich, History as *the* problem of our period, 1939.

「預言者」は、時代の内にありつつ、時代を超えた視座から人々に語りかける。パウル・ティリッヒ（一八八六－一九六五年）の神学は、激動の二十世紀に生きつつ、その時代を超え、時代状況に警鐘を鳴らし続けた彼の預言者的批判精神のなせるわざであった。本書は、ティリッヒの「預言者」としての時代状況への取り組みに光を当て、ティリッヒの歴史哲学を明らかにする試みである。

ティリッヒはルター派の牧師の父のもと、ドイツのベルリン郊外で生まれ、ベルリン、チューリンゲン、ハレの諸大学で哲学および神学を学んだ。ティリッヒの思索の特徴の一つは哲学と神学の境界に立って思考する点にあるが、それは彼がギムナジウム時代に、古書店で出会ったフィヒテやシェリングなどドイツ観念論の著作を夢中で読み耽った頃より一貫している。ティリッヒは論文「シェリングの積極哲学における宗教史の概念――その前提と原則」によりブレスラウ大学から哲学の学位を（一九一〇年）、論文「シェリングの哲学的発展における神秘主義と罪責意識」によりハレ大学から神学の学位を（一九一一年）、それぞれ獲得した。そしてティリッヒは、在学中よりベルリン郊外の労働者地区にある教会の牧師として、また第一次世界大戦中は従軍牧師として働きつつ自身の思索を磨いた。前線から戻ったティリッヒは、一九一九年よりベルリン大学で私講師となったことを皮切りに、マールブルク大学神学部員外教授、ドレスデン工科大学宗教・社会哲学教授、そして一九二九年に四十三歳の若さでフランクフルト大学哲学教授に就任する。フランクフルト時代は学者として名実ともに恵まれた環境にあったと言えよう。しかしティリッヒは一九三〇年代後半に入り、国家社会主義（ナチ）が強調する「血と地」の民族主義的・神話的要素や、第三帝国を「地上の神の国」と捉えて称揚する一部の神学者らの思想を鋭く批判した。その結果一九三三年、フランクフルト大学の職を追われ、同年アメリカへと亡命する次第となったのである。

ティリッヒはアメリカでも哲学者また神学者としての名声を獲得した。コロンビア大学客員講師、ユニオン神学校の宗教哲学・組織神学客員教授を経て、ユニオン神学校教授（一九四〇‐一九五五年）、ハーヴァード大学全学教授（一九五五‐一九六二年）、シカゴ大学神学部教授（一九六二‐一九六五年）として迎えられている。

彼はアメリカでの成功を喜ぶ一方で、自身のこの亡命体験を、神の召命を受けて父祖の土地を離れたアブラハムの物語になぞらえている。その後の生涯にわたってティリッヒは、アブラハムの召命物語を、「特定の空間を離れ、時間の神の物語の中に入れられた」ことの象徴として、友人たちとの会話や書簡、あるいは講演の中で語り続けたという[1]。ティリッヒの解釈によれば、アブラハムは特定の空間を離れたことによって、空間の喪失に伴って失われることのない時間の支配と、空間の限局性にとどまらない普遍性を獲得したのである。アブラハムのみならず、全ての聖書の預言者たちの行為は、バアルの神との抗争に象徴されるように、特定の空間に束縛されることに対する抵抗であった。ティリッヒもまた、その預言者精神ゆえに、歴史が彼の神学の中心的課題となったのである。

ティリッヒに関する従来の研究では、彼の神学の特徴である「存在論」が国内外問わずクローズアップされてきた。ティリッヒの「究極的関心」「哲学と神学の相関」「無制約性」「存在の根底としての神」などの概念はよく知られているが、いずれも存在論との関わりで考察されてきた。ティリッヒが述べた、「パスカルに抗して私は言う、アブラハム、イサク、ヤコブの神と哲学者たちの神は同一である」との言明は、聖書の人格的な神を存在論的枠組みに閉じ込めたとみなされ、哲学界からも神学界からも大きな反響、反論を巻き起こした。このように、ティリッヒ思想の中では存在論が注目され過ぎたためか、彼の歴史哲学については正当な評価がなされてこなかった。

しかし前述のようにティリッヒにとって、歴史は中心的な課題であっただけではなく、歴史と存在の相克、あるいは時間と空間の相克は生涯にわたって追及されたテーマであった。時間と空間の相克において、ティリッヒは、ナショナリズムやファシズム、地縁・血縁など、特定の「空間」に束縛されがちな人間存在のあり方を批判する。それに対し、ティリッヒが想定するキリスト教とは、歴史の中で働く神によって導かれる「時間性優位な宗教」であり、キリスト教会は特定の「見える教会」やパレスチナ地方といった空間に限定されるものではない。空間や国家の制限は取り払われ、救済の出来事は普遍的歴史となるのである。その一方で、ティリッヒは「人間はどこから来てどこへ行くのか」といった問い、すなわち存在の根拠や起源といった特定の時間・空間の中で記述できない事柄を存在論によって問い続けたのである。歴史と存在、あるいは時間と空間は、ティリッヒにとっては欠くことのできない車の両輪のようなものであった。しかしティリッヒの歴史概念は、彼の思索において存在論と同様重要な概念であるにもかかわらず、これまで十分に解明されてこなかった。そこで筆者はこの歴史概念について、時間、空間、そして共同体の概念を鍵としつつ解明を試みた。

本書は以下のように構成される。第1章ではティリッヒ研究の現状と本書の目的について述べる。続く第2章では、後期ティリッヒ思想において、「近代」という時代の精神がいかに批判されつつ継承されていったのかを概観する。ティリッヒは、近代における「自律的で合理的な」個人というあり方は、人間を他のあらゆる個人から切り離し、孤立した存在に変えたと捉える。従来、精神的リアリティを共有することによって人々が結びつけられていた共同体（community, Gemeinschaft）は、集団の構成員が協働する利益社会（society, Gesellschaft）

へと変貌を遂げたためである。「近代」という時代状況の分析と、ティリッヒがその思想を形成していく過程を追い、ティリッヒ思想を哲学史および神学史の潮流の中に位置づける試みを行う。

第3章および第4章では、後期ティリッヒ思想における主要なテーマの一つである「共同体」の構造とその諸問題について論じる。まず第3章では、共同体における構造の問題として、「空間」の地縁血縁的な束縛と、それを打開する「時間」といった相克について取り上げる。そしてティリッヒが特定の空間に囚われない共同体として措定する、「霊的共同体」の特徴について把握する。続く第4章では、共同体内における個人の倫理的行為に関して、価値の絶対性と相対性を調停する宗教的次元の議論を検討する。

本書後半の第5章および第6章では、後期ティリッヒ思想におけるもう一つの主要テーマである「歴史」の構造とその諸問題について考察する。ティリッヒの歴史哲学では、歴史意識を喚起する「カイロス」、および歴史の目標としての「テロス」が重要な概念となる。ヤスパースやレーヴィットらの歴史哲学を参照しつつ、ティリッヒの「預言者的」歴史観の特徴について論じていく。特に第6章では、歴史を超える終末論について詳細に扱うこととなる。第7章では、議論全体のまとめとして総括的な考察を行う。

補論には、ティリッヒ思想と他の思想家との比較研究四編を収録した。筆者が博士論文提出以降に執筆したもので、比較研究という性質上、ティリッヒ研究として本論に組み込むのではなく、それぞれ独立した形で提示した方が、本論の一貫性を保ちつつも、ティリッヒの思想を多面的に理解するために相応しいと思われる。多様なテーマをめぐって、様々な思想家たちとティリッヒとの対話を試みた諸論文によって、ティリッヒ思想の豊かな展開可能性の一端をお伝えできれば幸いである。

二〇一五年をもって、ティリッヒ没後五十周年を迎えた。前後するように国内外では多数の研究書が出版され、欧米圏のティリッヒ研究を担う北米ティリッヒ協会や、独パウル・ティリッヒ学会、そのほか哲学、神学、宗教哲学に関する大小の学会によって多数の関連企画が行われた。また、ドイツの出版社である de Gruyter 社は、以前より刊行している *Tillich Research* において没後五十年特集を展開した。しかし現在、ティリッヒ思想を研究することの意義は、単に過去の思想家を記念し想起することにあるわけではない。

de Gruyter 社は、叢書（*Tillich Research*）と学術誌（*International Yearbook for Tillich Research*）を発刊しており、特に *Tillich Research* は近年、年間複数冊が発表されている。また LIT Verlag の論文集（*Tillich Studien*）も二〇〇〇年以降発刊が続いており、ティリッヒの研究テーマはいまだ尽きない。それはティリッヒ思想が現代の社会的文脈においても極めて示唆に富むという特質を持つがゆえであろう。例えばティリッヒ思想は、共同体のヴィジョンや歴史を連帯の根拠とする現代の公共哲学や徳倫理学の潮流につながる先見性をも持っている。二十世紀末から二十一世紀に入る頃、ドイツの社会哲学者であるＪ・ハーバーマスやカナダの政治哲学者であるCh・テイラーは、それぞれ宗教についての論考を発表し始めた。彼らは共通して、自身が従来行ってきた公共性をめぐる哲学的思索だけでは、現代の社会状況を了解できないという問題意識を持ち、その結果として宗教についての思索（とりわけその公共性に関する思索）を展開している。「ポスト世俗化時代」とも呼ばれる、このような思想状況に鑑みても、社会における宗教の意味を「存在」という縦糸と「歴史」という横糸で編み上げたティリッヒ思想を今論じることには大きな意味があるだろう。

また日本でティリッヒ思想を読むことの意義も指摘しておきたい。我が国では地縁血縁や「故郷」のような「空間性」が極めて優位である。多くの人々にとって「故郷」は馴染み深く、温情ある場かもしれない。しかしその空間が喪失されたとしても、「時間」において人は生きることができ、共同体を構成しうる希望についてティリッヒは語っている。ティリッヒ思想における時間・空間概念の意味を解明する試みは、単なる思想研究にとどまらず、東日本大震災を経験した現在の日本に住むわれわれにも語り得る力を有しているのである。ティリッヒ研究のみならず、哲学や宗教、現代社会の課題や政治など、多様な関心を持つ方々に、本書を手に取っていただきたく思う次第である。

時間と空間の相克——後期ティリッヒ思想再考——＊目次

＊

時間と空間の相克——後期ティリッヒ思想再考——

第1章　ティリッヒ研究の現状および本書の目的と方法

十九世紀から二十世紀という近代の転換点にあって、人類は形而上また形而下において多大な変化を経験してきた。近代の人間の社会は、とりわけ従来の共同体の解体（社会理論に関する問題）や、世界観における超越的性格から内在的性格への転向（歴史論に関する問題）を経験した(1)。ティリッヒもまた、十九世紀末から二十世紀半ばという、思想史の上でも極めて大きな変化を被った時代において思索を行った人物である。本書は、後期ティリッヒ思想について(2)、その多岐にわたる思索の方向性の中でも、共同体や政治に関する社会理論と終末論を含めた歴史論に注目して議論する。後期ティリッヒ思想の社会理論と歴史論は、二度の世界大戦や歴史相対主義など思想の根本を揺るがす出来事を経て確立されたものであり、ティリッヒの時代状況に対する問題意識や思考方法を明確に見て取ることができる興味深い研究対象である。また時代状況との関連性からティリッヒの思想的変遷を明確化できるというだけでなく、後期ティリッヒ思想の社会理論と歴史論は、いまだティリッヒ研究において評価が分かれるテーマであるため、再評価を試みる意義もある。

本書の議論は、「近代」とは何かについて考察した上で、後期ティリッヒ思想に対する近代の状況による影響について、社会理論（共同体論）と歴史論それぞれに関して論じるという構成を取る。そして本書全体として、社会理論と歴史論を各々個別の議論としてではなく、歴史と共同体を構成する時間と空間の概念を手がかりとして、歴史論と社会理論とを有機的に関係づけることを目指す。さらに本書のもう一つの目標は、後期ティリッヒ思想において、その中核とされる存在論と、生の動態を記述する歴史論とが、相互補完的に成立しているという筆者の仮説を立証することである。これより、①後期ティリッヒ思想全体の解釈、②歴史における生の動態を記述した『組織神学』第三巻の位置づけと再評価、③ティリッヒ思想を通して近代から現代へ至る時代状況を明確につかむこと、の三点が論証の基軸となる。

従来の研究においても、後期ティリッヒ思想の存在論に対する注目度に対し、後期ティリッヒ思想の歴史論の解明、ならびに存在論との関係性についての評価に関する議論は不十分である。本書では、後期ティリッヒ思想における社会理論と歴史論の関連性、および歴史論と存在論の相互補完性に関する筆者の仮説（すなわち、歴史論なくして存在論は完成せず、存在論なくして歴史論は完成しない）を論証する。また、後期ティリッヒ思想について積極的に評価できる点を明らかに示した上で、なお残された思想的課題についても指摘する。

1　ティリッヒ研究の現状

後期ティリッヒ、中でも『組織神学』[3]に焦点を当てた研究の数そのものは少なくない。一九五〇年代から一九六〇年代、ティリッヒ研究の初期段階では、後期ティリッヒ思想の各論ならびに総論的研究の両方が行われた。ティリッヒが扱う様々なテーマに関して論じたケグレイ、ブレトール編集による論文集（一九五二年）は、各論的研究の代表であろう。この時期のティリッヒ研究は研究の初期段階でもあり、総論・各論に限定されるという性格上、ティリッヒ思想の概観的性格が強い。この初期段階において、ティリッヒの『組織神学』を構成する体系的記述に対して総論的批判的研究もいくつか見られた。その多くはティリッヒの組織神学体系が、聖書の記述に基づく伝統的神学と一致しないという観点から批判を行ったものである。代表的なものとしては、ハミルトン、[4]ニーバー、[5]ケルゼイ[6]らによる研究がある。これらの議論は、聖書の記述に基づく伝統的神学とティリッヒ思想の相違を指摘し、両者の比較ポイントを明確にした点では評価できるが、ティリッヒ思想の論理構造に沿っておらず建設的内容であるとは言い難い。

本書は、後期ティリッヒ思想の中でも『組織神学』（全三巻、一九五一―一九六三年）を主要テキストとして扱うが、歴史の問題を中心に扱う『組織神学』第三巻に対する研究者の評価は一定していない。とりわけ『組織神学』全体の体系性については、『組織神学』第一巻（神論）・第二巻（キリスト論）と、第三巻（聖霊論）との一貫性を疑問視する見解がある。全三巻の一貫性を見出さない立場としては、サッチャー、[7]藤倉[8]などによる研究が代表的である。彼らが一貫性を疑問視するのは、『組織神学』第一巻・第二巻における本質－実存の二項構造と、第三巻における生－本質－実存の三項構造とが一致しないのではないかという点に関してである。他方『組織神学』における一貫性を主張する研究としては、ギルキー、[9]ヴィットシアー、[10]ヴェンツ、[11]芦名[12]などが挙げられるが、近年の研究の方向性としては、『組織神学』に一貫性を見出す立場が多い傾向にある。本書は、『組織神学』の一貫性を主張する立場に基づき分析を行う。筆者が考える一貫性の論拠については本書の中で明らかとなるだろう。

また国内の研究においては、伝統的神学解釈との比較に基づいた『組織神学』第三巻への批判、特にティリッヒの歴史論・終末論の内容に対する評価の低さが見られる。[13]一方近年では、伝統的神学とティリッヒとの比較を中心に据えるのではなく、ティリッヒ思想における問題点も踏まえつつ、ティリッヒ思想の構造や背景に踏み込んで、彼の議論を発展的に捉える見解も示されている。[14]筆者もまた、ティリッヒと伝統的神学との比較については、ティリッヒの体系構造を重視せずに行うことは妥当ではないと考える。しかし、ティリッヒの議論を積極的に評価する従来の研究は、ティリッヒ思想の初期（第一次世界大戦まで）・前期（第一次世界大戦〜一九三三年）・中期（一九三三年〜第二次世界大戦）に関する内容が中心となっている。[15] そこで本書は、ティリッヒ思想を積極的に評価する諸先行研究において中心的主題ではなかった後期ティリッヒ思想、中でも伝統的神学との比較において評価が低かった『組織神学』第三巻を再評価することを試みる。

海外の諸研究においても、後期ティリッヒ思想の歴史論・終末論の評価は大きく分かれている。一九九一年に刊行された論文集 *New Creation or Eternal Now* は、ティリッヒの終末論をめぐる研究で主要なものである。この論文集は様々な論点で展開された研究を集めているが、中でもティリッヒの終末論が存在論的であるとの批判（リチャード、[16] シュヴァルツ等）[17] や、ティリッヒのいう「永遠の今」はニーチェの永遠回帰に近似するとの批判（マズア、[18] ヌォーヴォ等）[19] が目立つ。またパネンベルクは、『組織神学』におけるティリッヒの歴史論は「歴史の中心としてのキリスト」を「新しい存在」へと還元するものとして批判を行っている。[20] 国内の研究でも、相澤はティリッヒの歴史論・終末論が「存在論的」であると批判している。他にティリッヒの終末論に関する研究としては、ヘーネル、ローリンク、ライナー、ダンツ、ゲルハルト、ピーターズなどが代表的である。ヘーネルは、ティリッヒの終末論における「本質化」の概念について、倫理とのかかわりから論じており、[21] 本書の問題意識とも一致するが、ヘーネルの議論の範囲は社会理論全般ではなく「本質化」概念が中心となっている。ピーターズは、ティリッヒとパネンベルクの比較に基づいて、ティリッヒの終末論に未来的視点が不足していることを指摘し、ティリッヒはその現在論的・存在論的終末論に未来的視点を導入することが必要であったと述べる。[22] またピーターズは、ティリッヒの終末論と伝統的神学で語られる終末との相違を指摘している。同様にローリンクも、ティリッヒの終末論における垂直的次元への偏りを指摘している。[23]

他方ティリッヒの歴史論・終末論を積極的に評価する研究としては、ギルキー、[24] ブーザー、[25] ブルマン[26] などの研究がある。本書もまた、ティリッヒの歴史論・終末論に積極的に評価できる点を見出しつつ、構造的な批判を行う立場をとる。ギルキー、ブーザーは、ティリッヒの『組織神学』において歴史論と存在論とが互いに結びついて成立することを指摘しており、歴史論と存在論との連関という論点は、本書で解明していく課題とも共通する。またブルマンは、後期ティリッヒ思想の終末論について従来の研究で指摘されてきた現在論的視点や垂直的（vertical）視点のみを強調するのではなく、未来的視点や水平的（horizontal）視点を見出している。

続いて、後期ティリッヒ思想の歴史論に関する各論的議論を挙げておきたい。シュッスラー[27]、シュトルム[28]、ウィンキストら[29]には、ティリッヒの歴史における意味の問いについての研究がある。ダンツ[30]、ライナー[31]らはティリッヒの歴史論における「歴史の中心」としてのキリストに関する議論を行っている。ブーザー[32]は本書の問題意識にも通ずる「歴史」と「存在」の関係について議論し、ローリンク[33]は後期ティリッヒ思想の歴史論を包括的に検討する研究を行っている。先に挙げたシュッスラーは、ティリッヒの歴史概念とヤスパースのそれとの比較を行い、ティリッヒにとっての宗教的真理は、行為において為されることによって真理となるという点で、ヤスパースの哲学的信仰における真理との違いを指摘した。またシュトルムは、ティリッヒとレーヴィットの比較において、ティリッヒの歴史論はレーヴィットが批判する「キリスト教的歴史哲学」とは異なると指摘している。ライナーは、ティリッヒの『組織神学』第三巻と、一九三〇年の論文「キリスト論と歴史解釈」とを比較しつつ、後期ティリッヒ思想において、「歴史の中心としてのキリスト」と終末論とが補完的に両立していることを論証しようと試みている。このライナーの研究は、ダンツの研究と論点を共有している[34]。

ティリッヒの社会理論についての研究は、前期ティリッヒ思想、特に宗教社会主義における共同体理論に関する研究[35]が多数存在するが、後期ティリッヒ思想との一貫性と相違を明確に述べた研究は少ない。後期ティリッヒ思想と宗教社会主義思想との一貫性と変化について考察する研究としては、ドネリー[36]、R・H・ストーン[37]、M・テイラー[38]などによるものが挙げられる。筆者も本書で、後期ティリッヒ思想の社会理論が形成された発展史を踏まえて、後期以前のティリッヒ思想との相違と継続性を明らかにしつつ、後期ティリッヒのテキストそのものを分析する試みを行う。ドネリーの研究によれば、前期ティリッヒのマルキシズムの受容は、後期の思索においても生きており、潜在的霊的共同体をめぐる教会論などにも、前期ティリッヒ思想との共通項を見出すことができるという[39]。ストーンによれば、後期ティリッヒ思想は宗教社会主義の立場と断絶したわけではなく、社会倫理・政治思想において宗教社会主義のような具体的プログラムが失われただけであると捉えられる[40]。他方、後期ティリッヒ思想における社会理論と、ティリッヒの渡米以前の宗教社会主義とは、共通点よりも違いの方が大きいとみなす研究として、最近では相澤の研究がある[41]。またグレックナー[42]、ダンツ[43]は、主に後期ティリッヒ思想を視野に入れて、ティリッヒの共同体における道徳と人格の形成に関する議論を扱っている。アーウィン[44]の研究は、共同体におけるエロースに関する問題、ストーン[45]、ポンゴ[46]、ヴレーゲ[47]らは後期ティリッヒ思想における正義の問題を扱っている。

本節の締めくくりとして、国内におけるティリッヒ研究について、年代を追って概観しておこう。国内のティリッヒ研究が扱う内容も近年、芸術論・文化論・科学論など多岐にわたっているため、ここでは主として本書の主題である歴史論と社会理論、そして『組織神学』体系に関する研究に限定して取り上げる。ティリッヒの『組織神学』第三巻の翻訳者である土居真俊の研究は、一九六〇年にティリッヒ思想の概括的研究として、また後期ティリッヒ思想に触れた研究として、国内ではいち早く提示された[48]。また茂洋、藤倉恒雄の研究は、国内において先駆けてティリッヒの『組織神学』体系全体の議論を試みた点で評価できる。近藤勝彦の研究は、ティリッヒの歴史論を考察し、『組織神学』におけるティリッヒの歴史や政治に関する論考の弱点を批判した点で、ティリッヒの歴史論・政治論研究に進展をもたらしている[49]。近藤の主張に同意するか否かは別として、彼の研究には本書の論考の契機となる、歴史や政治に関するティリッヒ思想への批判が含まれている。先述のように国内では、ティリッヒ思想への積極的評価がなされる以前、ティリッヒの組織神学体系が「存在論的神学」であるとの見方が強かったが、芦名定道による「ティリッヒ神学が存在論的であるとのレッテル貼りは正当でない[50]」との指摘は、従来の「存在論的」という主張に疑問を呈する発端となったという点で重要であり、本書の主旨からしても注目すべきである。さらに芦名の一連のティリッヒ研究[51]は、ティリッヒ思想を初期の思索から晩年期に至るまで、展史的考察を踏まえた上で分析を行った点で、国内のティリッヒ研究において画期的であったといえる。今井尚生は、ティリッヒのカイロス概念について、特にカイロスにおける意味や価値の動的真理の問題に的を絞って的確に論じている。また近藤剛の研究は、国内ではまだ不十分な初期ティリッヒ思想（～第一次世界大戦）の解明を試みた点で評価されるだろう。相澤一は、近年では珍しくティリッヒの『組織神学』全体にわたって考察を行い、独自の批判的姿勢を貫いている。本書の狙いがティリッヒ思想の積極的評価ならびに『組織神学』（特に第三巻）の再評価の試みであるという点から、相澤の主張については、筆者の立場から回答することが必要であろう。またティリッヒの政治論・社会理論についての近年の研究では、ティリッヒの宗教社会主義に関して、中期ティリッヒ思想との継続に注目した岩城聡の考察が挙げられる[52]。これら国内の研究において、いまだ不十分と思われる点は、ティリッヒの歴史論と存在論との構造的な連関ならびに、歴史論と社会理論との有機的な結びつきについての論考であると考えられる。ティリッヒ研究の流れを変えた芦名の発展史的研究では、後期ティリッヒ思想における歴史論や社会理論は、一九九四年、一九九五年の芦名の主要研究の直接の議論対象にはされていないため、本書において、歴史論・社会理論の詳細に踏み込んで議論する試みには、十分な学術的意義がある。

2　本書の問題設定と方法論

近年、ティリッヒ研究が初期段階における思想の全体的把握から進展するにつれ、多分野また長年にわたるティリッヒの思想を一括して把握しようとすることは、ティリッヒの思索を理解する上で正確さを欠くことになるという見解が研究者の間で共有されるようになってきた。クレイトンや芦名の研究は、後期ティリッヒ思想における相関の方法や存在論的人間学などについて、その方法論を考察し、前期ティリッヒ思想との連関や相違を指摘したという点で、概説的研究とは一線を画している[53]。これらの研究成果を踏まえるならば、ティリッヒ思想を単純に一括して概観することはもはやできないと思われる。本書の考察対象である後期ティリッヒ思想を研究する上でも、後期ティリッヒ思想のどこに思想の発展史上の一貫性と転換点を見出すのか、筆者の立場を明確化したい。ストーンは、後期ティリッヒ思想における前期ティリッヒ思想の位置づけについて、前期における思考内容は放棄されたのではなく、連続性や一貫性を持っていると指摘している[54]。本書も、発展史における変化は認めつつも、ティリッヒ思想に一貫性を見出すことを試みる。ティリッヒ研究において、初期・前期思想と後期・晩年期思想との違いあるいは断絶を強調する研究も散見され[55]、さらに各論的研究のみ、概説的研究のみを中心にした研究が多いことを考えれば、本書における、ティリッヒ思想の一貫性を積極的に見出しつつも転換点を明確にするという研究方法は、ティリッヒ研究においても今後重要になると考えられる。

本書では、後期ティリッヒの思索における全体との一貫性と転換点とを規定し、社会理論と歴史という二大テーマに沿って論考を行う。前期・中期のティリッヒ思想と後期のティリッヒ思想における相違、一貫性、転換点については議論が分かれている。例えば先行研究の一つ、パウクによるティリッヒの伝記的研究は、第一次世界大戦をティリッヒ思想の最大の転換期とみなしている[56]。また第一次世界大戦を転機と捉えつつも、歴史哲学の本格的形成が始まったことなどの変化から、一九二五年を大きな思想の転換期と捉える研究がある。この立場は、芦名、ブライポール、クレイトンなどに代表される[57]。他にティリッヒ思想の発展史上での大きな変化として、ティリッヒのアメリカへの亡命（一九三三年）、第二次世界大戦（一九三九年～一九四五年）が挙げられる。一つの見解として、ティリッヒの渡米（一九三三年）を契機とするより、第二次世界大戦の終結（一九四五年）をより強い契機として、ティリッヒ思想は特にカイロス概念の相違において大きく変化を遂げ、後期の『組織神学』と連係していったという見方がある。この点は、芦名、ブルマン、ヤールなどが指摘している[58]。本書は後期ティリッヒ思想を主眼に据えるため、初期・前期思想の内容については、後期思想形成のルーツを探るにとどめ深く立ち入らないが[59]、ティリッヒ思想の転換は、渡米が最大の契機ではなく、むしろ第二次世界大戦の終結であるという立場を取り、その論拠を述べていく。

またティリッヒの政治思想などの社会理論のみについて、あるいは歴史論のみについての各論は多数存在するが、本書は、社会理論と歴史論を明確に関係づけることを試みる。ティリッヒにおける社会理論と歴史論は、前期ティリッヒ思想、とりわけ歴史哲学が本格的に形成された一九二六年以降、宗教社会主義という形において明瞭に結びつくようになった。さらにこの時期の宗教社会主義では、歴史論と存在論の関係性（時間と空間の抗争）が明確に指摘されているため、歴史論と存在論の関係も、宗教社会主義の文脈で取り上げられることが多い。しかし後期ティリッヒ思想において、なかでも評価が様々な『組織神学』第三巻を中心に社会理論と歴史論を関係づけ、歴史論と存在論の相互補完性を明確に理論づける試みはいまだ不十分である。

本書の議論は、後期ティリッヒ思想において、歴史論と存在論とが相互補完的に位置づけられているという仮説に基づき、歴史論と存在論の連関を時間概念・空間概念の分析を用いて明らかにするという手順で進められる。ティリッヒ思想において「時間」「空間」概念は、前期から晩年期に至るまで深い関心の対象となっており[60]、彼の思想を構成する重要な要素である。ティリッヒ思想において、時間の概念は歴史を構成する基本概念となり、空間の概念は共同体や集団、そして共同体における社会理論や政治動態を構成する基本概念となる。

歴史論と存在論の相互補完性について検証するために、本書は、後期ティリッヒ思想の中心的著作である『組織神学』を主要テキストとして扱う。『組織神学』を主に扱う理由は、『組織神学』第一巻・第二巻では存在論的に記述された、存在における本質と実存の構造が、第三巻では生のダイナミクスとして記述され、時間概念・空間概念とが、歴史の内外でどのように実現・成就するかという論点が明確に示されているからである。第一巻・

第二巻で存在論的記述を用い、第三巻では動的な歴史論の記述を用いたという筆者の見解に関しては、以下のティリッヒの言葉が典拠の一つとなるだろう。「実存的性質も本質的性質も共に抽象であり、実際には両者は『生』と呼ばれる複雑な動的統合において現れる」(Tillich [1963a], 66f.)。さらに先述のように、ティリッヒの歴史論と存在論の連関を示す際、存在論的と批判される『組織神学』第三巻の中で、存在論を基盤としつつ歴史論が成立していることを証明できれば、研究史における新たな進展となるだろう。『組織神学』のテキスト分析については、本書の主要目的は、歴史論と存在論の相互補完性を論証するとともに、後期ティリッヒ思想における社会理論と歴史論の内容を正確に理解し、その特徴を抽出することでもあるから、『組織神学』の第三巻の記述を主として分析し、『組織神学』第一巻・第二巻の存在論的記述については、存在論とはどのようなものであるかについて、先行研究を参考としつつ把握し、第三巻の分析に応じて参照するという方法をとる。

また後期ティリッヒ思想全体に対する本書の分析方法として、後期ティリッヒ思想が形成された背景を明確にするために、前期ティリッヒ思想・中期ティリッヒ思想の内容に触れるが、これは後期ティリッヒ思想における前期・中期ティリッヒ思想との一貫性と相違を明確化するためであり、論述の軸足は後期ティリッヒ思想において研究を進める。

以下、本書の概略を示しておく。全体は大きく三つの構成に分けられる。第一にティリッヒ思想の形成の背景——近代の状況——(第2章が相当する)、第二にティリッヒの社会理論の構造と諸問題——空間に関する事柄——(第3章、第4章が相当する)、第三にティリッヒの歴史論の構造と諸問題——時間に関する事柄——(第5章、第6章が相当する)について検討し、これらの議論で得られた知見に基づき歴史論と存在論の連関を解明する。

(一)第2章では、ティリッヒの依拠する思想的・神学的伝統を明らかにし、その思想背景がいかに後期の思索に影響しているかを述べる。ティリッヒが思索を行った時代の状況について、そしてティリッヒ自身が十九世紀を含む「近代」をいかなるものと捉えていたかについて、歴史と共同体に関する事柄を中心に考察する。[61]歴史・共同体を構成する時間・空間の概念は、ティリッヒが思索した時代状況において、科学的・経済的進歩や世界観の変容に伴い、極めて大きな変化を遂げている。思想史上の転換期にあって、ティリッヒが時間・空間の概念をいかに独自の仕方で我がものとして形成していったかを精査することにより、ティリッヒの歴史論・社会理論に関する思想形成の背景を把握することができる。また本書は、ティリッヒと近代の関係について、ティリッヒは後期思想においてもなお、思索の発端となった近代についての問題意識を継続させているという主張に立ち、考察を行う。

第2章の構成は以下の通りである。第2章**1**では、ティリッヒ思想が近代において育まれると同時に近代を批判する立場にあったことを示す。そのための手段として、ティリッヒの時間概念・空間概念の分析を行う。第2章**2**では、十九世紀から二十世紀初頭にかけて、近代の自律的理性が神学にもたらした影響について、それがティリッヒの思想形成といかに関わっているのかを論ずる。さらに第2章**3**において、ティリッヒが何を近代の課題として受け継ぎ、後期ティリッヒ思想に引き継いでいったのかを明確にする。

（二）第3章と第4章では、空間概念を基盤とした社会理論について検討がなされるが、第3章は共同体の「構造」を、第4章は共同体の「諸問題」をそれぞれ明らかにするという構成で展開される。本書において、共同体の「諸問題」とは、集団全体の問題としてではなく、個人としての実存が抱く問題として捉える。よって「構造」の議論は全体的・包括的議論、「諸問題」の議論は個のレベルでの議論となる。まず第3章は、「後期ティリッヒ思想における『共同体』の構造」に関して議論するが、第3章**1**では、ティリッヒの「エートス」および「エロース」概念の分析を通して、前期・中期ティリッヒ思想で構築された政治・社会についての概念について論ずる。

本書の主要テキストである『組織神学』での共同体概念に関しては、第3章**2**において詳しく述べる。さらに『組織神学』においての、共同体における生の根本的問題としての「両義性（ambiguity）」、すなわち一つの事柄が同時に相反する性質を持つ状況への答えとして提示される、霊の機能および形成される霊的共同体の特性を明らかにする。以上をもって、その構造について把握された共同体において、共同体を構成する個人がどのような諸問題に対面することになるのか、第4章では、共同体における個人のあり方について、道徳的行為の問題に焦点を当てて分析する。

（三）第5章と第6章では、時間概念を基盤としたティリッヒの歴史論を扱う。第5章では、後期ティリッヒ思想の「歴史」概念の構造について、カイロス論を中心とした前期・中期ティリッヒ思想における歴史論を参照し、思想の形成過程の中で後期ティリッヒ思想の歴史論がどのような意義を持つのかを述べる。第3章と同様、歴史概念の構造の議論は、歴史に関する全体的・包括的議論を扱う。

第6章では、後期ティリッヒ思想における歴史の諸問題を扱う。歴史における「諸問題」とは、第4章と同様、個のレベルでの議論を意味しており、歴史的実存の問題を中心に論ずる。第6章**1**では、後期ティリッヒ思想における歴史についての問い、実存にとって歴史が有意味か否かという問いの意味するところを探る。特にティリッヒと同様、歴史相対主義への応答という問題を抱えていた同時代の哲学者らの見解と比較しつつ、ティリッヒの意図を明らかにする。第6章**2**では、救済史として示される歴史あるいは歴史の終わり（終末）において、時間・空間概念がどのように捉えられるのかを検討する。そこでティリッヒの「神の国」概念における時間と空間の位置づけおよび完成——時間と空間の終わり——について明確にした上、ティリッヒの終末論における時間・空間概念の批判的考察を行う。

3　本書における「存在論」・「歴史論」の扱いについて

本論に入る前に、筆者が本書で用いる「存在論」・「歴史論」という語の意味とその扱いについて言及しておきたい。まず、ティリッヒの「存在論（ontology, Ontologie）」の語とその内容については、現在までに多数の研究が存在する。[62] またティリッヒの「存在論」概念について発展史的に研究した場合、それぞれの時代における思考枠組みや問題意識の違いを認めることができる。[63] 本書において、後期ティリッヒ思想の存在論については歴史論と対比する形で扱うため、存在論概念については、『組織神学』第一巻・第二巻、またティリッヒが存在論的人間学を確立した一九五〇年代以降の著作に提示された内容を中心に論じる。後期ティリッヒ思想における存在論（存在論的人間学）は、体系における問いと答えの相互依存的関係、すなわち「相関の方法」[64] の枠組みによって展開されるため、問いと答えの「神学的円環」[65] に基づいて構成された『組織神学』における文脈を中心に存在論を取り上げることが適切であろう。

ティリッヒの存在論は、「存在」するとはどのようなことか、という問題について扱う哲学的議論の伝統を踏まえつつ、後期ティリッヒ思想に至っては、ハイデガーの実存論的存在論とも共通する特色を持っている。[66] 一九二〇年代前半までの前期ティリッヒ思想では、ティリッヒは無制約的なものを把握するための学として形而上学を想定し、「形而上学は、無制約的なものを存在からではなく意味から把握する」（Tillich [1923a], 231）と述べていることからも分かるとおり、存在論は形而上学の背後に退いている。しかし一九二六年以降、ティリッヒのカイロス論における歴史哲学の展開とともに、存在論も概念化されてくる。ティリッヒによれば、理念や現実において認められる歴史性は、静的存在論では把握しきれない（Tillich [1926e], 283f.）。そこでティリッヒは、歴史の具体的状況（カイロス）が、真理（ロゴス）の把握形式を規定するという、真理の動的理解を提唱するようになる。[67]

真理（ロゴス）は永遠の安定ではなく、認識主体が決断する歴史において把握されるという。このようなティリッヒの思考過程において、歴史論と存在論の関連が明確に示されるようになる。

他方、ティリッヒの思考のうちには、存在論と対立する歴史論という構造もみられる（一九二七年「終末論と歴史」、一九三三年『社会主義的決断』、一九五九年『文化の神学』）。この違いは、ティリッヒがどのような意図を持って各論文を執筆したかという点に起因すると筆者は考える。とりわけ『社会主義的決断』では、「時間を空間の上に据える」ことにより、空間と結合した起源神話（第三帝国のゲルマン神話）を打破することが主要な目論見であった。『文化の神学』に関しては、文化活動における宗教的次元を示すことが論文の意図であり、国家あるいは集団の形成・抗争の過程に潜む「空間の神々に対する時間の神の闘争」を示すことが目的であったため、存在と歴史の対立構造がとられたと考えられる。

存在論と歴史論の関連性に議論を戻すと、両者の関連は、本書で扱う後期ティリッヒ思想に明確に継承される。『組織神学』第一巻の記述では、存在論的諸概念はアプリオリに規定されるが、「アプリオリとは、存在論的諸概念がひとたび見出されるや常に妥当するような、静的不変的構造ではない」（Tillich [1951], 166）。ここには存在論と、歴史における動的真理の両者が前提されている。そしてティリッヒは、自身の存在論において、存在論的諸概念のレベルを四つ設定する（*ibid.*, 164f.）。すなわち①自己－世界構造、②存在の基礎構造を構成する両極的諸要素、(68) ③本質－実存の二重性に基づく有限性、(69) ④諸カテゴリである。ティリッヒはあくまでも自身の神学的回答に関連する範囲での存在論を展開しており、(70) なぜ存在がこれらの構造に限定されるのかについては議論をしていない。これはティリッヒが自身の存在論で中心に据えたのは、有限性の概念の分析であり、実在全体の全的な把握を目指すものではなかったからと考えられる。人間が有限性を自覚するがゆえに神の問いへと向かう、その構造を明らかにすることがティリッヒの存在論の目的であったため、主眼はあくまで存在論的人間学にある。(71)

またこれに関連し、ティリッヒが存在論を提唱するに至った思想的背景についても言及しておきたい。ティリッヒの理解によれば、十九世紀の哲学思潮における新カント学派や神学におけるリッチュル学派は、「存在論を避けようとする試み」（*ibid.*, 19）であったと捉えられている。両者とも形而上学への批判的立場として知られ、ティリッヒによれば、新カント学派は哲学を認識論と倫理学へと還元し、リッチュル学派もまた神学を価値判断に還元したとみなされている（*ibid.*）。[72] 新カント学派やリッチュル学派が依拠した価値概念は、価値や規範がいかに妥当性を持つのかという問いを惹起することとなり、むしろ価値概念が基礎づけられているところの存在の構造を指し示すことに帰結したというのがティリッヒの解釈である。というのも、価値が存在において基礎を持たなければ、M・シェーラーが提唱したような価値の普遍的明証性を想定する立場を取るか、価値が歴史における偶然性や変化に左右されることを前提とするプラグマティズムの立場を取る以外にないからである（*ibid.*, 19f. Tillich [1963d], 76f.）。しかしティリッヒは反形而上学的な思潮を批判しつつも、自身も「形而上学（metaphisics）」の語を用いず、「存在論（ontology）」の語を採用する。その理由は、自身の試みが「形而上学」の語にある「メタ」の含意によって、世界の背後にあるもう一つの世界を想定するものだと誤解されないためである（Tillich [1951], p. 20）。ティリッヒは自らの思索を形而上学ではなく存在論と称することで、「実在のどの接触においても遭遇される、存在の構造の分析」（*ibid.*, 20）を行う意図を強調している。存在についての議論は、カテゴリ、構造の法則、普遍的概念を用いて遂行される。しかしティリッヒの存在論が特徴的であるのは、ギルキーが指摘するように、[73] カントによる形而上学の可能性についての批判に対し、実存的な答え（existential answer）をもって応える、すなわち存在論を有限な存在の分析に限定するという仕方で試みている点である。ティリッヒによれば、人間存在の本質的構造とは有限性であり、その有限性の中心的カテゴリは時間であるとされた（*ibid.*, 193）。カントの形而上学についての批判的解釈から、有限な存在についての分析へと至る道筋、しかも存在の有限性を時間性として捉える点で、芦名が指摘するように、ティリッヒの有限性の分析にはハイデガーとの類似性とその影響が明らかである。[74]

さらにティリッヒの存在論は、有限な存在の分析によって、人間が神の問いへと至らしめられる仕方を示す神学的円環から切り離すことはできないという特徴を持つ。そしてティリッヒの存在論は、神について存在論的な論証を行うような神学ではなく、人間についての分析から導き出された存在論的構造が、神についての存在論的言表と一致することを示す試みである。[75] またシュッスラー、ストーンによれば、従来、社会的な関係性のうちに現象学的に了解されてきた「力（power）」の概念についても、ティリッヒは存在論から理解する試みを行っている。[76] すなわち「力」もまた存在の構造に基礎づけられており、「力」は「非存在」に抵抗する存在の力であると理解される。人間存在も含め、あらゆる存在者は、その中心点に存在の力が働くことによって存在し得るのであり、それによって「存在そのもの」にも参与している（Tillich［1955］, 363）と捉えられている。

またティリッヒは、「自己 - 世界構造」によって、人間が「世界の中にいるが、同時に世界を持っている」（Tillich［1951］, 170）存在であることを言い表している。この構造は、先行研究でも指摘されているように、[77] ハイデガーの「世界 - 内 - 存在」としての現存在（ティリッヒの表現によれば、「存在の構造が明らかになる場としての現存在」[78]）の構造と類似している。後期ティリッヒ思想の存在論は、ティリッヒ自身が意識していたように、存在論の実存論的性格という点では、ハイデガーの存在論との共通構造を持っている。しかし前述したように、ティリッヒの存在論の目的は、人間の有限性から神の問いへと向かう必然性を論証する弁証神学の枠組みの内にある。このようなティリッヒの存在論は、存在者の性質について、一般的・普遍的に記述する試みではない。また存在者を個別的・歴史的現れにおいて記述する試み、すなわち歴史的出来事やその出来事において行為する者について問うことでもない（Tillich［1954］, 593）。この意味において存在論が扱う課題や領域と、歴史論が扱う領域は異なるが、両者を相互補完的な関係と捉えるのが筆者の立場である。

一方、「歴史論」という語はティリッヒ自身が用いている語ではなく、筆者が「存在論」と対比するために用いた語である。語の示す内容としては、ティリッヒの「歴史（history, Geschichte）」に関する思惟全般を意味している。よってティリッヒにおける歴史哲学一般と内容としては同一であるが、存在論との連関を際立たせるため、あえて「歴史論」の語を用いた。以後、本論において、存在論と歴史論が領域を異にしつつも、互いを必要とし、単純に分断されるものではないことを示していく。

第2章　後期ティリッヒ思想における「近代」という時代

1　近代人／近代批判者としてのティリッヒ
——時間・空間概念の重要性——

近年、ポストモダニティが問われる中、乗り越えられる「近代」とは何であるのかも問われ続けている。事実、歴史学、社会学、経済学、神学、科学史、宗教史など様々な観点から、近代の特徴や課題について議論されてきている。(1) また近代という時代の定義に関しても、自然科学の成立（十七世紀）以前のルネサンス人文主義（十六世紀）を近代の「隠されたアジェンダ」とみるトゥールミンや、十七世紀の市民革命以後を近代とみなすギデンズなど、各研究者によって理解に幅がみられる。(2) 本書では諸研究の成果を踏まえ、「近代」を自律的人間が理想とされたルネサンスの人文主義以降の時代を指すものとして用いることとする。ルネサンスを発端とする近代は、自然科学の成立を経て、さらに市民革命において封建主義体制が崩解し、社会制度的・思想文化的にも個人の自由を成立させた。この時点（十八世紀）をもって近代が完成したと捉えられる。このような近代理解のゆえんは、筆者が人間の社会的・思想的な自律と自由を近代の重要なファクターと捉えるからであり、またティリッヒが考える「近代」の定義にも沿っているからである。

本章の課題である近代とティリッヒとの関係については、二〇〇一年に行われたティリッヒシンポジウムの主題テーマに取り上げられたこともあり、いくつかの先行研究がある[3]。例えば宗教多元主義の状況とティリッヒ思想との関連性など、近年浮上した問題を扱うとともに、ティリッヒのカイロス概念を近代の進歩信仰と対比させて論じたグネルの論文[4]にみられるように、ティリッヒを近代批判者として捉えるものがある。またティリッヒ思想における理性と信仰とのかかわりについて述べたハイギスの論文は、ティリッヒ思想と近代における自律的理性の関連に言及した点が評価される[5]。その他、ティリッヒ思想と近代を関連させて論じた研究としては、ティリッヒの宗教社会主義の文脈において市民意識の状況を論じたブライポール[6]や、産業・政治・思想史上の革命的変化によって「近代性の危機を経験した」ワイマール共和国の政治的・神学的状況について詳述したエリクセンの研究が挙げられる[7]。前期ティリッヒ研究とりわけ「文化の神学」の文脈において、ティリッヒを典型的な近代精神に浸った神学者と捉える見解が多い中、マニングはティリッヒと近代との関係はアンビヴァレントであるとみなす。というのもマニングによれば、ティリッヒは近代の強硬な擁護者ではなく、かといって「ポストモダンの預言者」でもない、近代との結びつきと距離とを保っているからである[8]。ティリッヒと近代との両面的なかかわりという点では、日本のティリッヒ研究においても、芦名定道によって、ティリッヒが近代精神の自律的理性について肯定的・否定的側面を伴う両義的評価を行っていたという見解が示されている[9]。他にも、近年のグローバル資本主義が行き詰まりを露呈する中、ティリッヒの宗教社会主義の再評価もなされている[10]。以上、ティリッヒと近代についての主要な研究を列挙してきたが、これらの研究を踏まえた上で、筆者はティリッヒが近代人に理解しうる方法によって自らの神学を展開しつつも、近代を批判的に見つめ直そうとしたと捉え、検証していく姿勢に立つ。
さらに、理性に基づく自由の肯定および理性万能信仰の否定という、ティリッヒの近代への両面的かかわりを明らかにした諸研究の成果に加えて、筆者は近代における時間概念と空間概念の理解を明確にすることが、ティリッヒの近代に対する姿勢を理解する上で重要な鍵になると考える。「近代」における「時間」と「空間」の問題をティリッヒ思想と関係づける考察は、研究史を鑑みても試みる価値が十分にある。「近代」は、時間・空間の概念に大きなパラダイム転換が生じた時代である。その具体例として、自然科学や歴史科学の発展を挙げることが可能であろう。新たな時間・空間概念を基盤として、新たな思考枠組みや社会制度が形成されていったのである。

ティリッヒが時間・空間について問う以前、十七世紀以降の近代西欧思想において、多くの思想家が時間・空間の問題に取り組んできたが、その一人にカントをあげることができる。カントがアプリオリに直観される純粋形式としての時間と空間のカテゴリを提唱したことは、よく知られている（『純粋理性批判』）。また近代科学の発展を担ったニュートンの古典力学における時間は、過去から未来へと一定に前進する絶対時間であり、空間は現象が生じる場となる絶対空間である[11]。ここでの時間・空間の形式は、常に不変の形式である。

十九世紀末から二十世紀、近代の自律的文化を形作った純粋な時間・空間形式の考え方に対し、この形式だけでは人間の存在や認識を包括的に捉えることができないという批判が行われた。とりわけ時間の問題では、ベルグソンが提唱した空間的認識が不可能な意識の「持続」としての時間や、ハイデガーやブルトマンによる実存論的時間に関する議論がある[12]。ティリッヒの立場は、カントの純粋形式としての時間を批判的に捉え、現存在の基本的構造である時間性に基づいて時間を捉えるハイデガーの実存論的時間と共通基盤を持つ[13]。ティリッヒは二十世紀初頭、近代的自律性の所産であった時間の形式的定義を継承しつつ批判的に展開したハイデガーらの議論と問題意識を共有し、近代の思想的・社会的構造の行き詰まりについて分析する試みとして、時間・空間の概念に注目したと考えられる。近代における自律的理性の展開につれ、理性の発展は、全体としての歴史における自由の進歩として捉えられる一方、個としての人間について思索されることが少なくなっていった（ヘーゲルの歴史哲学において示された自律的理性の発展は、その後シェリング、ニーチェ、キェルケゴールらによって、実存の観点に基づいて批判された）。ティリッヒは近代における理性的人格としての個人という観点を保持しつつ、個人がいかなる存在者であるのかを、個人にとっての時間・空間のあり方の分析によって問うことを試みたのである。本章では、ティリッヒの時間についての主張の具体的内容を検討することによって、このようなティリッヒの意図を確認することとする。

ティリッヒは一九二二年の論文「カイロス」において、形式としての計測可能な時間（クロノス）と、特定の意味内容を持つ時間（カイロス）を区別し、カイロスを基盤とした歴史解釈を展開している（Tillich［1922］, 53）。実存は、所与の運命によって導かれた特定の状況に応答し行為しようとするが、応答や行為を決断する「今」この瞬間が、カイロスとしての「時間」を意味する。このようなカイロス理解に基づく時間概念の実存的要素は、強調点の違いや具体的内容の違いは当然あるものの、ティリッヒが最初のカイロス論を提唱した一九二〇年代から晩年の『組織神学』に至るまで、次のような意味で一貫している。すなわちティリッヒにとってカイロスとしての時間概念は、実存の決断による行為と所与の運命によって構成され、時間の内での特定の瞬間を示すという点で一貫した内容を持つ。クロノスは前から後へと進む時間の流れであり、それ自体に意味はない。歴史はカイロスという特定の時間における人間の自由に基づく行為によって形成される。

前期ティリッヒは一九二七年の論文「終末論と歴史」と一九三〇年の論文「キリスト論と歴史解釈」において、歴史を次のように定義する。すなわち、時間は前方へ向かうという一義的方向性を有しており、歴史は新しいものの措定ということにおいて常に一回的である。ティリッヒによれば、存在するものは自己に帰還する円環、すなわち発展（Entfaltung）から発展の限界を経て、自己自身に還るという存在の緊張において動的なものではあるが、円環の中では新しいものが生み出されることはないという点において静的である（Tillich［1930a］, 190f.）。

存在が自身の固定性を突き破り新しいものを措定することは、そもそも時間の一義的な方向性なくして不可能である。存在するものが人間であれば、所与のものに基づきつつ自由を行使して新しいものを獲得するゆえに、人間にとっての時間の一義的方向性は循環でも反復でもない。この自由と所与（運命）が結合する瞬間は、単なる存在の発展過程によって生じたものではないという点で、全く新しい。自由と運命の弁証法に由来する新しいものの措定は、先に述べたカイロスとしての時間理解で示されたような、一回的な特定の瞬間において生み出される（Tillich［1927］, 113）。存在の内における円環を突破して新しいものを獲得する時間によって構成されるもの、それがティリッヒの考える歴史なのである。ティリッヒの思考において、前方へ流れる形式としての時間概念（クロノス）と、内容としての時間概念（カイロス）は共に歴史を構成するが、新しいものの措定というカイロス的観点なくして時間を歴史とみなすことはできない。

一方、後期ティリッヒ思想においては、一九五〇年代を中心に思索された存在論的人間学の展開に伴い、存在論と時間・空間概念のかかわりが明らかになっていく。ティリッヒは一九三三年の講演「居住と空間と時間」において、時間・空間は「生あるものが実存するようになるその仕方である」（Tillich［1933a］, 152）と規定している。また同年の著作『社会主義的決断』などにみられるように、ティリッヒは「投げ出された存在」として、起源と当為を意識する人間存在のあり方を政治的行為の根源としている。存在の仕方と結びついた時間・空間という規定は、『組織神学』における存在論として体系化され、時間・空間は存在論の基本構造となるカテゴリとして位置づけられている。すなわち時間・空間・因果・実体の諸カテゴリは、「精神が実在を把握し形成する形式」（Tillich［1951］, 192）であり、内容から抽出された論理形式とは異なり、内容そのものを規定する形式である。人間の精神が、存在するものを認識することが可能になるのは、カテゴリに拠っている。この形式なくしては、精神が実在の内容を把握することは不可能である。非存在によって限界づけられた存在は有限であり、ティリッヒがいうカテゴリは、存在論の枠組みにおいて存在の有限性を示す形式である。よって時間は有限性のカテゴリである。有限性のカテゴリとしての時間は、現在の瞬間が固定不可能であるゆえ、常に新しさを創造しうるという肯定的要素と、全てが移ろう暫時性という否定的要素を同時に持っている。そして空間もまた有限性のカテゴリである。存在するとは空間を持つことであり、空間はそれ単独であるのではなく、生が現実となることに伴って、その生に付随する空間が生じることになる。空間も時間同様、ある特定の場所を占め現前が可能になるという肯定的側面と、遍く占有することは不可能で、確実な場を持ち得ないという否定的側面を同時に持っている。したがって時間・空間の有限性そのものは肯定的とも否定的とも判断できない（*ibid.*, 193-195）。このようなティリッヒのカテゴリ論は、実体の性質としてのカテゴリ（アリストテレス）や、認識の形式としてのカテゴリ（カント）の議論を踏まえたものである。しかしティリッヒの議論に特徴的なのは、カテゴリによって表現される有限性と実存とのかかわりを明確に問う点である（これは「存在」の問いに答える「神」という組織神学の相関の構造に対応する）。さらに「時間の意味に関する決断を時間の分析から描き出すことはできない」（*ibid.*, 193）とティリッヒがいうように、実存にとっての時間、すなわち時間の意味は、カテゴリとしての時間とは別に措定される。哲学は存在の構造を問うが、神学は存在の意味を問うものである。実存にとって時間は有限性の形式であるとともに、それ以上の意味を持つ。実存にとっての時間の意味は、カイロス論や終末論、歴史の意味に関する議論（第5章、第6章参照）において扱われるべき事柄であり、実存の特定の状況を踏まえてはじめて答えることができる。そしてティリッヒによれば、キリスト教思想において、存在の意味としての時間は「永遠」であり、空間もまた単なるカテゴリではなく「意味」としての側面である「拠り所のなさ（homelessness）」と理解される（*ibid.*, 21）。ティリッヒは『組織神学』において、存在論におけるカテゴリとしての時間だけでなく、実存にとっての時間――まさに『組織神学』第三巻の「歴史と神の国」で扱われる歴史の意味の問題――を扱う。したがって存在論的カテゴリの分析とともに、実存にとっての時間、すなわち歴史の考察がなければ、ティリッヒの時間概念について包括的に理解することはできないし、『組織神学』全体を理解したことにはならない。『組織神学』第三巻で展開される時間・空間についての議論の重要性は、この点からも明らかである。[14] 有限性のカテゴリとしての時間形式と、実存にとっての時間の意味に関する決断の両者は、ティリッヒが存在論的人間学を経験的場（生の領域）へと展開するプロセス（『組織神学』第一巻・第二巻から第三巻へのプロセス）において、重要な概念となる。後期ティリッヒ思想では、『組織神学』全三巻の成立をもって「存在」と「歴史」とが体系的・統一的に議論されるに至ったのである。従って、「存在」と「歴史」の両者を包括的に議論するティリッヒの試みを正確に捉えることは、検討されるべき事柄であると言えよう。

『組織神学』第三巻では、時間が支配するところでは歴史的次元が優勢であり、空間の支配するところでは「存在の相互隣接性」[15] から、無機的次元（鉱物などに代表される）が優勢であることが指摘される。そして、「すべての空間的関係の相互に隣接し合う性質は、歴史的次元においては、歴史を担う集団同士の出会い、その分離・抗争・再結合として現れる」（Tillich［1963a］, 320）とあるように、歴史的次元の成立により、空間は歴史を担う人間社会集団の動態を、その意味内容として持つようになる。[16] これらティリッヒの記述からも、本書で筆者が主張する「後期ティリッヒ思想においては、時間概念が歴史の構造を形成し、空間概念が共同体の構造を形成する」という論点が裏づけられるだろう。[17] 実際には歴史的集団は特定の空間において現れる。時間なき空間はなく、空間なき時間もない。しかしティリッヒはある事柄において、時間と空間のどちらが「優勢（predominance）」であるかという論点を用いて、議論の上では時間（歴史）と空間（共同体）とを分けて取り扱っている。すなわち、時間（歴史）がその共同体の実存の意味や究極的関心を支える場合は、時間が優勢となる。ティリッヒは、時間と空間とは、「闘争する力、生きた存在、それぞれ固有の力を持つ主体として扱われるべき」であるが、その一方で時間と空間とは互いに所属しあっているという（Tillich［1959c］, 30）。[18] 空間における時間、あるいは時間における空間のみが、計測しうる実在のものである。しかしティリッヒの思索において、空間と時間はどちらが優勢となるか緊張状態が生じる関係にあり、空間が優勢である場合、また時間が優勢である場合それぞれにおいて、人間の生がいかなる状況にあるかが規定されることになる。ティリッヒが、時間あるいは空間のいずれかが「優勢」であると記述する時、第一に、時間・空間のどちらか一方は、その領域における生を規定し性格づけるものであること（生の意味づけの要素となること）を指示しており、第二に、認識の形式としての計測可能な時間・空間（両者が結合した状態でのみ現実化すること）の実在可能性についても示している。しかしティリッヒが、時間あるいは空間の優勢について語るとき、時間・空間の実在可能性を踏まえつつも、ティリッヒが主要な問題としているのは、生の意味づけの要素となる時間・空間である。

本章の「近代」という文脈でいえば、ティリッヒの考える近代における生の状況は、時間・空間概念の関係がどのようなものであるかを捉えることによって明確になる。またティリッヒが時間の意味に関する決断と、時間の存在論的分析（カテゴリ論）とを分けつつ両者について論じたように、「近代における時間と空間」の概念を包括的に扱おうとするならば、近代における時間・空間形式の思想史的背景や存在論的分析に加えて、近代人の実存にとって、時間と空間とはどのような意味内容であったかについても問わねばならないだろう。

まず時間について考えてみよう。ティリッヒは、一九三九年の時点で「われわれの時代の根本問題」として「歴史」を想定していた（Tillich［1939a］）。ティリッヒのいう近代の定義に従えば、一九三九年の時点で、「人間の理性による自然と社会の支配」を特徴とする「近代」は崩壊している。予定調和的なブルジョア社会の行き詰まりと、続く第一次世界大戦による世界規模の社会的混乱を経て、理性の成熟に伴う進歩や価値の獲得への「信仰」が揺らいでいたからである。すでに十九世紀末、理性の進歩信仰や調和信仰について、その限界を指摘する声がマルクスやニーチェ等から上がっていた。ティリッヒはマルクスとニーチェの思想について、近代人の歴史的実存が持つ「内在的土台」に対する批判であると位置づけている（*ibid.*, 227–229）。近代人にとっての時間は、歴史内で進歩へと向かう内在的・水平的性格のものだったのである。マルクスは、生産力の増大に起因する階層社会への到達は、実存にとって重大な歴史的瞬間であったとみなす。この瞬間において、歴史的運命（階級社会における疎外の状況）は、歴史的行為（疎外の状況に対して要請されるプロレタリア革命）と弁証法的関係を成立させる。またニーチェは、新しい時代を待望し、理性への信頼に基づく世界の自己崩壊を指摘した。このように、歴史の中で準備され完成した近代という時代が、新しいものに取って代わられるその瞬間こそ、近代の成就であり終焉である。ティリッヒの考える歴史における変革は、このような歴史的瞬間――カイロス――に基づいて解析される。ティリッヒにとっての近代の限界とは、歴史の問題であった。「歴史は進歩するか、累積的価値を持つのか、時間と空間の中に成就の一つの状態があるのか」といった問いと、「歴史的行為は究極的な重要性を持つのか、神の国は歴史の中に何らかの実現があるのか、歴史を超えたところにのみ実現するのだろうか」という相反する歴史についての問いに関して、ティリッヒは両者を統合しようとする（Tillich［1939a］, 232）。すなわち特定の歴史における行為は単なる発展過程の一つではなく、一回的で重要である。同時に、特定の歴史の現実体について絶対性を称揚することは否定される。運命と行為の弁証法としての歴史、あるいは運命と行為が交差する歴史的瞬間を捉えるカイロスとしての時間概念によって、ティリッヒは近代の水平的次元の時間という理性の限界を乗り越えようとしていたのである。その試みは、近代人の信じた内在的・水平的時間の限界に対し、特定の瞬間の重要性を捉える時間の垂直的次元を強調することによって行われた。ティリッヒは時間について、近代思想における存在論的カテゴリを用いつつ、近代精神における時間の垂直的次元の喪失を批判している。そしてティリッヒが、歴史を「われわれの時代の根本問題」と呼んだように、歴史概念をどのようなものとして考えるかによって、近代の批判すべき点を乗り越え近代を成就する可能性が生じる。本書では、具体的なティリッヒの歴史概念については第5章以降で扱うため、ここでは歴史あるいは時間に関する思索が、近代の批判的分析というティリッヒの課題にとって、極めて重要であることを示唆するにとどめる。

一方ティリッヒの空間についての理解は、近代の批判的継承とどう関わるのだろうか。ティリッヒのいう「空間」とは、特定の場所の広がりにおいて特定の存在者が占める領域である（Tillich［1959c］, 32f.）。人間としての存在者の場合、個体もまたある一定空間を占めるものの、人間は全くの単独者として存在することがないゆえに、空間は集団が支配する領域をも示すことになる。したがってティリッヒは、空間的概念に「土壌（soil）」という語のイメージを与えるが、空間は単なる「土壌」以上のものとみなされる（*ibid*., 32）。空間としての「土壌」には、「存在の相互隣接性」が伴い、「血族」「民族」「氏族」「家族」といった要素が付加される。ティリッヒは、これら地縁血縁といった、近代ブルジョア社会以前のゲマインシャフトとしての共同体を構成する要素を空間の特徴として挙げている（*ibid*., 32f.）[19]。西欧近代社会における共同体の崩壊については、次章以降で具体的に述べるが、まず近代社会において、とりわけ都市への移住や家族形態の変化によって、共同体意識を伴う空間が失われ、孤立した個人の集団が生じたことを示唆しておきたい。近代において喪失された空間の地縁血縁としての内容について、ティリッヒはそれをただ取り戻すよう求めるわけではない。というのもティリッヒが、空間の支配が優勢である場合の悲劇的な結果を指摘する傾向にあるからである。すなわち、何らかの場を占有する空間の限定性ゆえに、空間をめぐって人間の集団同士の争いが生じることが指摘される（*ibid*., 30-32）。そしてティリッヒは空間について言及する際、空間の優勢を強調する集団への批判を含ませる。例えば民族的血統の優越性を標榜する民族主義的ナショナリズムは、失われた共同体的要素を誇張した形で復興し、大衆化した個人を取り込むことによって成立したが、ティリッヒはこれを「空間が時間をしのぐ実際の形式」とみなす（*ibid*. 33）。ティリッヒは、このようなナショナリズムに見られる特定の空間的要素の限局性に対し、時間の普遍性が民族主義を打破する可能性をみている。この空間の限界を乗り越える時間への期待は、ティリッヒの時間的未来や新しいものへの期待、さらにキリスト教的希望に由来するものである。ティリッヒの時間の強調は、キリスト教を「すぐれて歴史的な宗教」とみなす彼の神学的立場と一致する。ティリッヒはキリスト教の歴史性を示す事例として、父祖の土地を離れたアブラハムについての記述を好んで引き合いに出す[20]。すなわちアブラハムは特定の空間を離れたことによって、空間の喪失に伴って失われることのない時間の支配と、空間の限局性にとどまらない普遍性を獲得したのでである（*ibid*., 35-39）。また、旧約聖書に登場する預言者たちの行為は、特定の空間に束縛されることに対する抵抗であった。この預言者精神ゆえに、歴史は神学の問題となりうる。「なぜなら神学の基盤そのものが歴史的であり、預言者精神が神学に、人間の実存に対する歴史的な見方を迫るからである」（Tillich［1939a］, 232）。ティリッヒは時間と空間の結びつきにおいて、彼のアブラハム物語の理解から見て取れるように時間の優位を主張する。時間の優位における空間との結びつきというティリッヒの観点は、時間概念をもとに構成される歴史論と、存在論（ティリッヒは、自身のヘーゲル解釈に基づいて、実在を歴史としてでなく、コスモス――自然――として捉えるという点において、存在論は空間概念と結びつく議論であるとみなしている[21]）の連関においては、むしろ歴史論が重視されていることを示している[22]。

もちろん、空間は時間と結びついてはじめて現実化するのであるから、時間が空間を駆逐することはありえない。ティリッヒはアメリカに亡命する数か月前、「居住と空間と時間」と題した講演において、人間は自身に固有な特定の空間を造るだけでなく、空間の限界性を超えて「大地を人類の一つの家へ」造り替え、特定の地盤から解放される可能性について語っている（Tillich［1933b］, 154）。このような営みは「時間の前進のうちにおける空間の創造」であり、時間の力が空間よりも強くなると指摘される（*ibid*.）。このように、ティリッヒにとって、時間と結びついた空間の変化の可能性は、むしろ希望となる。またティリッヒは、共同体の喪失という近代の状況において、失われた空間的要素すなわち地縁血縁を復興しようと試みるのではなく、共通して信ずるところ（預言者的キリスト教。『組織神学』においては「霊的共同体」）によって結びつく共同体を想定している。そして、共同体においていかなるものに価値を見出すかについての決断（道徳の問題）もまた、時間との結びつきに伴い、常に人間にとっての実存的課題であり続けるのである。

以上、近代において「時間」すなわち歴史と、「空間」すなわち人間の集団あるいは共同体が示す意味内容について整理し、それが思想史上またティリッヒの思索において、極めて重要であることを指摘した。ティリッヒは主に一九二〇年代から晩年に至るまで、「時間」の概念（カイロス論、歴史哲学、終末論）、「空間」の概念（共同体や集団理解、正義、倫理）、あるいは両者の抗争について取り組まなかったことはなかった。従って、ティリッヒは生涯にわたって、近代が人間にもたらした諸問題を思索したといえる。続けて、以上のような時間・空間概念をもとに構成される歴史・共同体に関する近代の問題について、キリスト教思想史ならびにティリッヒ自身が考える「近代」についての記述を参照しつつ、明らかにしていきたい。

2　近代における神学の危機
――理性と神学の相克――

前述のごとく近代社会とは、理性への多大な信頼に依拠する社会であった。とりわけ近代社会を到来させる大きな原因となったのは、産業革命による経済的・技術的変化であり、市民革命による社会変革である。ティリッヒによれば、これらの社会の変化を遂行したのは産業革命に代表される「技術的理性」と、市民革命に代表される「理性への信念」である。[23] このような社会では、経済や政治、科学や人文学、それぞれの領域で、自由主義的傾向が主流となっていった。

近代的「理性」は、宗教の領域にも及ぶことになる。伝統的な共同体において、呪術的性格も含め、メンバーを統合し規範を与える機能によって「政治的」役割を担っていた宗教は、国民国家の統治権力に取って代わられる。すなわち、宗教が果たしていた社会的・倫理的役割を含めた統合・秩序機能は、世俗文化から切り離され、「宗教は個人の内面におけるプライベートな事柄」へと閉じこめられることになる。[24] 近代民主国家において、政教分離の概念は普遍性を獲得した。一方、宗教は科学的知識の不十分さが生み出した迷信に過ぎないと糾弾され、とりわけフランス革命はキリスト教の制度的慣習を打ち砕くことに力を入れた。[25] このような事態に答えるティリッヒの方法は、宗教概念を二つに区分するというものであった。すなわち制度化された宗教共同体によって担われ、具体的な象徴としての事物や言語、宗教的行為を伴う実定宗教（狭義の宗教概念）と、聖なるものと世俗の事柄とを切り離さず、相互的なかかわりとして捉える「宗教」（広義の宗教概念）の二つである（Tillich［1957b］. 242f. Tillich［1958b］. 1-12）。ティリッヒは、人間が自らを取り巻いている世界について理解し意味づけを行う、その思惟自体の中に宗教の機能が働くことを見出すが、ここに宗教と「世俗」における諸学問とがかかわりを持つことの根拠が置かれるのである。

十八世紀後半から二十世紀の神学の状況においては、近代的「理性」への傾向は、神学が自ら拠って立つところを揺るがすことになる。神学は、近代的理性あるいは理性に基づいた科学に対峙させられることになり、自己変革を迫られた。この状況下、神学においても学問の自由、理性の自由を追求することを目指したのが、十九世紀を中心に隆盛した自由主義神学であった。自由主義神学の本来の目標は、神学の基盤となる聖書やイエスの認識において、理性を駆使し、因習に囚われることなく純粋にキリスト教の本質へ迫ろうとすることである。このような関心のもと、十八世紀後半から十九世紀にかけて、史的イエスについての合理的・批判的研究が隆盛をみる。シュトラウスの『イエスの生涯』（一八三五年）は、批判的・歴史的分析を遂行するため、福音書を神話として解釈することを試みた(26)。バウアーもシュトラウス同様、福音書の歴史的実在性を懐疑し、史的イエス像の不可能性を指摘している。シュヴァイツァーによる『イエス伝研究史』（一九〇六年）は、史的イエスについての合理的・批判的研究を総括するものとして発表された。シュヴァイツァーはこの書において、先のシュトラウス、バウアーの指摘する聖書テキストの信憑性と、史的イエスへの懐疑の問題を含め、ライマールス、ヴルーデらの懐疑主義についても総括した上で、自身は、イエスが歴史的であるか否かをめぐって懐疑に陥るのではなく、イエスの思想を終末論的に解釈することによってイエス像を描き出した(27)。またヴァイスはシュヴァイツァーに先立って、イエスの思想を終末論的・黙示文学的に解釈する立場を呈示したが、彼の終末論的理解は、とりわけリッチュルの自由主義神学における倫理中心主義を批判するものであった[28]。ティリッヒは、これら一連の史的イエスの問題について、自身はその「歴史的懐疑主義」を継承したと述べている（Tillich［HCT］, 523）。歴史的研究は史的イエスの像を明らかにし得ないが、それではイエスは如何にしてキリストたりえるのかという課題が、後期ティリッヒにとっても中心的問題となったのである（『組織神学』第二巻）。

神学における自由主義の立場は、組織神学者らにも多大な影響を与えた。「自由主義神学の父」「近代組織神学の父」とも称されるシュライアーマッハーは、首尾一貫した神学体系を構築し、学問的合理性にかなったキリスト教理解を呈示した。彼に冠される呼び名はここに由来する。しかしシュライアーマッハーの神学は、思惟でも行為でもなく、直観と感情として宗教の本質を規定することにより、合理主義のみならずロマン主義的な色彩を帯び、合理的近代人が同時に持ち合わせたロマン主義的敬虔にも訴えるものとなったのである[29]。ティリッヒは、シュライアーマッハーについて「啓蒙主義の克服者」との呼び名を呈している（Tillich［HCT］, 338）。ティリッヒによれば、啓蒙主義は、宗教を自然神学（理神論）および道徳へと還元したものとして位置づけられる。すなわちシュライアーマッハーが、啓蒙主義における「理論的知識」でも「道徳的行為」でもない、絶対依存の感情として提唱した宗教概念[30]は、ティリッヒにとっては、自然主義ならびに超自然主義の立場の両者を克服するものであった（*ibid*., 398）。またティリッヒは、シュライアーマッハーが「実定的に与えられているものの評価への架け橋」（*ibid*., 398）であるところのロマン主義の精神によって、実定宗教を再評価したことの意義についても指摘している。

つづく十八世紀後半から十九世紀を代表する組織神学者であるリッチュルは、シュライアーマッハーのロマン主義的要素は受け継ぐことなく、人間の側から見た神やキリストはどのような価値を有するかを論じた。リッチュルの理解によれば、神は人間に倫理的共同体としての神の国の建設を望む存在である。イエスは神の国を実現するという召命を神から受け、そのため苦難と死を負ってその命に従った。ゆえに、神と等しい価値を持つ存在である。このイエスの価値は、史的イエス研究によって明らかになるものではなく、原始キリスト教会の信仰に基づくものである、とリッチュルは捉えた[31]。リッチュルはこのように、合理主義的体系ともロマン主義的感情からも距離を置き、史的イエスの問題にもかかわらず、極めて実践的な立場に立つことによってキリスト者が実際にあるべき姿を呈示した。この実践的神学においては、神に関する形而上学的思弁は意図的に回避されている。このような彼の立場をかなり忠実に継承したのはハルナックであるが、ハルナックは教義における歴史的思想的要素について指摘し、本質から純粋に取り出される教義は存在し得ないとみなした（「福音のヘレニズム化[32]」）。彼はリッチュル同様、福音から形而上学の思弁的要素を排除しようとする。結果、ハルナックもまた、イエスの宣教について、その内容を神の国の到来や神と人間の魂の価値、愛の誡命に集約し、倫理的実践的神学の立場を踏襲した。このような自由主義神学の反形而上学的傾向は、史的イエス研究において生じる懐疑を乗り越え、キリスト教の実践的側面を引き出すと同時に、反面でイエス像を倫理的範型・原始教会の創始者に限定するという側面を持っていた。ティリッヒの見解では、リッチュル神学においては、「真理の問いが、道徳的答えによって置き換えられた」（Tillich [HCT], 513）。またティリッヒは、ハルナックが「ヘレニズム化」のプロセス自体を示した点は評価するものの、ハルナックが「ヘレニズム化」を「知性化（intellectualization）」とみなした点については批判する（*ibid.*, 517f.）。ティリッヒによるリッチュル、ハルナックに対する評価をみても、彼らの反存在論的・反形而上学的傾向が、一定の成果をもたらすとともに、神学の内容を限定するものであったことが理解できる。

リッチュルの自由主義神学を継承しつつ、イエス像に関して異なる視点を主張するのはヘルマンである。ヘルマンは、合理的・歴史批判的に証明しようと試みられた史的イエスと、信仰において体験するキリストの人格とを明確に区別した。このような、イエスの人格性とイエスの出来事を強調する立場の系譜として、他にもケーラーのように、史的イエスと「歴史的・聖書的キリスト」を明別する思索がある。「歴史的・聖書的キリスト」においては、十字架と復活のキリストが信仰の対象となるのであり、史的イエスが信仰の対象ではないというケーラーの理解は、ヘルマンと並び、キリスト中心という点において後の新正統主義との共通項を持つ[33]。このようなケーラーのキリスト論は、ティリッヒへ明確に継承されることとなった[34]。特にティリッヒは、リッチュルにおける形而上学の否定や、懐疑の問題を道徳主義へ解消しようとする姿勢を批判し（Tillich［1922a］）、近代人にとっての宗教的信仰のあり方を模索することを試みている。さらにティリッヒは、自由主義神学のもたらした理性中心主義を尊重しつつも、理性のみで答えられない宗教の次元についての新たな解釈を提唱していく。

自由主義神学は、近代という理性中心の時代にあって、近代人の要望に答える状況に即した神学であったと同時に、その合理主義的・倫理的実践的理解ゆえに限界に遭遇したと言える。すなわち、史的イエスや倫理的範型としてのイエスへの信仰において生じる懐疑、価値の相対性の問題（トレルチ）などである[35]。十八世紀から十九世紀に隆盛した自由主義神学は、二十世紀には危機を迎えた[36]。神学者らは、キリスト教（あるいは宗教）の本質の内に、科学的合理主義や道徳的理解だけでは到達し得ない不合理性を見出し、キリスト教に信ずるに足る価値をおくか否かを迫られたのである[37]。そして価値を見出すとすれば、どのような仕方でその評価を行うかも問われることになった。自由主義神学の限界から、二十世紀には形而上学的・存在論的仕方でのキリスト教の真理の再評価も試みられるようになっていったのである。自由主義神学の行き詰まりに対し、人間が神をいかにして知りうるかという形而上学的問いを根底から捉え直し、キリスト中心主義を提唱した神学者がバルトである。「近代的理性」に信頼を寄せる自由主義神学の傾向に対し、理性的人間の価値が神と同じ場所に高揚されることや、キリストが倫理的・史的イエス像へ押し込められることへの「否」を突きつけることが、バルトの立場であった[38]。合理的学問によって、神あるいはイエスに到達しようという神学を否定するバルトやブルンナーらのこのような神学は、新正統主義、弁証法神学とも称された。自由主義神学を批判する立場として、ブルトマンはバルトとともに弁証法神学を唱えつつ、バルトほど合理的・批判的研究に対して鋭く対立することをせず、聖書に関する歴史的批判的研究を見直し、様式史の方法を作り上げた。さらにブルトマンは、歴史的研究に実存論的解釈を導入することによって、神について人間が理性を用いて知るのではなく、教会の宣教において、今ここで生起するキリストの出来事を強調したのである(39)。

バルトが『ロマ書（初版）』を発表した一九一九年、ティリッヒは彼の宗教社会主義の立場を表明する最初の論文「教会の問いとしての社会主義」を発表している。ティリッヒが第一次世界大戦の戦場から帰還してまもないこの年は、彼にとって、西欧世界において揺らぎ始めたブルジョア階層の理性信仰・調和信仰に替わり、新たな社会秩序の必要性を実感したときであった。ティリッヒはケーラーから学んだキリスト論を、トレルチを継承する歴史哲学へ取り入れ、歴史の中心としてのキリストを強調する（Tillich［1919a］, 33）。キリストを歴史の中心とすることにおいて、ユートピア的・調和信仰的歴史解釈、また国家主義・民族主義的歴史解釈は否定される。ティリッヒの近代合理主義的・批判的学問に対する立場は、「新正統主義からは自由主義的であると考えられ、自由主義者からは新正統主義であると考えられるような特徴を持っていた(40)」とも指摘されるように、まさに両者の境界にあったと考えられる。ティリッヒは、トレルチの歴史解釈に依拠しつつも、トレルチが帰結した相対主義を超えようとした。ティリッヒはトレルチの仕事を評価しつつも、トレルチによる歴史主義の克服の方法と、自分の道とは異なることを述べている。ティリッヒは、とりわけトレルチが当時隆盛してきた実存主義を自身の思想に取り入れなかったことを批判的に捉えている。そして自身が一九二〇年代を中心に関わった宗教社会主義をトレルチの立場と関連させ、次のようにいう。「宗教社会主義は、歴史主義を克服しようとするトレルチの努力の限界を克服しようとする試みとして見ることができる」（Tillich［HCT］, 530）。ここから読み取れるのはティリッヒが、歴史において準備された運命を、実存の決断によって選び取っていこうとする宗教社会主義の実存的要素と、真理を歴史において動的に把握しようとする試みの両者を、相対主義を打開する答えとして提唱しているという点であろう。またティリッヒは、学の体系の中に無制約的なものを示す形而上学を位置づけ、神学と関係づけている。さらにティリッヒは、近代人の陥った状況として進歩信仰の限界や、経済や労働における人間の疎外などを指摘し、この状況とキリスト教の使信とを結びつけてもいる。宗教的原理は無制約的であるゆえに文化や社会体制などから独立して存立するが、他方で歴史や文化などの中においてはじめて具現化される（Tillich [1923c], 110f.）。よってキリスト教は、それぞれの時代の文化や社会体制と結合する。このキリスト教と文化の結合ゆえに、宗教社会主義の主張に神学的な正当性が付加されることになるのである。

ティリッヒが抱えた課題について、ハワワースは「近代世界が引き起こした思想の危機、つまりキリスト教の考え方を近代人に分かるように翻訳しなければならないという知的ディレンマ[41]」であったと評している。ハワワースは、ティリッヒが極めて近代的思考に精通しているという点で、ティリッヒの神学は「ある意味最も近代的」であるとみなすが、ティリッヒの「近代の知的ディレンマ」の解決法、すなわちキリスト教の福音を近代人に理解できるような仕方で説明したことについては否定的である。その帰結として、ティリッヒの呈示する近代世界の「問い」は、結局近代世界から生じた「答え」によってしか答えられないのではないか、とハワワースは指摘している。近代世界内での問いと答えの循環に対して、ハワワースのいう神学者の課題とは、「近代社会に信じられるように福音を変えることではなく、福音に対して近代社会を信じられるように変えること[42]」である。このように、ハワワースが指摘するティリッヒと近代の関連については、「近代世界の問いが、近代世界の答えに限定される」という点は当を得ていると思われる。むしろティリッヒはあえて問いと答えを互いに限定し、状況に対応して問いと答えの体系を常に刷新していくことを目指していたといえる。しかしティリッヒが「近代的思考」に終始したという指摘については、ティリッヒの自由主義と新正統主義の両者の境界に立つ姿勢における、新正統主義的側面が見落とされている。ティリッヒは近代的思考方法を用いつつ、倫理的・史的イエスの探求とも異なり、近代の限界を打破しようとする立場に立った。その立場ゆえにこそ、ティリッヒは近代世界に対しキリスト教の預言者的精神を示すことが可能だったのである。

3　ティリッヒの考える近代の課題について
――歴史と共同体における変化――

ティリッヒは「近代」[43]について、十七世紀以降、特に市民革命後の社会構造として捉えている（Tillich［1945］（1990）. 111-119）。またティリッヒはほぼ同時期に、近代は自律的人文主義が勃興したルネサンス以後（一四五〇年頃）から始まり、二十世紀の最初の十年間に至る一連の時代を近代とみなすとも述べている（Tillich［1939a］. 226）。というのも、ルネサンスから二十世紀初頭までの時代に一貫して共通する「究極的関心」とは、「人間の理性による自然と社会の支配」であったからである。「人間の理性による自然と社会の支配」という考え方は、ルネサンスの人文主義において生まれ、ブルジョア革命において成就したとティリッヒは位置づける（Tillich［1945］（1990）. p. 112）。これらのティリッヒの記述を総合すれば、ルネサンスから二十世紀初頭まで一貫して「近代」を特徴づける「人間の理性による自然と社会の支配」は、特にブルジョア革命を経て完全に成立をみたとみなすのが妥当であろう。ティリッヒが近代について議論を行う際、とりわけブルジョア革命以後の時代を取り上げるのは、ブルジョア社会とは「人間の理性による自然と社会の支配」が最高潮に達するとともに、ティリッヒが考える近代の諸問題が明確に露呈し、「人間の理性による自然と社会の支配」の目論見が破綻していった時代であるからである。市民革命を経た西欧世界において社会の中核を担ったのは、とりわけフランス革命に典型的に現れているように、ブルジョアジーであった[44]。ブルジョア階層は、理性が「普遍的な人間性の実現と、個人と社会の調和のシステムとをもたらすという信念」（Tillich［1945］（1990）. 113）に基づいて、封建社会を打倒した。理性への信念は、自由主義経済や技術革新、自律的学問など様々な領域に展開していった。ティリッヒは近代に興った理性への信念について、いたずらに否定するわけではない。市民革命がもたらした権威からの解放や、自律的人格の概念についてはティリッヒ自身、拠って立つ基盤とするところである。彼が近代の理性信仰の問題として指摘するのは、ブルジョア社会において、理性の支配が漸次的に増大し、進歩し続けると信じられた点であり、個人の益となるところがそのまま社会全体の利益となる調和が信じられた点である。実際、自由主義経済の展開は、階層社会をもたらし、大規模かつ把握不可能な市場メカニズムを発生させることとなった。技術革新は、同時に労働の細分化や、生産手段を所有する者と所有しない者との格差を生んだ。自律的学問において、真理に到達しうる可能性は相対主義の壁にぶつかった。ティリッヒが実際に経験した状況は、このような近代の作り出した諸問題への批判[45]が叫ばれるようになっていた時代であった（Tillich［1952］, 9–16）。

社会における近代の諸問題は、個人の生のあり方も大きく変えた。ティリッヒは、近代における「自律的で合理的な」個人は、実際には他のあらゆる個人から切り離され、孤立した存在となったとみる。というのも近代においては、精神的リアリティを共有することによって人々が結びつく共同体（community）が、集団の構成員が協働する社会（society）へと変貌を遂げたためである（Tillich［1945］（1990）, 124）。ティリッヒは、このような共同体や家族からの個人の分離を「アトム化」（Atomisierung, atomization）と呼ぶ。一九二六年の『現代の宗教的状況』におけるティリッヒの規定によれば、ブルジョア階級が支配する社会とは、「孤立した個人、すなわち社会のアトムへと分解され、経済的目的と経済的必要性というブルジョア社会の自然法則によって集められる人間集団」を意味している（Tillich［1926a］, 33）。また一九三三年の著書『社会主義的決断』でも、自由主義による社会の「アトム化」は、本来ブルジョア社会が恩恵としてもたらした個人の権利の承認を意味したが、社会が個に解体されるというもう一つの側面を持っていたことが指摘されている。一九二六年、一九三三年の諸作はともに、ブルジョア社会の自由主義、資本主義経済における個人化と合理化の肯定的側面も踏まえた上で、アトム化の問題を指摘している。さらに一九四五年、第二次世界大戦終結数か月前に戦後世界の展望を述べた論文「世界状況」では、ティリッヒは経済機構の機械化がもたらす、個人の人格の崩壊とアトム化を指摘し、「アトム化」の語におけるネガティヴな意味を強調している（Tillich［1945］（1990），123f.）。ティリッヒが考える「アトム化」の否定的な帰結は以下の通りである。従来、共同体の構成員は、社会が制定した秩序・制度に従うことにより、価値・規範・文化など、ある精神的リアリティを共有することで結びついていたが、社会が制定した秩序・制度に従うことにより、集団を形成するように変わっていった。よってブルジョア社会の「勝利」の時代、人々は集団を形成するものの、人々の共通の精神的基盤・共通の精神的目的は失われた、とティリッヒは指摘する。例えば、家族という共同体は、社会のシステムへの参加（労働力の提供）によって、自分自身のために生きる個人へと変化した。家父長的責任制は、法的契約の関係となった。隣人関係は、国民の共同体（national community）となり、他からの攻撃を受けたときのみ、相互扶助、団結というリアリティを回復するが、危機が過ぎればリアリティは再び失われる。友愛的共同体は、自由経済社会における競争関係へと変わった。こうして共同体は、共通の基盤・目的を持たない「大衆」の集合体となったのである。ティリッヒはこう明言する。「ブルジョア社会は、その第二の時期（筆者註：ブルジョア社会の勝利）において、共通の基盤やあらゆる共通の目的を破壊することによって、共同体を崩壊させたのである」（*ibid.*, 124）。そして一度崩壊した共同体は元へ戻ることはなく、人々は「大衆」として依り頼むものを失い、孤立のうちに取り残された。近代システムはその合理的構造ゆえに、多様な地域に伝播することが可能であったが、その普遍的性質には、根拠となる精神基盤がなくとも合理的システムは成立しうるということが潜んでいる。よって近代的合理的システムの進展において、集団が共有する精神基盤が新たに形成される必然性はなかったのである。とりわけ第一次世界大戦後、ティリッヒの思想形成の重要な転機となったのは、ドイツの敗戦ならびにドイツ革命によって成立したワイマール共和国の状況であった。ワイマール共和国におけるそれ以前の帝政期との違いは数々指摘されるが、なかでも市民層の変質や社会の流動化が表面化してきたことが挙げられる[46]。自律的人間の形成を、全人格的な教養理念に基づいて支えた教養市民層の勢いは、十九世紀末、近代の終焉において失速し、都市化に伴って増大した非教養大衆である中間層によって、優位が脅かされた[47]。知的エリートである教養市民層と労働者層の中間に立つ市民的中間層は、都市化・工業化の進展ゆえに成立した存在であるため、共同体的所属意識に乏しい「大衆」であり、経済不振とともにナチズムに期待するようになったのである。

このように、かつての共同体的基盤を失い孤立した個人の集合からなる近代社会が、人間の精神構造に与える影響に関して、ティリッヒは、近代における宗教の世俗化ならびに人間の疎外に注目している。近代の到来により、人間は封建的因習から解放され、自らの理性によって認識し思考する自律的近代人、また理性を有するがゆえに尊重される人格へと変容した。理性に基づく自律や人格は、自由であるという側面とともに、理性自体を超えるものを認識することができないという側面を含んでいる。近代的自律において、人間は自らの手で自然を支配することによって自然科学・技術を神学から解放したが、同時に聖なるものの意識を失っていった[48]。人間の理性ならびに自然や文化的創造物における垂直的思惟――ティリッヒが「深みの次元」と表現した――の喪失を、ティリッヒは最重要な問題として捉えるのである。ティリッヒは近代人の意識を規定する原理として「世界内在性」・「対象化」・「変革」を挙げている（Tillich［1959a］, 304）。近代人にとっての神は彼岸にあるのではなく、この世において職業的召命や勤労の意味を付与する存在として世界内在的に捉えられた。また近代人は、理性によって神の創造した宇宙を映し出すことができると信じた。さらに人間の手によって自然と社会とを変革し、世界を地上の神の国へと水平的に発展させようと試みた。この世において聖性を見出す傾向はとりわけプロテスタンティズムに特徴的であり、近代社会を準備した宗教的背景でもある[49]。これらの原理は、近代の世俗化を推進し、哲学や世俗的政治形態・経済・技術・自然科学などの進展に寄与したが、発展過程において「深みの次元」や無制約的なものの次元を忘却させていったのである。

ティリッヒの近代批判のポイントは、マルクスにおける近代批判との類似と差異を通して、より明確にすることができる。ティリッヒのマルクス思想に関する諸論文は数多く存在するが[50]、とりわけ近代についての問題意識という点に絞って検討を加えてみたい。ティリッヒは一九五〇年代、自身の思想とマルクス思想とを比較し、特に初期マルクス思想との類似点として「疎外」の概念をあげている（Tillich［1953］, 251f.）。「疎外」の語において、ティリッヒもマルクスもともに、本質と実存の間に分裂があり、人間は本来あるべき姿から疎外されているという事態を表現している[51]。マルクスのいう「疎外」に至る契機は、とりわけ近代社会における生産性の向上である。生産性の向上は、私有財産制において個人の利益と全体の利益が折り合わない事態を招き、労働の細分化において労働者が自ら生み出した生産物から疎外される事態をも招いた。このような疎外によって、人間の本来あるべき姿から離れた非人間化が生じるのである[52]。そして疎外から人々の目をそらすための装置――イデオロギー――としてのキリスト教的な彼岸信仰や形而上学を否定する。ティリッヒはマルクスのイデオロギーとしての宗教への敵意にもかかわらず、マルクスの疎外理解について、キリスト教の堕罪概念との共通性を読み取っている[53]。さらにティリッヒの考えるキリスト教とマルクス思想の類似点は、両者の預言者的歴史解釈である（Tillich［1935］, 446f. Tillich［1942］, 477-480）。ティリッヒは、マルクスのいうイデオロギーとしての宗教の指す意味内容は、自身が宗教社会主義において批判したような、教会の現実形態を絶対化する偶像崇拝としての宗教の要素を指すとみなし、自らはキリスト教の預言者的性格を強調する。預言者的歴史解釈において、キリスト教またマルクス思想は、出来事を歴史のプロセスの偶然的産物と捉えるのではなく、歴史的運命と自由との弁証法に基づいて、特定の時代において現実化した普遍的悪と戦おうとする（*ibid*., 478）。ティリッヒ、マルクスが捉えた疎外は、人間の歴史において準備され、近代という歴史段階に至って表面化したのである。マルクスでは私有財産制の成立、ティリッヒでは近代における「深みの次元」の喪失が、近代人の「疎外」として表された。

しかしティリッヒのいう近代人の不安としての疎外は、本来人間の実存につきものであるから、近代以前に全くなかったわけではない。ティリッヒ自身は明言していないが、新たに近代の課題となったのは、垂直的思惟の喪失によって、近代ではより疎外が明確に意識されるようになったことと、近代の社会構造がもたらした実際の疎外状況に伴う問題――階層社会の不平等、共有する目的の喪失、個人のアトム化における孤立など――であろう。マルクスの「疎外」が、近代という特定の歴史的発展の時点に限られる可能性があるのに対し、ティリッヒのいう人間の本質からの疎外は、完全に克服されることなく常に存在する。特定の時代の疎外状況と、人間の実存そのものの疎外とを区別することによって、特定の時代の疎外状況を克服した次世代（マルクスでいうプロレタリアート独裁）を絶対化することは回避される。また両者の区別によって、特定の時代の状況を人間の本質的可能性という観点から審判することが可能になる。ティリッヒはこの点において、マルクス思想との違いを主張する。さらに、マルクス思想との決定的な違いがある。ティリッヒの指摘によれば、それはマルクス思想においては垂直的思惟が欠けているという点である。マルクス思想は、イデオロギーにおける彼岸的なものを回避するが、同時に歴史内において疎外を克服しうるというユートピア的水平的思惟に陥っているとティリッヒは主張する（Tillich［1935］, 446f.）。ティリッヒは一九一九年以降、ワイマール共和国の政治的変動の中、宗教社会主義を展開し始めるが[54]、ここでティリッヒが目指したのは、マルクス思想の水平的思惟を批判しつつ、平等や正義を要請することであった。マルクス思想の水平的思惟の批判は、ティリッヒが「宗教」と「社会主義」（文化の形式）を同等に並置しない点に現れている（Tillich［1923c］, 110f.）。なぜなら宗教は、文化に対する否定的要素としての「宗教的留保（Reservatum religiosum）」と、文化に対する肯定的要素としての「宗教的責任（Obligatum religiosum）」の二つの要素を持つからである（*ibid.*, 110）。「宗教的留保」とは、世俗とは区別される聖なるものであり、宗教的共同体を保持する力である。一方「宗教的責任」とは、宗教が文化において創造的な形式を造り出す力である。このような宗教の持つ二重の性質によって、宗教社会主義は文化の形式をとりつつも、文化の中に完全に埋没することはない。さらに宗教は本来、いかなる象徴によっても無制約者（神）を完全に表現することはできないという有限性を知るがゆえに、自らのうちに否定性の契機を持っている。よって宗教は、批判的・預言者的態度（die prophetische Haltung）を必然的に備えている。ティリッヒの宗教社会主義はこのような構造において、マルクス思想における水平的思惟と、宗教の持つ垂直的思惟を統合しようとする試みであったと理解できる。宗教社会主義が預言者的に宣言した神の国の到来は、歴史的運命となすべき行為（当為）との弁証法である。運命と行為を切り離すという立場は、現実的形態としての教会を神の国と同列に並べる「保守的神学」と（ティリッヒはルター派神学を指している）、神の国を歴史の進歩の先に見る自由主義神学の帰結である。近代がその限界を迎えた状況において、これらの神学とは異なる道をとろうと試みたのが、ティリッヒの立場であった。

ティリッヒが明確に近代の課題を扱った思索は、とりわけ宗教社会主義を主張した一九二〇年代から一九三〇年代に集中している。近代人の人間性の回復について、一九二〇年代から亡命前の一九三三年までは、平等や正義の断片的成就を目指す宗教社会主義の要請と待望によって、その実現を求めた。一九三〇年代の諸論文における思索は、明確に要請と待望という宗教社会主義の思考方法によって遂行されたが[55]、一九四〇年代の諸論文では、近代人の不安としての疎外は人間の実存につきものであり、カイロス意識に基づく決断や変革によってもたらされる疎外の克服は断片的なものにすぎないことが、さらに強調されるようになる。近代人は垂直的思惟の喪失ゆえ、より非存在を意識するようになったというティリッヒの指摘については前述のとおりであるが、一九四〇年代の思想上の変化には、一九五〇年代に完成される存在論的人間学の視点が色濃くみてとれる。もちろん後期ティリッヒに至って、近代人の「不安」などの概念において、深層心理学の見地が新たに導入されたことや、進歩主義やコミュニズムなどを「擬似宗教」とみなしてその歴史内在性を批判することなどは、宗教社会主義が中心的に展開された時期（一九一九年頃から一九三〇年代）の思想と後期ティリッヒ思想が異なる点である。しかし後期ティリッヒ思想を代表する『組織神学』もまた、宗教社会主義と同様、近代の不安への答えを弁証するという一点に関しては、ティリッヒの立場は一貫している。

ここまで本章では、ティリッヒ思想にとって、近代の持つ肯定的・否定的側面の両者が大きく影響していることを確認した。この点は先行研究でも指摘されることであるが、さらに筆者は、近代における時間・空間概念の変化ならびにティリッヒ思想における時間・空間概念に注目することの重要性を指摘した。ティリッヒ思想における時間・空間概念は歴史・共同体を構成する基本概念であるが、続いてティリッヒの歴史・共同体概念にかかわる諸問題を明確にしていくことを第3章以降の課題としたい。

第3章　後期ティリッヒ思想における「共同体」の構造

1　ティリッヒの共同体概念
――後期ティリッヒ思想に至る発展過程――

前章ではティリッヒと近代の関係について、共同体・歴史に関する思惟を手がかりに探究した。本章ではまず、ティリッヒの思索の中でも「空間」の概念で語られる領域である「共同体（community, Gemeinschaft）」に関する事柄を扱う。ティリッヒの空間概念については第2章で説明したとおりであり、ティリッヒ自身「空間」概念について、それ以上詳細な議論を展開しているわけではない。ティリッヒの思索における「空間」概念は、存在論によって彼の思考構造を形成するものであり、時間概念を付加した実際の歴史論においては、「空間」概念は現実の「共同体」を構成する概念として位置づけられる。したがってティリッヒの思考構造における「空間」概念の役割を探究するためには、実際の「共同体」についての記述を取り上げることが必要になる。本章で取り上げる課題は、ティリッヒが考える共同体の構造を分析し、ティリッヒが「共同体」の語において示す意味を明確にするとともに、空間概念がどのように共同体概念を支えているかを確認することである。ティリッヒが共同体についていかなる思索を行ったのか、本章では後期ティリッヒ思想の形成に至る発展過程を検討し、続く第4章では後期ティリッヒ思想における共同体の諸問題について検討する。前期・中期ティリッヒ[1]において、第一次世界大戦終結時から第二次世界大戦終結時までは、宗教社会主義の主張を基盤に政治の状況における人間のあり方について考察することが思想の中心的内容であった。それではこの時期構築された政治・社会についての概念や、共同体についての概念はどのようなものであったのか。また一九四六年から一九六〇年の後期ティリッヒ思想、さらに『組織神学』第三巻を中心とする一九六〇年代のティリッヒ思想において、これらの概念はどのように継承されたのか。このように、発展過程における論点に留意した上で、筆者の主要な分析対象である後期ティリッヒ思想の体系的な集大成となる『組織神学』に、共同体概念の発展過程がどのようにして組み込まれたのかについて、明確にしておきたい。

ティリッヒの共同体概念については、いくつかの視点からアプローチすることができる。まず、ティリッヒの宗教社会主義に基づいた政治的共同体の概念について研究する方法である。ティリッヒの社会思想については、前期ティリッヒ思想における宗教社会主義を中心に論じるアダムス、シュタムの研究がある[2]。また一九二〇年代の宗教社会主義から後期ティリッヒまでを射程に入れて論じるストーン[3]やライマー[4]、ブライポール[5]の研究がある。とりわけ後者の研究における争点の一つは、ティリッヒの宗教社会主義が、渡米後どの時点まで維持されたかという点である。ライマーやブライポールは、ティリッヒの宗教社会主義が渡米によって断絶したわけではないという立場から、中期ティリッヒ思想における宗教社会主義に焦点を当てるとともに、中期ティリッヒ思想におけるティリッヒ‐ヒルシュ論争に見られるティリッヒの思想的変化を指摘している。ストーンは、後期ティリッヒ思想においてもティリッヒの宗教社会主義は継続し、後期ティリッヒ思想において宗教社会主義は倫理についての思索へと形を変えたと主張している。ストーン同様、宗教社会主義と後期ティリッヒ思想との密接な関連を見出す立場としては、他に後期ティリッヒ思想に受け継がれたマルクス主義的側面を指摘するドネリーの研究が挙げられる[6]。以上の研究とは異なる視点の研究として、ティリッヒの宗教社会主義におけるナショナリズム批判を現代の民族的ナショナリズムの状況に照らして評価するリチャードの研究[7]、解放の神学の文脈における宗教社会主義の正義や倫理的可能性を再評価するボニーノの研究[8]などが挙げられる。国内の研究でも芦名定道や岩城聡が、ティリッヒの宗教社会主義を現代の社会状況における文脈から解釈する試みを行っている[9]。また、本章**3**で扱うティリッヒの「霊的共同体」に注目する研究としては、ティリッヒが「霊」に関する議論において、いかにパウロ神学の影響を受けているかを指摘するJ・クーパー[10]、霊的共同体における社会正義の実現可能性に注目するステンガーなどの研究が存在する[11]。とりわけクーパーや、先述したドネリーは、ティリッヒの教会論にも注目しており[12]、オメーラは、カトリック教会の立場やラーナーの思索と比較しつつ、ティリッヒの教会論やカトリック的実体に関する議論を検討している[13]。さらに、ティリッヒが用いる「倫理（ethics, Ethik）」の語が示す内容に関しては、発展史的に検討するテイラー、ストーンの研究が挙げられる[14]。以上のように、ティリッヒの宗教社会主義思想を中心にした研究は細分化する傾向にあり、ややもすればティリッヒが抱えた時代の問題状況を忘却させる恐れもある。本書の立場は、ティリッヒが宗教社会主義において形成した共同体の問題や理念が、後期ティリッヒ思想の内に、変容はありつつも維持されているという理解に基づく[15]。また本書では、ティリッヒの空間概念の形成に関する近代の影響を重視する。実際の方法として本書では、「共同体」概念について検討するため、ティリッヒの宗教社会主義に関する諸論文を分析テキストとして用いるが、主眼は宗教社会主義そのものというより、その社会状況におけるティリッヒの近代人としての、同時に近代批判者としての両側面と、そこに展開された空間的領域の構造におく。それでは、ティリッヒが宗教社会主義を主張した時代から後期ティリッヒ思想までの、ティリッヒの共同体についての思索を発展史的に探究してみたい。

ティリッヒが本格的に政治や共同体の問題を扱うようになったのは、第一次世界大戦以後であった。大戦末期の一九一八年九月、西部戦線から帰還したティリッヒは、敗戦によって混乱するドイツの政治状況に投げ込まれることになる[16]。翌一九一九年、ティリッヒは論文「教会の問いとしての社会主義」を発表し、宗教と社会との関わりの必然性を説いた。一九二〇年代には、「宗教社会主義要綱」（一九二三年）で、宗教社会主義の目標や基本方針を提示するとともに、『現代の宗教的状況』（一九二六年）では、科学・芸術、あるいは倫理における宗教的次元について指摘した。そして一九三三年の『社会主義的決断』は、ティリッヒの宗教社会主義に関する諸論文の中でも最も完成された著作である。筆者は、ティリッヒの宗教社会主義を中心とするこの一連の思索に共通する共同体についての記述を、主な三種に分類しうると考える。第一に、人間が集団において他者あるいは事物に対して「エロース」的かかわりを持つことに関する記述、第二に、要請としての正義に関する記述、第三に、集団におけるエートスとしての倫理に関する記述である。エロース、正義、エートスは、共同体を結合し行動の原理として働く点において共通するが、もちろんそれぞれ異なる意味内容を持っている。

まずエロースについて、ティリッヒは『現在の宗教的状況』（一九二六年）において、「エロースは共同体関係を担う」（Tillich [1926a], 66）ものと位置づける。そしてティリッヒは、このようなエロースに担われた共同体関係に基づく社会は、ブルジョア革命以後のヨーロッパにおいて、共同体（Gemeinschaft）から利益社会（Gesell-scfaft）へと転換したことを指摘している（*ibid*., 66, Tillich [1945]（1990）, 120）。このような転換の中では、人間と事物との関わり、あるいは他者との関わりが大きく変化する。近代の社会的・政治的・経済的状況がもたらしたこの変化については、ティリッヒとともに多くの思索家が考察するところである[17]。ティリッヒは、この関わりの変化を表現するために「エロース」の語を用いる。近代のブルジョア社会は、経済が「上位の社会形式の束縛から解放され、そして自己自身の法則に従う」自律的経済として推進される中で発展してきた（Tillich [1926a], 53f.）。この状況の中で、人間の事物に対する関係や社会関係が変容する。例えば自律的経済において、人間の事物に対する関係は「エロース喪失、共同体喪失へ至り、支配する関係になる」（*ibid*., 54）という。人間は自律的人格の自由な結合によって共同体を形成するようになるが、エロースに担われる共同体関係を喪失する。そこで個人は他者と共有するリアリティを失って孤立することになる。また自由主義経済に基づく市場の合理主義的原理・競争原理は、資本家と労働者との階級対立を呼び起こすという点で、社会関係にも深刻な影響を及ぼす。ティリッヒは、近代におけるエロースの喪失についてこのように描き出した。他方この時期、ブルジョア社会（die bürgerliche Gesellschaft）に抵抗するような動きも生じた。ティリッヒによれば、二十世紀初頭の青年運動[18]は、ブルジョア社会に抗議して「自然に対するエロースを再発見した」自然神秘主義であった（*ibid*., 64）。利益社会を逃れ自然に回帰する青年運動の本来の目的は、共同体のエロースを再発見することにあったのである。

また宗教社会主義の原理を提示した一九二三年の「宗教社会主義要綱」において、ティリッヒは、エロースの定義を明確に述べている。ここでは、エロースは事物や現実の持つ動的力として記述されている。事物は単に事物そのものだけの存在にとどまらず、「（事物は）本来の力と、本来のエロースの力の実体（Wesen）であって、このエロースや力への意志を通して、精神は自身の内なる核心に関わることができる」（Tillich［1923c］, 115）と規定される。また現実は、「エロースや躍動の力である」（*ibid*., 114）。こういった事物や現実の内的力であったエロースが、近代ブルジョア社会において成立した利益社会や合理的学問の中では喪失された、とティリッヒは指摘するのである。内的力としてのエロースを失った社会は、個人において事物の所有や支配への飽くなき欲望を支える「主観的エロース」と、他者との共同から万人の闘争へと向かう「権力への意志」に振り回されるようになる、とティリッヒは指摘している（*ibid*., 118）。

しかしティリッヒはブルジョア社会のもたらした自律的個人という存在を尊重し、ブルジョア社会以前の共同体へ逆戻りすることを否定する。さらに彼は、共同体への回帰の傾向に潜む問題点を指摘するのである（Tillich［1933a］）。ここに筆者が、ティリッヒの思索は近代の自律的理性において形成されると同時に、近代批判の試みであると主張する根拠がある。ティリッヒの近代との関係性について、完成された形で示されたのが、一九三三年の『社会主義的決断』であった。ティリッヒがここで提唱する「共同体」のあり方は、先程述べた青年運動のような復古主義ではない。青年運動にみられるような集団への回帰は、「あらゆる政治的ロマン主義に共通する共同体を求める声において表現されている」ものであり、また「合理的システムにおける個人の精神的・経済的・政治的自律に対抗して、支えてくれる集団へのあこがれの声」（*ibid.*, 311）であるとみなされる。さらに『社会主義的決断』において注目すべきは、「起源」の力についての記述である。個人は、自らが属する共同体に関わる特定の場所（地）や、氏族（血）に由来する起源の力に依拠することによって、自身の保全や支持を獲得することができるという一面を持つ。ブルジョア社会は起源の力、すなわち特定の空間の支配に基づく地縁、血族のつながりを破壊することによって、自律的個人を作り出した。このように「空間」の概念は、近代の利益社会において個人との密接なつながりを失ったのである。封建的秩序や農村共同体が崩壊した利益社会において、個人は経済的・政治的目的のために所与の空間を移動し、そこに都市が形成されていった[19]。このように獲得された空間には、共通のエロースが生み出されることは少ない。こうして近代の終焉において、自律的個人の集団の中で失われたエロースを再び求める動き（政治的ロマン主義）が生じ、起源の力への回帰が起こったのである。政治的ロマン主義は、起源の力を描き出す「起源神話」に基づく集団、例えば「ゲルマン民族の血の神話」を掲げるナチスのような集団を形成する思想的根拠となる。ティリッヒはこういった起源神話の危険性を指摘しつつも、起源の力そのものについて否定するわけではない。例えば社会主義のみを掲げる労働運動のような集団においても、共通の敵に対抗する以外の場合で団結が維持される「共同性（Gemeinsamkeit）の表現」が存在するならば、その結びつきは「ある起源の形式、エロース、運命」によるものであり「理性に基づくのではない」ものである（*ibid.*, 353）。そしてティリッヒは、起源を特定の空間へのこだわりとは異なる方向性によって成就させることを提唱する。この主張は、ティリッヒの人間存在の理解を基盤としている。ティリッヒにとって人間存在とは、自己の存在について「どこから」来て「どこへ」と向かうのかを問う「投げ出された存在」である（*ibid.*, 290）。起源神話の問題点は、「どこから」の問いに答える神話の偉大性に拘泥し、「どこへ」の問いの答えを探そうとしないことにある。ティリッヒがこの時期提唱した宗教社会主義は、「どこへ」の問いによって、「どこから」の問いを「完成」し「成就」する「待望」のシンボルを示す試みであった。人間は起源に束縛されたままではなく、いまだ実現してはいないが実現させなければならない事柄を「要請」することによって、どこへ進むべきか方向性を見出すことができる、とティリッヒは主張する。この当為の要請を、ティリッヒは「正義の要請」と呼び、「待望」のシンボルとともに、宗教社会主義を構成する根本概念に位置づけている。「起源の成就は、むしろ、人間が要請や当為として対峙するものである。「人間の〈どこから〉（の問い）は、〈どこへ〉においてその成就を見るのである」（*ibid.*, 292）というように、共同体においてどのように行為するか、また共同体そのものがどこへ向かうべきかということを試行錯誤することが人間には可能である。宗教と社会主義が本質的に持つ終末「待望」は、起源を否定するのではなく、「新しいもの」を待ち望み、当為によって起源を完成し成就するとティリッヒは位置づける。人間は起源を意識しつつも、単に起源に囚われている存在ではない。起源から起源へと回帰し続ける空間の力は、待望において時間の力によって破られることになる。起源に基づく「空間」の概念は、人間の当為によって目標を獲得し、時間の概念と結びついて成就へ向かうことになる。そしてこの人間の当為こそ、正義の要請なのである。

このようなティリッヒの共同体に関する議論においては、空間概念と時間概念の働く仕方を見て取ることができる。共通のエロースを持った空間について、ティリッヒはエロースの待つ価値は承認するものの、特定の空間に束縛されることの危険性を指摘していた。未来へと向かう時間概念なくして、人間は当為について新たに模索することが困難である。「どこから」という起源や過去を問う問いは、起源が現前している地縁血縁に体現されているという意味において、眼前において知ることができ、「何を為すべきか」という当為についても、共同体の過去や伝統から踏襲することができる。しかし起源と結びついた空間の内では、何か新しいものが生み出されることなく、個的なものも全て円環法則に支配される。さらにティリッヒは、あらゆる現在するものの根源が「存在すること」であることから、空間と存在論を結びつけている（「存在論は、起源との関わりにおいて、空間との結びつきにおいて存立する」（Tillich［1933a］, 300））。[20]

しかし空間は時間によって破られる可能性がある。ティリッヒによれば、近代において、従来の空間の束縛を破り、万人に共通する理性を中心に据えたという点において、自律意識は起源を破壊した（*ibid.*, 304-307）。しかし近代の自律的意識は、空間のエロースをも破壊したことによって、起源への回帰を招いたのである。新しいものを待望する時間概念は、存在が「どこへ」向かい何を為すべきかという問いを形成する根拠となり、そこにティリッヒは新たな共同体的結びつきの可能性を見出している。

以上、ティリッヒの宗教社会主義の文脈での共同体におけるエロース、正義の要請について、時間・空間概念と連関して検討してきた。こういった渡米以前のティリッヒの共同体に関する思索は、渡米後の後期ティリッヒ思想にどう継承された（あるいは継承されなかった）のだろうか。『存在への勇気』（一九五二年）の記述によれば、人間が外界に対する関わりを持つことを可能にするものは「参与」であり、この「参与」が共同体を構成する重要な概念である。ここでは参与（participation）について、①「分け合う（sharing）」、②「共通にもつ（having in common）」、③「一部分となる（being a part）」の三つの含意が示されている。このような意味内容に基づいて、参与とは「部分的には同一であり、部分的には不同一であること」を意味している、というのがティリッヒの定義である（Tillich［1952a］, 181）。個人を例に挙げれば、個人は自身が参与している共同体とは同一のものではないが、共同体は個人によってのみ成立しうるのである。『組織神学』において体系化される、個人と共同体との存在論的両極構造が、『存在への勇気』においても提示されている。[21]

このように後期ティリッヒ思想では、共同体の問題に関する記述においても存在論的人間学としての性格が明確になる。またエロースや正義の概念も、愛・力・正義の存在論的統合を構成する要素として位置づけられるようになる。ティリッヒは一九四四年の「戦後世界における力と正義」において、正義と力の緊張関係を統合する上位原理としての愛について述べているが、ここでいう原理としての「愛」は、アガペーでもなくエロースでもない（Tillich［1944c］（1990）, 94）。アガペーもエロースも「存在それ自体の愛の構造」に根ざしており、愛は存在それ自体としての神において、また本質的構造において、正義・力と統合されている（*ibid.*, Tillich［1954］, 635）。ティリッヒは、本質において正義・力と統合する愛とは、「分離されているものを統合へと駆り立てる衝動」であり、本質においては一つであるものの、いくつかの性質を併せ持つとみなしている（*ibid.*, 595）。そして先程から取り上げてきた「エロース」については、愛の性質の一つと規定される。エロースは「価値を体現するゆえに価値の担い手となるものとの統合」であるといわれる（*ibid.*, 598）。このようなエロースは、社会集団において、集団の正義と力を表現する支配者集団によって精神や理念、価値観として表現される。共同体の精神を表すエロースとしての愛は、リビドーとしての愛、フィリアとしての愛などとともに、アガペーとしての愛の介入によって、疎外された状態で生じる両義性を克服する「霊的共同体」において昇華される。アガペーとしての愛に基づく「霊的共同体」を示唆している点で、後期ティリッヒ思想の共同体論は、社会における実践的プログラムとヴィジョンを呈示する宗教社会主義を離れ、問いと答えの相関に基づく弁証神学へと向かうことになる（本章**3**で詳述する）[22]。

『愛・力・正義』に代表される、後期ティリッヒの共同体の問題についての思索は、ストーンが指摘するように[23]、宗教社会主義のような具体的な実践プログラムが存在しないものの、愛・力・正義の存在論的統合によって共同体の問題を分析し、信仰的現実主義の立場を明確にしたと想定できる。後期ティリッヒ思想の共同体論は、事物を存在せしめる「力」の概念[24]、アガペーに介入されるエロースの概念と、そして正義の要求とを統合する存在論によって構成される。その結果、前期ティリッヒ思想に見られたような宗教社会主義を具体的に提唱することはほぼなくなっている[25]。正義の概念を中心に存在論を構築することによって、ティリッヒは共同体の社会理論を存在論で裏づけ、人間存在のあり方から導出される社会理論への道筋をつけたのではないかと考えられる。というのも存在論に基づく社会理論は、ヨーロッパのブルジョア社会の伝統を持たないアメリカにあっては、特定の社会的基盤を前提とする宗教社会主義よりも適合的でリアルに受け取られることができるからである[26]。

2　後期ティリッヒ思想における共同体とは何か
――『組織神学』を中心に――

前節において、ティリッヒのエロースや正義についての概念分析と時間・空間の関わり、またそれらの社会理論が後期ティリッヒ思想で、宗教社会主義から存在論的な空間分析へと焦点が変化してきたことを確認した。本節では、とりわけ『組織神学』第三巻において、ティリッヒが考える共同体とはどのようなものであるか、共同体と個人との関係を明らかにしつつ捉えることが課題となる。『組織神学』第三巻を分析するためのステップとして押さえておかなければならないのは、ティリッヒの「生（life）」の概念である[27]。というのも、本書第1章で先取りして述べたように、ティリッヒの「生」の概念は、存在論的構造を根底としつつも、『組織神学』第一巻・第二巻では叙述しきれない、本質と実存の混合として実際に立ち現れる動態についての表現だからである。そして『組織神学』第三巻において展開されるこの「生」についての議論は、共同体における個人の生についての議論が中心となる。よって共同体と個人の関係、また共同体とは何かといった問題については、まず生とは何かを理解するところから始まる。前章で取り上げたティリッヒの共同体概念の発展過程が、後期ティリッヒの集大成となる『組織神学』の体系にいかに組み込まれたのかを考察しつつ、『組織神学』第三巻の議論を中心に検討する。この際もまた、本章前節までに解明したティリッヒ思想の根底にある近代の課題、また近代における時間と空間概念の問題に注目することによって議論を深めていきたい。

ティリッヒによれば、生とは「可能的存在の現実化」（Tillich［1963a］, 30）である。「可能的存在の現実化」は過程（process）であり、この過程は一定の運動（movement）によって展開される。そして生は三つの「要素」を含む運動によって可能性を実現する。生の三つの要素とはすなわち「自己同一（self-identity）」・「自己変化（self-alteration）」・「自己への回帰（return to one's self）」である。生においては、生が自らの中心を保ちつつ（自己同一）、その中心から前方へと出ていき（自己変化）、再び自らの中心へと帰ってくる（自己への回帰）運動の動態が生じているのである。これらの三要素を内包する運動は、「円環的運動」・「水平的運動」・「垂直的運動」の三つの異なる方向性の運動であるとされる[29]。

生の三要素を内包する運動は、生における各機能の働きによって引き起こされる[30]。ティリッヒが規定する生の機能とは「自己統合（self-integration）」、「自己創造（self-creation）」、「自己超越（self-transcendence）」の三つである。自己統合の機能によって、生は自らの中心性を保ちつつ、自己創造の機能によって新たな中心性を志向しつつ変化し、自己の中心を新たに確立する[31]。自己統合、自己創造の機能によって自己同一から変化を経て自己が再確立される運動のうちに、垂直的次元としての自己超越の機能も常に働いており、生は三つの機能を同時に発揮している[32]。

前述した生の機能は、それぞれ三つの基礎的両極性に依存している（*ibid.* 33）。すなわち自己統合は「個別化（individualization）」と「参与（participation）」の両極性のもとに働き、自己創造は「動態（dynamics）」と「成長（growth）」の両極性、自己超越は「自由（freedom）」と「有限性（finitude）」の両極性に従って働く。生の機能は、このような両極性に従って展開し、ティリッヒの分類によれば自己統合の機能は、精神の次元が完全に実現している人間の営為の中では、道徳において実現される。同様に、自己創造は文化において、自己超越は宗教において実現される。

このようにティリッヒの規定する「生」について理解した上で、はじめて本節の課題であった「共同体」とは何かという問題を明らかにすることが可能になる。ティリッヒの理論に基づけば、人間の生において他者と共にある生が可能になるのは、生が「個別化と参与」の両極のもとにある自己統合の機能を有するからである。生あるものが自らの中心性を形成する自己統合の働きは、「個別化」と「参与」の両極を有する。両極であるがゆえに、人間の生の場合であれば、個人が中心性を確立すればするほど参与が可能となる。「最も個別化された存在は、最も接近しがたく、そして孤独な存在である。しかし同時に、彼は最も偉大な普遍的参与の可能性を持っている。彼は世界との交わり（communion）を持ち、世界に対するエロースを持つことができるようになる」（Tillich [1963a], 33）。エロースは「事物や現実の持つ動的力」であり、共同体関係を担うと規定された前期ティリッヒ（前期Ⅱ、一九二六－一九三三年）におけるエロース概念は、『組織神学』第三巻においては、交わり（communion）を可能にするものとして、個人と参与の両極構造に取り入れられている。『組織神学』第三巻において、対象についてのエロース、技術的過程に対するエロースについての言及はわずかにみられるが、霊的現臨との関わりにおけるエロースのみの回復が主張されている[33]。またエロースは、集団の中心を体現する支配者集団によって、精神や理念、価値観として表現される。しかし権力によって成立する少数の支配者集団が表すエロースが、集団の構成員が共有するエロースと完全に一致することはない。「エロース」概念に変化が生じたのは、ティリッヒが「共同体（community）」の概念を、明確なエロースによって共通の精神基盤を構築していた共同体（Gemeinschaft）の意味にとどまらず、生の機能の結果[34]としての個人、および参与によって形成される共同体全体を示す概念として用いるようになったためと考えられる。このような共同体概念は、ティリッヒが宗教社会主義において、共通の起源を持つ共同体（Gemeinschaft）を空間への束縛として捉えた仕方と大きく異なっている。すなわち共通の起源や強力なエロースを喪失した近代以降において、共同体がいかに形成されうるのかという問題にティリッヒが取り組んだ結果、生の機能として必然的に生じる交わりという観点が導入された点が異なるのである。共同体は生の機能ゆえに必然的に生じる。なお共同体における個人同士を結びつける動因については、霊的共同体に関する議論で扱うこととする（本章3）。

生の自己統合は、完全な中心性を持った人格である個人と、人格的中心と類比されるものの、権力に由来する中心を持つ共同体とを形成する[35]。このような自己統合の機能は、前述したように道徳において実現される。しかしティリッヒは、自己統合の機能が発揮される道徳という概念を単独で用いるわけではない。自己統合・自己創造・自己超越の機能は、それぞれ異なる方向性に運動しつつ同時に生じる。よって、道徳・文化・宗教もそれぞれの特性を有しつつ、互いに浸透し合っている（Tillich［1963a］, 95）。文化は道徳の内容を提供し、宗教は、道徳に道徳的行為の究極目標を与え、道徳的行為の要請に無制約性を与える。道徳を超越するものがなければ、道徳的行為の基準たりうる究極性を見出すことはできない。そして人格対人格の間に生じる道徳的要請によらなければ、文化的創造がいかに適切であるか測ることは困難であるし、宗教は文化的創造の内実を充たす――宗教は文化の内実であり、文化は宗教の形式である――（Tillich［1924］, 110, Tillich［1925］, 134, Tillich［1963a］, 158）。さらに宗教は、道徳的行為によって構成される自己と、文化的行為によって創造された意味世界を基礎におかなければ成立し得ない。したがって人間の生の機能とは、以下のように実現される。自己統合の機能において、人間は個人の中心性を確立すると同時に共同体を形成する（道徳）。そして所与のものから何か新しいものを創造し、獲得する（文化）。また自身の有限性を超えて、道徳や文化に根拠を与えるものを指し示す（宗教）。ティリッヒが一九二〇年代に提唱した、宗教社会主義における宗教と社会（文化）との密接な連関は、『組織神学』体系においては、生の基本的機能の構造自体から説明されることになる。

以上のようなティリッヒの論点を踏まえれば、『組織神学』においてティリッヒが考える共同体とは、人間の生が遭遇する他者の生との関わりの中で、道徳・文化・宗教の機能によって可能性を現実化する過程そのものを指すと理解することができる。ティリッヒの「共同体」という概念は、個人の人格的確立を前提としない人間の集合体（群れ）ではない。また道徳・文化・宗教を共有しない集合体や、単なる集合体の住む場自体でもない。『組織神学』におけるティリッヒにとっての共同体とは、個人と参与に結実する生そのものなのである。本書第1章で筆者が指摘したように、ティリッヒは『組織神学』第三巻において、存在論による存在の構造分析に「生」の運動や機能などのダイナミクスを付加し、それによって時間・空間に実在する共同体について分析し、そこで生じる問題を提起しうるようになった。個人とその集合における現象について説明するためには、人間存在の分析だけでは不十分だからである。道徳・文化・宗教の統合は、ある特定の地点で一定の広がりを持った空間の中で生じる出来事であり、存在論的構造分析をもって全て説明することはできない。道徳・文化・宗教の機能による可能性の現実化としての共同体における生は、「本質の現実化」という構造において存在論的記述を基盤にしつつも、空間のうちの動態として記述されている。筆者の主張、すなわち『組織神学』第三巻においては、第一巻・第二巻の存在論的記述を基に空間的広がりを導入して論じられた（第五部を中心に、時間概念も導入されている）という仮説は、第三巻においては、このようにある一定の空間における生の動態を表現する試みが行われていることからも裏づけられることができよう。『組織神学』第三巻第四部「生と霊」において扱われる主題は第一に、ある一定の空間的広がりを占める共同体における道徳・文化・宗教の現象学的分析である。そして第二に、道徳・文化・宗教から生じるアポリア（ティリッヒのいう「両義性」の問い）に対する答えとしての、霊についての分析がなされる。『組織神学』第三巻を通じて弁証されるのは人間の生に対する霊の働きについてであり、第四部に限っては、ある空間を占める共同体に働く霊の問題が扱われる。しかし実際には、共同体の空間概念は、時間概念と切り離して考えることはできない。よって第五部「歴史と神の国」では、共同体の時間的展開が、歴史において働く霊とともに論じられることになる。『組織神学』において共同体論は、存在論的構造に付加された生の概念に基づいて、体系全体の中で位置づけられている。このような現実の共同体――道徳・宗教・文化――の構造のうちにおける本質的可能性として、ティリッヒは霊的共同体の概念を提起する。ティリッヒにとって、いかなる共同体も、本質的な善性を持つにもかかわらず、不適切で不十分な実態を持つ。次節では、共同体の問いへの答えとなる霊的共同体について明らかにしておこう。

3　霊の機能と霊的共同体

前節ではティリッヒの考える共同体の成立過程について、『組織神学』を中心に検討してきた。『組織神学』第三巻の構成によれば、共同体における生の両義性の問題は霊によって答えられる。そこで本節では、はじめに霊とは何かを概観し、続いて霊が創造する霊的共同体のコミュニティ性について述べる。その上で霊的共同体と教会、霊的共同体と他の共同体の関係性を論じる。最終的にティリッヒが「霊的共同体」という概念において、近代における共同体についてのいかなる課題を解決しようとしたのかを示すことが本節の目的である。

ティリッヒの霊に関する議論すなわち聖霊論に関しては、いくつかの先行研究がある。まず、『組織神学』全体を聖霊論中心に解釈しようとする研究がある。ヴィットシアー[36]、ヴェンツ[37]は、ティリッヒの神論・キリスト論を含めた『組織神学』全体を聖霊論中心に再構築しようとする試みを行った。近年の研究でも、ストーンの見解では、『組織神学』はキリスト中心の神学ではなく、聖霊論が支配的な神学と捉えられている[38]。ハモンドはティリッヒの歴史論における聖霊論の重要性を指摘している[39]。また霊的共同体の分析については、ヴィットシアーの研究テーマでもあり、他にも本章1で言及した、パウロ神学との比較において論ずるクーパーの研究[40]、ティリッヒの教会理解を検討するドネリー[41]の研究がある。さらにティリッヒの聖霊論に関する本格的研究として挙げられるのは、ティリッヒの三一論の分析をもとに、聖霊論や霊的キリスト論について詳細に研究するライ[42]の研究がある。また国内においても、『組織神学』第三巻やティリッヒの説教集における霊の重要性に注目する茂洋[43]の研究が存在する。また矢澤励太は、ティリッヒの聖霊論が『組織神学』における神についての存在論的言明と連動するゆえに、存在論的抽象性を免れていないとして批判している。[44] これら先行研究を参照しつつ、ティリッヒの霊に関する思索を検討してみよう。

神の霊が人間の精神に対して働く仕方は、「霊的現臨（the Spiritual Presence）」の語で表現されている。ティリッヒはまた、この「霊的現臨」とは、神の霊であり神そのものと規定している。「神の霊あるいは神は人間の精神に現れ、救済的そして改革的性格を持つ啓示的経験において、全ての歴史に突入する」（Tillich［1963a］, 140）、「人類は決して神によってひとりで取り残されることがないゆえに、人類は絶えまない霊的現臨の衝迫のもとにあるゆえに、歴史には常に新しい存在がある」（*ibid.*）というように、人間の歴史へと介入する神そのものの現れが「霊的現臨」として捉えられている。[45]

それでは「霊」とはどのように言表されうるだろうか。「霊」（spirit［英］, Geist［独］, *pneuma*［ギ］, *ru'ach*［へ］）は、人間の精神において働く「力」「生命の力」であり、「力と意味における生の統合」を成すものとされる（Tillich［1963a］, 111）。「霊（spirit）」の語源が、「息（breath）」であるように、「生命の力」は生気を吹き込む力と考えられ、その「力」は、「有機体に付加される一部分」ではない（*ibid.*, 21）。また、「意味における生」とは、英語の"mind"の語に含意されるような、人間の意識や知性、また意志的なものが優勢となる生の側面を指すと思われる。すなわち、有機的な生と、知的活動をなす生とは、精神において働く力である「霊」によって統合されており、心身二元論的構造を回避している。

これに対して、大文字で始まるSpiritまたはdivine Spiritなどの語では、神の霊あるいは聖霊を意味し、神の霊と人の霊とは区別される。この神の霊が、人間の精神の「内に（in）」宿り、働く。[46] 人間の側から捉えるならば、いわば自身の精神（人の霊）が、「外へ（out）」と「追い出される」と言い表される。このような、人間の精神においいて起こる「内から外へ」という事態は、人間の霊が「霊的現臨によって捉えられた状態」（*ibid.*, 112）という関係にあり、それをティリッヒは「脱自（ecstasy）」と呼ぶ。この脱自が、「霊的現臨」が顕示された人間の実態である。また「現臨（presence）」とは、「霊が伴う」「霊が現前する」と解釈できる語であるが、人間の霊にとっては、「霊に捉えられた」状態であるとティリッヒは理解する。「誰も、その人自身が捉えられているもの――霊的現臨――を捉えることはできない」（*ibid.* 245）とあるように、人の霊は、神の霊に包括される。また人の霊にとっては、神の霊の側から支配されるという関係にある。神の霊に捉えられることによって、人間の精神に「脱自」の状態が生じるわけであるが、この「脱自」は、人間の精神が持つ合理的構造を破壊するものではない。使徒パウロが書簡において戒めたように、「異言を語る」ことが、混乱を生み、共同体を分裂させるならば、それは本来の「脱自」ではない（*ibid.* 117）。ティリッヒ自身も「脱自」は、人間の合理的・理性的構造を破壊することなく、両者が結びついた統合の形態と規定する。

さらにこの「脱自」の特性について付記すると、脱自の状態においては、主体と客体の区別が消失する、ということが挙げられている。この「主体と客体の統合」状態は、まさにティリッヒの想定する信仰の形態そのものである。「究極的関心」としての信仰にあっては、人が信じようとする信仰の行為としての主観的側面と、信じられている信仰の内容としての客観的側面とは、同じであり一つのものである。(47) 例えば「主体と客体の統合」の一例は、「祈り」の行為である。祈りにおいては、神は祈る「対象」ではなく、「われわれは、われわれを通して、自らに祈りたもう神に向かって祈る」とティリッヒはいう（*ibid.* 121）。すなわち、子なる神キリストが父なる神に対してとりなし祈るという構造である。ティリッヒは、人がどう祈ればよいのか分からなくも、神の霊が人間を通して祈ることは可能であるという。つまり、人が祈る主体であって、神がそれを聞く客体という構造ではない。むしろ「祈り」は、自らに祈る神の恵みに脱自的に参与することによってのみ、可能となる。

「脱自」の働きは、『組織神学』第一巻における「理性に対して啓示が顕れる仕方」とアナロジカルな関係にある。すなわち理性は、「理性ではないが理性に先行し、理性を通して顕現するあるものの表現」と呼ばれる「理性の深層」を持つ（Tillich［1951］, 71-81, Tillich［1963a］, 79）。理性は、「存在自体」の顕現、つまり「啓示」によってのみ、その深層を知り、本質的性格を獲得しうる。そして「客観的ならびに主観的構造の理性」は、理性の構造の中に顕現するが、両構造を超越するあるものを指し示しているとされる（*ibid*., 79）。すなわち人間の理性は、理性の主観客観構造を破壊することなくして、しかしその構造を超えた神の啓示を、受け取ることができるのである。

神の霊と人の霊との関係性は、内包され、支配される関係にあるが、神と人間は二元論的な一方向的関係ではなく、神の霊は、人の霊における、人間‐主観、神‐客観といった構造を統合する。「統合」とは、すでに分離が存在することを示す語であるが、両者が「あれかこれか」という二元的な分離状態にあるわけではない。この「統合」の概念は、ティリッヒの聖霊理解を明示する表現であるといえる(48)。

先に、霊的現臨の状態、つまり霊に捉えられた状態としての「脱自」について述べた。では、われわれが霊に捉えられていることを知ることは可能であるのか。「霊的現臨」は、誰に対して、どのように顕され、感得できるのだろうか。まず霊的現臨は、必ず霊を媒介する媒体があることによりわれわれに経験される、とティリッヒは述べている。その媒体として、「言（Word）」と「秘跡（sacrament）」が挙げられる（Tillich［1951］, 122-126, Tillich［1963a］, 120f.）。ここでいう「言」は、霊の現臨のもとで、人の「言葉（word）」が、神の「言（Word）」になるのであって、その言葉は、必ずしも聖書の言葉でなくてもよいとされる。というのも、霊的現臨の力の下では、あらゆるものが神的啓示の媒介となりうるからである。人間が書いた文書や会話も、媒体となる可能性を持つ。ここには、「言葉」なくして霊の現臨なく、霊の現臨なくして「言」なしという相互関係が成り立っている。では秘跡についてはどう解釈されるのか。ティリッヒの答えは、「音声（voice）」は必ずしも必要ではないが、媒体としての「言葉（word）」（特定の言葉や象徴に縛られない）は必要であるというものである(49)。例えば、聖礼典における事物（パン・葡萄酒）や行為（礼典の執行）は、必ずしも「音声」を伴わないが、「言葉」はある、とティリッヒは主張する。逆に、人間の精神が自己意識・知性・意志のみに還元されるならば、言葉や教義、道徳のみが霊の媒体となってしまうであろう。しかし、ティリッヒの提言する「多次元的統合としての人間[50]」の観点からすれば、霊を担う媒体となる行為や素材は、人間の自己意識のみならず無意識の領域にも働きかけることができる。とはいえティリッヒは、礼典を受ける側である人間の主体的な意志の同意がなくとも、礼典の行為に直接的に影響を受けることができるという立場、すなわち「なされた業から（ex opere operato）」の教義に依拠しない。秘跡は、客観的・直接的な神の「しるし」としては捉えられない、とティリッヒは言う[51]。秘跡（礼典）の執行者が、その秘跡の表現するものを意識し、また受ける側の人間も、その内容を汲み取ろうとする「働き手の業から（ex opere operantis）」の態度が、同時に求められる[52]。このようなティリッヒの立場は、信仰の行為としての主観的側面と、信仰の内容としての客観的側面を統合する「究極的関心」としての信仰の概念においても、明確に示されている。

霊は、人間の精神に媒体を用いて「入り込む」。人間の側から言えば、人間の精神は霊の「衝迫（impact）」を得て脱自へと至る。このような事象に対してカトリック教会の伝統では、「霊感（inspiration）」や「注入（infusion）」等の語が用いられてきた。ティリッヒは、これらの用語については、霊ないし霊的現臨に対する誤解を招くと捉え、退けている（Tillich［1963a］, 116f.）。というのも、「注入」の語は、霊を物質のように受け手に与えるような意味合いを持ち、「霊感」の語は、神についての事柄を情報として認識できたり、与えられたりするような状態を含意するからである。一方、プロテスタント教会の多くは[53]、「息（breath）」や「そそぎ（outpouring）」といったメタファーを用いるが、実体的な含意が前面に現れてしまうことを理由に、ティリッヒはこれらのメタファーも回避する。またティリッヒは、伝統的な聖霊論で取り上げられる、霊はどこから生じたのかという問題、すなわち古代教会で議論が沸騰した、「発出（processio）」の問題についても、「霊」の生起する過程については「予測できない」という立場を取る。

ティリッヒが実体的な意味合いを避けようとするのは、霊は単なる実体として表現し尽くされ、把握されるものではないという理解ゆえである。われわれの霊に対して現臨する神の霊は、「神秘的な実体」ではなく、「神の一部」でもない[54]。これをティリッヒは「霊の自由」と呼ぶ。一方人間は、神の霊に対して、受動的立場にあり、それゆえ「脱自」は、人間の側から意志的に行うものではなく、霊の側から捉えられた状態を指している。そして霊同様、霊的現臨も表現し尽くせず、把握しきれない。なぜなら霊的現臨は、神の霊の全く自由な働きかけであるからである。

4　霊的共同体の普遍性

前述のように霊は自由であるがゆえに、自由に対象を捉える。したがって誰にでも、キリスト者以外の人であったとしても、霊的現臨を受けることが可能となるのである[55]。しかもわれわれが、直接的に見分けることができなくとも霊は現臨する[56]。ティリッヒのいう霊は教会という共同体を形成する基盤ではあるが、自由であり普遍的であるがゆえに、キリスト教会に限定されるものではない[57]。つまりイデオロギーを掲げる共同体においても、霊的共同体のいくつかの要素は満たしており、究極の目標としては「信仰と愛」の共同体という理念を目指していると解釈するのがティリッヒの立場である。さらにティリッヒによれば、潜在的な霊的共同体は「無意識的には、キリストへと駆り立てられている」と理解される（Tillich［1963a］, 154）。この記述は、一見して護教論的な印象を与える。また徳の高い優れた宗教者を「無名のキリスト者」と位置づけるK・ラーナーの見解を想起させもする。しかしティリッヒは、徳の高さや、宗教的であるか否かを霊的共同体の要件とはしない。ティリッヒは、あらゆる共同体が、無条件に「霊的共同体」たりうる可能性を示唆し、全ての共同体が霊的共同体へと開かれていることを意図している。さらにティリッヒは、「世俗的なものは、教会の媒介がなくとも霊の衝迫に対して開かれている」「神の霊は、自らが創造した媒体、すなわち諸教会（そして諸教会の媒体、つまり言葉と秘跡）に拘束されない」との引用からも明白であるが、「聖と俗は依存し合って」おり、切り離されたものではないと理解する

（*ibid.*, 246–248）。

では「霊的共同体」が聖俗関係なく、あまねく存在するならば、宗教的共同体と、他の共同体とを区別するものは何か。ティリッヒが提示するのは、キリスト教共同体では完全な自己否定・自己犠牲のキリスト（ケノーシス）において現れた信仰と愛が「霊的共同体」の基準となるという観点である。「潜在的霊的共同体」、すなわち世俗の社会集団にあっても、信仰と愛における霊的現臨の衝迫は訪れる。しかし信仰と愛の究極的基準（キリストの信仰と愛）に現れた、両義的でない生の超越的統合には欠けているとされるのである。「霊的共同体」は「共同体の力・構造」であり、生の両義性の断片的な克服であるが、共同体そのものは完全ではない。宗教的共同体においても、完全な宗教的共同体や教会などは存在し得ない。とはいえティリッヒによれば、「教会」は「キリストの体」と呼ばれ、キリストの自己否定という基準を有することになる。

このティリッヒの見解を単なるキリスト教擁護とみなすこともできるかもしれない。しかし一方で「教会」は、世俗集団に比して、より厳しい基準・自己批判を内包しているとも捉えうる。すなわちキリスト教の外部の共同体に対しては、信仰と愛の基準に照らしてあるべき姿を提示し続けなければならないし、また内部に対しては、その基準をもとに自らの共同体を常に吟味し、刷新し続けなければならないのである。

それでは基準を自らのうちに持つ集団は、他の集団と比べていかなる位置に立つのだろうか。「優れた基準を持つ集団そのものが優れている」[58]とは論証できない。事実、キリスト教会が自らを完全な霊的共同体と錯覚したことや、時の権力に迎合したことなど、枚挙にいとまはない。にもかかわらず、教会には立ち返るべき場所があり、それは教会の外の霊的共同体に開かれた有効な基準たりうるという弁証を行うこと、また教会内部の者に対して自戒を促すことが、ティリッヒの意図だと考えられる。

しかし「霊的共同体の普遍性」に従えば、霊的共同体が、従来の制度・教義・儀式・礼典を伴った宗教的共同体を組織する必然性はない。前述のようにティリッヒの考える「霊（Spirit）」の人間の精神への突入は、孤立した個人においてではなく、社会的集団において起こる。なぜなら、人間の精神の全ての機能は、「我と汝の出会いという社会的文脈」という条件によって左右され、個人は他者と共にあってこそ個人の人格を確立させうるからである（Tillich［1963a］, 139）。また霊は「言と秘跡」を媒体として現れる。「言と秘跡」は、我と他者の間で、すなわち共同体においてこそ有効となる。とはいえ「言」は、「音声」を伴わない場合があるし、秘跡もまた、人間の自己意識を超えた領域に働きかけることができる。T・ルックマンは『見えない宗教』（一九八七年）において、制度化された実定的な宗教について問う「実体的定義」に対し、宗教の「機能的定義」について論じている。宗教的なものを、個人の心理的機能や、集団の関心として存在する社会的機能と捉える、「機能としての宗教」の視点を論じたルックマンの議論を踏まえれば、既存の実定宗教のみが「宗教」であると主張することは困難であろう。これらを簡単に特徴づけるならば、実体的定義による「宗教」は、それぞれ各個の制度・教義・儀式・礼典・組織など公的領域の性格が明確である。一方、機能的定義による「宗教」は、個人の私的領域における自己の世界観の変化等も含め、人間の精神における普遍的な現象として、広く概念規定される[60]。イデオロギーやスピリチュアリティなども、後者の機能的定義に基づけば、広く規定された意味での「宗教」と考えられるだろう。

このようなティリッヒの霊的共同体についての見解から引き出せるのは、以下の点である。すなわちティリッヒは自由な「霊性」の普遍性と同時に「宗教」の具体的特殊性が確保されること、さらに自己だけの体験にとどまらず、他者との共同体に開かれており、共に生きることを実践する創造性を、「霊」において見出したのではないかと思われる。霊は、人間の精神の構造を破壊することなく精神の内に入り込む「脱自」的性質ゆえに、精神の内の動的な力となり、さらに文化・社会において働く力となる。したがって霊は、人間が創造する文化そのものに対しても働く。例えば、ティリッヒは「人道主義（ヒューマニズム）」を例に挙げ、ヒューマニズムの原点が「人間の可能性の発展」であるとしても、ヒューマニズムそのものは、その可能性を「どこへ」と発展させるべきか、ということを示さない、と指摘する（*ibid.*, 249）。人間が定めた方向性は一つの選択にすぎず、状況と偶然の産物にとどまることになる。人間の文化的営みは、霊によって決定され、霊によって導かれることによって、方向性を与えられるのである。

以上のことから、ティリッヒのいう霊的共同体とは、キリスト教以外の宗教共同体の中にも内在する力であり構造であると理解できる。ゆえにある集団が究極的関心としての広義の信仰によって規定されている限り、その集団には霊的共同体の力が働いているのである。ティリッヒは霊的共同体を「見えない教会（invisible church）」と同じものとみなし、歴史的実在としての「見える教会」と区別している。見えない教会（霊的共同体）は、見える教会の内に働く力であり動的本質である。霊はキリスト教会の基盤であるが、自由であり普遍的であるがゆえにキリスト教会に限定されるものではない[61]。したがってキリスト教会以外の諸宗教、さらに世俗の共同体も「潜在的霊的共同体（latent Spiritual Community）」とみなされる[62]。潜在的であるとは、一部では現実的で、一部では可能的な存在の状態を示す（*ibid.* 153）。潜在的な状態にあっては、半ば実現され半ば実現されていないものがある。それはキリストの信仰と愛の究極的基準である。世俗の霊的共同体ならびに諸宗教の霊的共同体に信仰と愛が表現されていても、キリストにおける信仰と愛の究極的基準はないゆえに、それらは潜在的霊的共同体と呼ばれるのである。

「顕示的教会（manifest church）」と、「潜在的教会（latent church）」としての世俗の共同体との関係については、一九三一年の論文「教会とヒューマニズム的社会」に述べられている。ここでいわれる教会は、顕示的教会と潜在的教会としての二重の形態を持つ（Tillich［1931］. 143）。潜在的教会にある人とは、人間的形式におけるキリスト教的真実を容認するが、顕示的教会には対立している人々のことである。このような教会の二重形態という考え方には、教会と社会は相互関係にあることが示されている。ドネリーが指摘するように、教会は社会の文化的形式を用いることで霊的実体を維持し、社会へ使信を伝達しうるようになる。他方、社会の状況に対し、教会は預言者的批判原理としての機能を果たすのである[63]。端的にキリストとしてのイエスに基づく共同体を指す

「顕示的教会」の語は、対する「潜在的教会」を劣ったものとみなすための用語ではない。むしろ潜在的教会は、真実や愛や正義を体現するという点において、制度的教会よりも真に「教会的」である場合がある。ティリッヒ自身の回想によれば、一九三〇年代前半、ティリッヒは宗教と社会との相互関係に基づき、潜在的教会と顕示的教会の協働を目指していた（Tillich［1936］, 48f.）。ティリッヒのこのような宗教と社会の協働関係は、宗教社会主義を成立させる前提でもあった。

一九三一年の論文で「人間的形式におけるキリスト教的真実を容認する集団」と位置づけられた潜在的教会の概念については、『組織神学』でも同様の記述が見られる（Tillich［1963a］, 152）。そして『組織神学』では、さらに一歩進んで、「潜在的教会」の語とともに「潜在的霊的共同体」の語が用いられる。「潜在的霊的共同体」の概念は、一九三一年の「潜在的教会」の概念に、より広義の内容が加味されている。例えば、キリスト教で説かれる内容とは全く相反するように見える「信仰」を持つ共同体（例えば共産主義）であっても、ティリッヒはそれを「潜在的霊的共同体」とみなしている。この点において、「潜在的霊的共同体」は、一九三一年の「潜在的教会」よりも多様な社会集団を包括する概念だといえよう。究極的関心として何らかの信仰を持つ個人は、その信仰の内容にかかわらず、いずれかの潜在的霊的共同体にすでに属している。教会あるいは宗教共同体に属さず、むしろ対立していたとしても、個人は霊的共同体からは除外されることはない（*ibid.*）。このようなティリッヒの観点は後期ティリッヒの他の諸論文にも確認可能である。一九五七年の『信仰の動態』の記述によれば、個人が信仰の共同体の活動から分離することは、共同体そのものから分離されることではなく、個人は共同体を刷新する者として復帰し、かえって共同体の生を支配する霊が強められることもありうるという（Tillich［1957b］, 286）。ここでは明言されていないが、人間が他者との生活から離れたとしても、霊的共同体からは除外されえないことが示唆されているといえよう。またティリッヒ自身、一九二〇年代に宗教社会主義を提唱し、ルター派教会の保守性を批判した。この一時期ティリッヒは教会を離れることになったが、その実体験がこのような考え方に反映されているという指摘もある[64]。またティリッヒは、家族や氏族のような自然的起源を持つ共同体は起源の消滅とともに失われるが、霊が創造する信仰によって結びついた共同体は、特定の個人などの自然的条件が消滅しても存続すると述べている（*ibid*., 286）。このようなティリッヒの共同体に関する見解は、近代における起源に基づく共同体の崩壊と回帰に対する新たな試みとして成立したものだと考えられる。とりわけ共同体への回帰については、ティリッヒは本来創造された存在である「現実（reality）」に無制約性と無限性を付与しようと試みた全体主義国家の姿勢を批判していた（Tillich［1934b］, 437）。特定の空間に束縛された起源の喪失を嘆くのではなく、たとえ特定の空間が失われても共同体の結合が失われない共同体を提唱すること、それがティリッヒの霊的共同体という概念の目的であり、また近代の課題への答えであったのである[65]。霊の衝迫のあるところには、信仰と愛が創造され[66]、霊的共同体が創造される。したがって潜在的であれ顕示的であれ、霊的共同体においては究極的関心によって捉えられた状態としての信仰と、分離されたものの超越的再結合としての愛が存在し、両義性が断片的に克服される。霊的共同体は、実在の共同体における力であり構造であるゆえに、実際の共同体の制度や機能によって（顕示的教会も同様である）、完全に体現することはできないが、霊的共同体における信仰・愛・一致は、いかなる内容の究極的関心を持つ共同体においても、その共同体の動的な力や本質的な構造としては実現するのである。しかし霊的共同体の本質可能性がどこまで現実化されているかは、諸共同体の状況によって異なるであろう。

このように霊的共同体においては、潜在的であれ顕示的であれ、両義性が断片的に克服される。しかしここでティリッヒの立場を再確認しておきたいのは、潜在的霊的共同体においては信仰と愛が実現されるものの、その究極的基準はないと明確に述べる点である。ティリッヒがここでいう究極的基準とはすなわちキリストであり、潜在的共同体においては、キリストの十字架に表現されるような自己否定や自己変革は実現できないということが指摘される。それに対し潜在的でない霊的共同体、すなわち「顕示的霊的共同体（manifest Spiritual

Community)」は、「中心的啓示」すなわちキリストとの出会い以後に創造された共同体であり、実在のキリスト教会の内に働く動的本質である[67]。キリストの出来事について言い表す際、『組織神学』第一巻では、ティリッヒは「終極啓示（final revelation）」を用いるが、『組織神学』第三巻ではこの語を避け、「中心的啓示（central revelation）」の語を用いる[68]。「終極啓示」の語には、一般啓示に対する基準としての性格が強調される。一方、「中心的啓示」の語は、イエスの出現を中心に歴史全体にわたる神の霊の現臨を前提している。このような啓示に関する表現の変化は、ティリッヒが『組織神学』第一巻ではキリストの啓示の完全さを表現し、第三巻では歴史の中心としてのキリストの啓示を表現しようとしたためと考えられる。この語の使用法の違いは、内容の違いによるのではなく、『組織神学』第一巻と第三巻で扱う主題（存在／歴史）の相違であろう。「顕示的霊的共同体」に関して、ティリッヒがキリスト教会の特質として挙げるのは三つの性質である。まずキリスト教会は、その基礎であるキリストの新しい存在の聖性（holiness）ゆえに聖である。またキリストの十字架における審きの下に立つがゆえに聖とされる。そして教会は、新しい存在の一致（unity）ゆえに統合されている。さらに教会は、その拠って立つ基礎の普遍性ゆえに、すべて創られたものに関わるという点において普遍である。すなわちキリスト教会としての霊的共同体は、キリストの霊が臨むゆえに、実在としての教会ではなく、本質において聖性・一致・普遍性を獲得するのである（Tillich [1963a], 167–172）[69]。またキリスト教共同体に関するティリッヒの記述で特筆すべきことは、人が個人的にイエスはキリストであると信じたとしても、キリストに基礎づけられた霊的共同体に属することなくして信仰を告白することはできないという点であろう。というのもキリスト者であるとは、人が個人的にイエスはキリストであるという主張を受け入れるかどうか決断するのではなく、イエスはキリストであると主張する共同体に所属するかどうかの決断であるとティリッヒが位置づけているため、キリスト教共同体への参与は不可欠なものとなるからである（*ibid.*, 174f.）。このようにティリッヒは、「潜在的霊的共同体」の概念と「究極的関心としての信仰」の概念によって、あらゆる個人ならびに共同体を霊的共同体として包含しつつ、キリスト教会の特殊性と普遍性について述べているのである。[70]

ティリッヒは霊的共同体の概念によって、近代の課題に取り組みつつ、後期ティリッヒ思想の展開された時代の問題にも答えようとした。特定の地縁や血族といった起源によって結びついた共同体は、特定の条件が消滅すれば失われる。このような共同体としてティリッヒが念頭に置くのは、宗教社会主義に基づいて批判した全体主義や、ナチズムなど「民族」に絶対的価値を置く共同体である。さらに諸条件の消失とともに共同体が成立しえなくなるものの例として「成功に価値を置く共同体」が挙げられている（Tillich［1957b］, 286）。当時のアメリカン・ドリームに体現されるような成功至上主義を批判するこの視点は、渡米後のティリッヒに新たに加わった視点である。起源へ回帰する政治的ロマン主義が席巻するヨーロッパ、一九六〇年前後のアメリカ、どちらの共同体の例にも共通するのは偶像礼拝的要素であり、特定の民族や人間的成功など、有限なものに無限性を主張する点である。このように『信仰の動態』においては、ティリッヒは有限なもの、例えば地縁や血族などの空間に対する関心は予備的であるとしているが、『組織神学』第三巻においては、「究極的関心の具体的内容がいかに価値のないものであっても」そのような関心を奪い取ることはできない、というところまで踏み込んでいる（Tillich［1963a］, 131f.）。ここから、究極的でないものへの信仰もまた、霊的現臨の創造物なのだろうかという疑問も生じてくる。ティリッヒによれば、霊によって創造される信仰は、形式的定義と実質的内容によって構成される（*ibid.*, 130）。信仰の形式的定義は、「究極的関心に捉えられた状態」であるが、実質的定義は三つの要素、すなわち「受動性（＝再生）」・「逆説（＝義認）」・「期待（＝聖化）」として表現される（*ibid.*, 130-134）。顕示的霊的共同体において、これらの信仰と愛は、イエスがキリストであることを承認することによって生じる。そして宗教共同体の多くが有限なものを絶対化する主張に抵抗してきたことを認めつつも、キリスト教会が十字架において自身が究極的でないことを自覚することとゆえに、ティリッヒはキリスト教の特殊性を主張するのである。究極的でないものへの信仰は、あくまで形式的には霊的現臨の創造物であるが、信仰の実質的内容が実現されているわけではない。またそのような信仰に基づく共同体は潜在的な霊的共同体ではあるが、霊的共同体としての性格は半ば可能的で半ば現実的な（＝潜在的な）状態にあり、霊的共同体がいかに実現されているかはその共同体の信仰の実質的内容によって異なることになるであろう。

このティリッヒの聖霊論[71]、すなわち生に答える「霊」の構造についての説明は、『組織神学』体系において、霊としての神がどのように人間の生に介入しうるかを描き出す重要な役割を果たしている。『組織神学』第三巻の第四部「生と霊」は、第一巻、第二巻で展開された存在論的神学をもとに、実際の空間において人間の生へ介入する神についての分析を遂行している。したがってティリッヒの『組織神学』について、聖霊論を考慮しない存在論的理解は不可能といえる。この点について、ギルキー、パレーラは、存在論と聖霊論を併せて理解することを明確に指摘している[72]。また森田雄三郎が指摘するように、ティリッヒの『組織神学』第一巻・第二巻で行われた神学と哲学の相関の場が、個人の実存から共同体に移行しているという見解もある[73]。森田は、相関の場が『組織神学』第一巻・第二巻での個的実存から、『組織神学』第三巻に至って歴史的共同体に移行するという「転換」に関して、信仰共同体を考慮する神学上の重要性を認めつつも、ティリッヒの体系上の首尾一貫性（＝『組織神学』第一巻・第二巻での本質‐実存構造と、『組織神学』第三巻での本質‐実存を含む生の構造の一貫性）を疑問視している。この森田の指摘を受けつつも、筆者は、個から共同体への「転換」が、ティリッヒの組織神学体系を損なうものではないと考える。確かにティリッヒ自身は、「転換」の理由を『組織神学』中に明記しているわけではない。しかし個から共同体への「転換」の理由は、ティリッヒの組織神学の構造から、必然であり明確であると思われる。ティリッヒ自身は『組織神学』第二巻の末尾で、これまで論じてきた個に対する救済に代わって「普遍的救済史」を担うのが第三巻の役割である、と述べている（Tillich［1957a］, 167）。またティリッヒによれば、「人間は単に本質的善性と実存的疎外によって規定されるのみではなく、また生ならびに歴史の両義性によって規定されている。人間存在の本質的性格の分析なしには、今まで述べてきたことは全てどこまでも抽象にとどまる」（*ibid*., 180）。ここから推察して『組織神学』の構造をまとめると、『組織神学』第一巻では、人間の本質的構造について分析がなされ、第二巻では、本質から実存への移行と、本質からの疎外について扱われる。そして第三巻では、空間・時間的広がりにおける生、すなわち歴史と共同体における生と、そこに介入する神の働きについて論じられていることになる。この構造はまた、伝統的な組織神学における神論・キリスト論・聖霊論に対応しており、第三巻で歴史的共同体が神学の相関の場となるのは、組織神学の体系的構造として破綻を生むものではない。したがって、個から共同体へ移行する理由については、あえて説明を尽くす必要性のあることではなく、ティリッヒの『組織神学』の一貫性を損ねるものではないと考えられる。

ティリッヒの考える共同体の構造としての霊的共同体の特性は、以上のように理解された。次章では、このような構造を持つ共同体において実際に生じる諸問題（とりわけ道徳の問題）について具体的に取り上げ、検討していきたい。

第4章　後期ティリッヒ思想における「共同体」の諸問題

1　共同体においていかに人格は成立するか
――個人の行為と倫理――

本章での課題は、後期ティリッヒ思想で扱われる「共同体（community）」あるいは「集団（group）」における、共同体を構成する各個人の行為とその結果について追究することである。[1] 近代以降の共同体の構造について分析してきた第2章・第3章において、共同体とは特定の空間において、何らかの共通の秩序に基づいて個人の集合が維持される事態を示すことが明らかになった。共同体はそれを構成するメンバーの行動によって成り立っており、共通の秩序を維持するためには、所属する各メンバーの行動がいかに行われるかが問題となる。よって実際の共同体の諸問題について検討するため、各メンバーの拠って立つ行為基準、すなわち共同体における規範について考察することが有効であろう。本章では、『組織神学』第三巻を中心に、後期ティリッヒの著作を含めて議論し、後期ティリッヒ思想において、共同体における人格ならびに行為の位置づけがどのようなものであったのか、行為の基準に関して生じる問題を検討したい。その際、ティリッヒが従来の道徳論をどのように継承し批判したのかを見ることにより、ティリッヒ自身の道徳論が占める立ち位置を明らかにする。

後期ティリッヒの共同体における道徳あるいは行為に関する思索に対しては、様々な視点からアプローチすることが可能である。一つはティリッヒが述べる人格の形成過程に注目するものである。ダンツ、グレックナーらの研究はその代表的なものであり(2)（内容についてはあとで触れる）、後期ティリッヒ思想における自己の概念分析を通して、人格の形成について論じるアーメルングの研究もこの系譜である(3)。二つ目は罪の概念分析から道徳について論じるもので、ミラー＝マクルモアの研究(4)などがこれにあたり、ギルキーも罪概念と道徳の関係について言及している(5)。三つ目にティリッヒ思想と心理学の関わりという文脈で人間の行為を論ずるT・クーパーなどの研究がある(6)。四つ目として、道徳の問題を正義論に特化して考察する議論があり、ストーン、ポンゴ、ヴレーゲの研究がこれにあたる(7)。さらにアーウィンの研究は、共同体におけるエロース概念の分析を手掛かりに倫理の問題を考察している(8)。また今井尚生の研究は、動的真理としての価値の問題を分析し、ティリッヒと価値論の関係性を論じている(9)。一方キリスト教思想全体においては、キリスト教共同体における倫理・道徳の問題が、ハワワースやウィリモン、ファーガソン、マッキンタイアといった論者によって大きく取り上げられており、重要な課題となってきている(10)。社会・政治思想における自由至上主義者と共同体論者との間の論争が、キリスト教思想の領域にも波及し、キリスト教共同体を基礎づける論拠が模索されるようになったのである。

本書はこのような研究状況や現在の問題状況を踏まえ、後期ティリッヒ思想の共同体論を論じるにあたって以下のような方法をとる。すなわちティリッヒの近代批判という側面を重視し、近代における道徳の問題と連関させてティリッヒの道徳論を検討する。ティリッヒによる近代批判としての道徳論の側面は、われわれの時代における共同体や道徳に関する議論とも接点を見出すことができると思われる。また本書第2章で述べたように、ティリッヒの考える空間の概念は「相互隣接性」であるから、共同体という空間の中において相互に並び立つ存在者同士の関わりに注目したい。具体的には共同体の中における個人と他者との関わりに注目するため、共同体における正義の問題も考察の範囲に含める。

後期ティリッヒ思想における道徳（moral）の問題についての思索は、一九五〇年代の著作や『組織神学』を中心に展開される。とりわけティリッヒは、道徳と宗教の相互関係性について考察しており、これはティリッヒ自身述べているように、当時の教会における状況と、倫理学説の限界から生じた問いである。すなわち教会で語られる「罪」についての教説は、人々に「道徳的くびき」の重荷を負わせ、「神との和解と再統合」という恩寵の要素を喪失している（Tillich [1963d], 13f.）。その一方で世俗における倫理学説は、論理学的・意味論的な分析やプラグマティズムが台頭したがゆえに、倫理的相対主義に陥っている。このような恩寵なき教条的道徳主義と基準なき相対主義の両者を超える第三の道をティリッヒは目指したのである。パウクによれば、一九五〇年代のユニオン神学校におけるティリッヒの説教で、罪とは個別の非道徳的な行為のことではなく、神からの分離の状態である、と聞いた人々は「解放され、啓発されたように感じた」という(11)。このようにティリッヒは、道徳という概念の再解釈によって、神学の実践の場すなわち教会において語りうる言葉を模索したのである。また一方で、ティリッヒは「道徳」という概念を神学の領域だけにとどめておいたわけではない。学としての道徳の問題もまたティリッヒにとって重要であった(12)。ティリッヒが批判する意味論的な倫理学説とは、論理実証主義を指すと考えることができる。論理実証主義においては、道徳的言明における内容ではなく、ある言明や判断が如何にして可能となるかについての概念的分析・心理学的分析が中心となる。それに対して規範倫理学では、何が善であり正当であるのかという内容が問われている。結論を先取りしておくと、ティリッヒはこれら二つのうち、一方の立場のみには拠らない。以下では後期ティリッヒ思想における道徳の問題について『組織神学』第三巻と、同年の論文「道徳とそれを超えるもの」の分析を中心に議論していく。

最初に、人間においてどのように道徳的行為が成立するかというプロセスについて、ティリッヒの主張を確認しておこう。ティリッヒの場合、道徳的行為の場となるのは人間の「生（life）」において、精神の次元が優勢となる領域である。『組織神学』第三巻においてティリッヒは、生とは「可能性を現実にすること」と定義している。生における可能性の「現実化（actualization）」とは、行為すること（act）、行動（action）などの諸語に含まれる意味内容と同じく、「中心を志向する前方への運動」（Tillich［1963a］, 30）、「中心から出て行くこと」（STdIII, 42）、「行動の中心から出て行くこと」（Tillich［1963a］, 30）等と記述される。生は行為をとおして、それまで可能性にとどまっていたものを現実化する過程である。これらの現実化の過程は生の三つの機能、すなわち自己統合・自己創造・自己超越の働きに分類される（*ibid.*, 30-32）。自己統合は中心から中心へと循環する運動において、新しい「中心性（centeredness）」を生み出す自己創造の働きによって変化し、変化を経た中心をもとに前方へと水平運動を行う。さらに生は、自らの限界を超え出て行く自己超越の働きによって、垂直方向へも進むという構造を有している。中でも道徳的行為は、自己統合の働き、すなわち自己の中心から出発し、周縁の多様な要素を中心へと取り入れる生の機能によって成立する。ティリッヒは、あらゆる生には中心性が見出されるとしている[13]。ティリッヒの想定する生は、マクロ的そしてミクロ的にも「宇宙論的な」概念であるため、原子や細胞、動植物から天体に至るまで、生の運動のうちにあるからである（*ibid.*, 11f.）。しかし無機物や植物、人間以外の動物は中心性を意識することがない。自己の中心を意識しうる人間における中心性にはどのような特性があるだろうか。ここでティリッヒが想定する中心性の意識とは、心理学的次元における自意識すなわち外界に対する知覚や、自らに対峙する自己観察なども含まれるが、さらなる意義づけもなされている。ティリッヒによれば、あらゆる生には「実在（reality）」としても「課題（task）」としても中心性がある（*ibid.*, 30）。実在であり課題である、というティリッヒの意図において、「中心性」は、すでにリアリティとして生に与えられているが、同時に生の自己統合の進展によって自ら獲得していくように課されているものでもあると解釈することができる。

とりわけ人間において実現される精神の次元では、「中心性」は個人の「人格（person）」として現れる。ティリッヒは人間の中心性について、「完全な中心性」と特別な位置づけを与えているが、この「完全」という特性は第一に、人間が自らを取り巻く環境の中にありつつも、「無限の可能性と現実性の全体」（*ibid.*, 38）として構成された世界に対峙しているという意識を持つことに由来する。ティリッヒの言葉でいえば、「世界を持っている」と表現される（*ibid.*）。そして第二に、人間が自ら自由な行為を通して中心性を実現し、人格を構成しうる存在であることに由来する。このようなティリッヒの前提からは、以下のような疑問が生じる。この「中心性」はそもそもどこから、人間の生のどの時点で形成されたものなのだろうか。また、中心性を実現しようとする運動は、どのような動因によって生じるものなのだろうか。

まずは前者の疑問について検討してみよう。「中心性」はどこに由来し、生のどの時点で形成されたものなのかという問題については、ダンツ、グレックナーなどの先行研究がある。ティリッヒの記述からは、中心性が道徳的行為によってはじめて形成されるのか、あるいは逆に中心性が道徳的行為を行う主体として先行するのかは曖昧である。グレックナーは以下のように理解している。すなわち道徳的行為は、人間がその行為をとおして、本質的かつ「完全な中心性」を現実のものとする行為である。しかしグレックナーは、ティリッヒの記述からは、「完全な中心性」の現実化は、道徳的行為の目的ではなく、むしろそれ自体、すなわち中心性そのものが前提となっているようにも受け取れると指摘する[14]（*ibid.*, 38f.）。このようにグレックナーの研究によれば、ティリッヒのいう完全な中心性においては、「前提」と「目的」が、一方では同一とみなされ、他方では異なるものとされている（同一と相違の統一[15]）。またダンツは、ティリッヒの考える人間の中心性のこのような二重性について、人格存在が「賜物（Gabe）でありまた責務（Aufgabe）」でもあるという二重性と重ね合わせて理解する[16]。彼らが指摘するように、ティリッヒの記述では、世界を持つという中心性を「第一の前提」として、そこから「第二の前提」としての道徳的行為が生じるとされる。その一方で、道徳的行為なくして中心性は可能性にとどまる。ティリッヒのいう「存在は行為に先行する」(Tillich [1963d], 14) などの記述から、行為の前提としての中心性をティリッヒが想定していることが見て取れるが、その一方「人間には完全な中心性が、本質的には与えられている。しかしそれは人間が自由において、運命を通して、それを実現するまでは、現実的には与えられていない。人間が自身の本質的中心性を実現する行為とは、道徳的行為である」(Tillich [1963a], 38) とあるように、可能的中心が先行し、そこから現実的中心が獲得されると考えるべきであろう。よって中心性が形成される生の時点は、生のはじめにあり、人間が誕生したときから「可能的な中心性」を持っていると考えることができる。しかし生じたばかりの中心性は、未成熟で可能的なものである。なぜなら、特定の環境を通して「世界と出会う」自由や、自身の行為を決定する自由を行使する以前の段階にとどまっているからである (*ibid.*)。

それでは、中心性を現実化する運動において、その動因は如何に生じるのだろうか。ティリッヒの考える存在のあり方そのものが、すなわち存在の構造としての「個別化」と「参与」の両極がその動因を担うものとして構成されている。存在するものにおける「個別化と参与」の両極構造について、ティリッヒは空間的比喩を用いて説明する。この空間的比喩は、まさに共同体そのものを指している。すなわち、ある中心として個別化したものは、その周縁に多様な要素を含む空間を同時に持つ (*ibid.*, 33)。このように中心性の個別化と「多様な要素を含む空間を持つ」と表現された参与によって、共同体が形成されるのである。個別化と参与の両極を行き来する機能である「自己統合 (self-integration)」において、中心性は、変化しまた自己同一を遂げるという生の過程を経験する。ティリッヒの理論に基づけば、人間の生において他者と共にある生が可能になるのは、生が「個別化と参与」という存在論的両極構造の下で、自己統合の機能を有するからである。個人と共同体は両極関係にあるため、個人は個人として中心化すればするほど、より共同体に参与することになる (*ibid.*, 33)。人間においては「世界をもうけよう」という自己中心化のリビドーが生じるものの (*ibid.*, 40)、このリビドーは、他の中心性すなわち人格のリビドーとの衝突に出会う。この出会いから、人間は他者との間で自己がどうふるまうかを問われることになる。このような他者との「共同体（community）」において、生が自己を統合する行為、すなわち中心性を現実化する行為こそが、ティリッヒの考える道徳的行為である。したがって自己が人格を構成する道徳的行為は、個人が何らかの律法（law）や強制に従順であることを意味しない（*ibid.*, 38）。

ティリッヒによれば、他者が自己中心化の限界となるという根拠は「他の人格を人格として扱え」という無制約的命令が生じるからである。「他の人格との出会いは、彼を一個の人格として認めよという無制約的命令を含んでいる」（*ibid.*, 45）。このような命令を発するのは、「他者」だろうか、それとも「自己」なのだろうか。ティリッヒは、こう命じるのは自己の本質的本性であり、同時に「人間自身において、また世界において遭遇された実在の本質的構造」（*ibid.*, 40）であると捉えている。よって道徳的命令を発するのは、自己ならびに他者も含めた実在の本質的本性である。人格を人格として扱えという無制約的命令は、自己の本質とともに他者の本質からも要請される。「道徳的命令が妥当するのは、それがわれわれの実存的疎外の状況に対抗する、われわれの本質的存在を表しているからである」（*ibid.*, 44）。

2　道徳的行為の基準とは何か

ここまで述べてきたように、ティリッヒの考える「道徳」とは、何らかの道徳律を遵守することを意味しない。共同体において個人の中心性を人格として構成する行為、それが道徳的行為であるからである。他の自己との出会いにおいて、自己統合の衝動にとっては限界という形で他者の存在が浮上する。よって自己の中心性を実現する行為、すなわち道徳的行為は、他者との関わりの中で決定されることになる。ティリッヒによればその決定の基準は、われわれは何をなすべきかが示された道徳的な命令であり、「道徳的命法（moral imperative）」という形で定式化される。ティリッヒが道徳的行為の基準として定式化しているのは、「他者もまた『人格』として扱う」ということに関してのみである。続いてこの道徳的行為の基準について、詳細に検討していこう。

ティリッヒは、一九六三年の「道徳とそれを超えるもの」において、道徳的なものに宗教的なものが不可避に内在しているという議論を展開している。この論文集は、一九五九年の講演と一九四八年の『プロテスタント時代』からの抜粋によって構成されているが、各所に『組織神学』についての言及が散見され、『組織神学』と基本的な立場は共通していると考えられる（Tillich［1963d］, 18, 41）。上記の問題設定は、本章**1**で前述したように、当時の教会の教説また倫理学説の限界という状況から生じた問いであり、「理性に規定された倫理と、信仰に規定された理性との時代遅れの相克」（*ibid.*, 15）を調停するための問いであった[17]。そこでティリッヒが導き出した宗教と道徳の関係性とは、次のようなものである。まず宗教と道徳は、その本質において相互に内在していることが指摘される。すなわち「宗教が本来倫理的であるように、道徳性が本来宗教的であるとするならば、両者は互いに依存的ではなく、また両者を互いに代替できるものでもない」（*ibid.*, 14）。

道徳性なき宗教は情緒的神秘主義に堕落し、宗教性なき道徳は硬直化した強制となるため、ティリッヒは道徳における宗教性を模索していく。ティリッヒは自身が証明しようとする道徳における宗教性について、以下の三つに大別する。

（一）「道徳的命法（moral imperative）」の「宗教的次元（religious dimension）」

道徳的命法は、「汝なすべし」という「形式」において、無条件的性格を持つ。

（二）「道徳的要請（moral demands）」の「宗教的源泉（religious source）」

道徳的命法は、その具体的「内容」において愛（*agápē*）を起源に持つ。この愛は「可能的人格を持つあらゆる存在を人格として認めよ」という要請と一致する。

（三）「道徳的動機（moral motivation）」の「宗教的要素（religious element）」

道徳的命法は、他律的強制からではなく、「すでに自分が受容されている」という恩寵が具体的要請を成就する動機となる「実践あるいは成就」の力である。

以下、ティリッヒによる道徳における宗教性の三分類について詳細に論じる。

（一）「道徳的命法」の「宗教的次元」

ティリッヒは道徳的行為の基準としての道徳的命法について以下のように定義する。「道徳的命法とは、人(one)が可能的にそうであるもの、すなわち諸人格の共同体（community of persons）の中で人格（person）になれという要求である」（Tillich［1963d］, 19）。このような道徳的命法の形式は、カントの言を借りるならば「定言的」で、人間の傾向性や目的・意図などを前提とせず、具体的な状況の諸条件に依存しないため無条件的である。一方で道徳的決断の「結果」や、選択の「内容」自体は、条件的あるいは仮言的である。すなわち具体的な行為の内容については、何を選択し判断するにせよ、複数の行為が可能であり、行為の妥当性は個別の条件如何によ る。

つまり、個人が道徳的決断をなすとき、何を選択したかその内容に関わりなく、「人格となれ」という無条件的な道徳的命法は形式として、依然として個人の前に現前している。しかし、道徳的命法が「神の意志」であるから無条件的である、との理解をティリッヒは退ける。というのも「神の意志」は確実には知りえないし、知ろうとすれば啓示あるいは聖典、教会史のみに尋ねることになり、倫理学説の入る余地はないからである。このような道徳理解は、ティリッヒのいう「信仰に規定された理性」にあたると考えられる。またさらに、道徳的命法が人間の外側から他律的に下されるならば、その命令に従うか否かは、個人の決断を賭して行われる事柄ではなくなることになる。ティリッヒの道徳的命法における「人格になる」こととは、優れた人間性を養うことでも、慣習的な「道徳」に従うことでもないのは明白である。生の様々な局面において、人は何を選択し何を決定するのか、その行為そのものが道徳的と捉えられるのである。

このようなティリッヒの道徳的命法についての理解は、彼自身言及しているように（Tillich［1963a］, 46f., Tillich［HCT］, 360-366）、カントの道徳論と共通基盤を持ちつつも、近代の自律的精神の発展に寄与したカント道徳論の限界を超えようとする試みとして特徴づけることができる[18]。ティリッヒは、カントの『道徳形而上学の基礎づけ』（一七八五年）、『実践理性批判』（一七八八年）などに依拠しつつ、道徳的命令あるいは道徳的命法の形式を明確にする点でカント道徳論と基盤を共有する。ティリッヒにおいて道徳的命法は、「人格を人格として扱え」という形式において無制約的である。カントの道徳的命法もまた偶然的な条件に左右されることなく、道徳法則（実践的法則）は普遍妥当的な定言命法（「汝なすべし」）として確立される。道徳法則は、純粋な形式として抽出されることによって法則として普遍的となる。また「人格を人格として扱え」というティリッヒの道徳的命法の形式は、カントの人格に関する命題――人格が「物件」とは異なり、あらゆる行為において、手段としてのみ現存するのではなく目的それ自体として現存する――という基本原理と一見変わらないようにも思われる[19]。しかしカントは『実践理性批判』の中で、人間が道徳的法則の主体であり、人間はその自由の自律ゆえに神聖であることを述べ、人格に存する人間性を道徳法則ゆえに神聖なものとしている[20]。一方、ティリッヒが人格について置く価値は、人間は「すでに」と「いまだ」の間にある存在として本質的な可能性を持っており（＝その可能性を現実化しつつあるが、完全な本質の実現に至っていない）、自由ゆえに本質的存在を表現する道徳的命令の声を聞くことが可能である、という点にあると考えられる（Tillich［1963d］, 23-30）。人格を人格として扱えという命令は、自己と他者の本質から要請されるがゆえに無制約的となる。「道徳的命令が妥当するのは、それがわれわれの実存的疎外の状況に対抗する、われわれの本質的存在を表しているからである」（Tillich［1963a］, 44）。したがってティリッヒは、道徳法則そのものに神聖性を見出してはいない[21]。この点は、ティリッヒがカントを「ストア学派の継承者」と批判する所以であろう（*ibid.*, 46f.）。

（二）「道徳的要請」の「宗教的源泉」

無条件的な道徳的命法の形式は、「人が可能的にそうであるもの、すなわち、諸人格の共同体の中で人格になれという要求」であった。自己が人格の可能性を現実化する過程においては、他の人格の可能性をどのように捉えればよいかという問題が生じてくる。というのも、人格の現実化は、「諸人格の共同体の中で」「交わりにおいて」成立するものと定義されるからである。人格の可能性の現実化においては、他者の人格という限界が生じる（Tillich［1963d］, 36f., Tillich［1963a］, 40）。ここで他の人格が「限界」として捉えられるのは、その他者との間を単なる物として捉える（「我－それ」）のではなく、「我－汝」関係があるからである。前節で述べたように、個人と共同体の両極構造に基づき、個別化された中心を持つ自己は、他の自己に参与することが可能となる。しかし「他者の自己を自己の中心性の内容として同化」することはできないため、自己は他者の中心に参与しても同化はしない（*ibid.*, 45）。ここに我－汝関係が成立しうる根拠がある。逆にいえば、他者への参与なくして人格的出会いは生じ得ない。道徳的命法の形式は、ここで他者をどのように遇するかという内容に踏み込むことになる。可能的な人格を含め（もちろん、誰が「人格」であるのかという範囲は、社会的・歴史的に変化するが）、全ての人格を人格として取り扱うことは、あらゆる人格を隣人として扱うアガペー[22]と結びついているとティリッヒは指摘する。さらに道徳的命法はアガペーをその起源にもつことによって、他者の具体的な状況に対応する内容を持つことになる。アガペーを基準とする愛は、「状況の具体的要請――その条件、そのありうる結果、それに関係する他者の内的な状態、彼らの隠れた動機、彼らの固定概念および彼の無意識的な欲求と不安――とを考慮して行為する」（*ibid.*, 42）。アガペーにおけるこの具体性と並んで、その絶対性を主張することによって、ティリッヒは倫理的相対主義を踏み越えようとする。すなわち愛（love）は「その本性からして絶対的であるとともに相対的である」（*ibid.*）ゆえに、倫理学説の相対性の問題に答えるものとなる（本章1で筆者が指摘した）。これを解釈するならば、アガペーは、「正義と結びついて人間的な愛の有限性を超越する」ゆえに、愛（love）の基準として不変であり、道徳的行為の源泉たりうる絶対的なものであるといえる（*ibid.*）。それと同時に、愛はそのアガペーとしての要素に基づきつつ、各個別の状況において成立するという具体的かつ相対的な側面を持つ（*ibid.*, 38f., 61）。このような愛を源泉とする道徳的命法は、倫理における相対性と絶対性の問題に答えを提供することになるのである。道徳的命法は、「われわれは何をなすべきか」という具体的「内容」において、特殊かつ具体的な状況に対応するアガペーを起源に持つ。このアガペーは「可能的人格を持つあらゆる存在を人格として認めよ」という正義の要請と一致し、抽象的な正義の原理からは引き出しえない具体的状況での他者の尊重を可能にする。[23]

隣人愛の意味でのアガペーについては、カントも言及しているが、以下のような意味においてである。すなわち他者を愛するということは、好悪などの傾向性に基づくのではなく、善意志に由来しなければ道徳的価値を持たない。[24] さらに傾向性としての愛は命じて他者を愛するように仕向けることはできないが、義務そのものに基づいた他者への愛の実践は、「意志の内にあって感覚の性向の内にはない愛」であり、「行為の原則の内」にあるが「同情の内にはない」愛であって、命令することが可能である。[25] 一方ティィリッヒは、命令としての愛は不可能であると明言している（Tillich［1963a］, 272）。その理由は、人間が実存的疎外の状況にあって「汝愛すべし」と命じられたところで、絶えずそれを破ろうとするからである（*ibid.* 272, Tillich［1963d］, 48）。愛は命令や法ではなく、実在であるとティリッヒは捉える。「それは、命令の形式で表現されたとしても、なすべきことについての問題ではなく、存在の問題である」（Tillich［1963a］, 272）。ティリッヒが主張するような普遍的法則でもなく、義務としてでもない愛とは、前述のようにアガペーとして表現されたものである。ティリッヒの考えるアガペーとしての愛が、カントの想定する隣人愛と大きく異なるのは、アガペーが人間の精神それ自体によって実現することはないとされる点である。[26]

ティリッヒはカントの道徳論について、カントは道徳的命令の内容ではなく根本的な形式によって、「理論理性が人間の知性を閉じ込めた有限性という牢獄を突破し、それを越えるという感情」を獲得したと評価している（Tillich［HCT］, 363）。このようなカント評価は、ティリッヒが近代における自律的理性の肯定的な面を捉えたことに基づくものであろう。他方ティリッヒは、カントが「脱自的な意味合いでの、人間の精神における神の霊の現臨に余地を認めようとしない」こと、カントが神の恩寵について「善と悪に対する人間の自律的自由をおとしめるもの」と否定的に捉えていることを批判する（*ibid.*, 365）。[27] ティリッヒにとってのアガペーは、道徳的命法の形式における無制約的性格と、世俗的な倫理内容における条件的性格とを結合するものであり、実存の状況下での人間の精神の有限性を超えるものである（Tillich［1963a］, 272）。恩寵のあるところには命令はない、とティリッヒがいうように（Tillich［1963d］, 61）、神の人への愛によって、再統合としてのアガペーがすでに成就されたものとして人間に示された。[28] このような恩寵なくしては、道徳的命法は厭わしい強制や過大な要求となりうるが、恩寵においては、道徳的命法はすでに実践され、成就されたその原型を提示している、とティリッヒは記述する（*ibid.*, 61-64）。道徳的命法は、恩寵があるからこそ妥当しうるのであり、また道徳的命法が人間の本性を表現し、実存的疎外の状況における人間に対して、彼の本質的存在を知らしめるからこそ、人間にとって他律的な命令とはならないのである（*ibid.*, 23-30）。ティリッヒの考える道徳的命法は、人間にとってはその本質に由来するために他律的ではない。しかしティリッヒにとって道徳的命法は、実存の状況下では有限な人間の精神を超えるため、カントが考えるように、自己立法において自己に課すような近代の自律的精神や理性の賜物でもない。カントの道徳律において、他律と自律とは明確に対比されている。カントとティリッヒの比較研究において、V・L・ヌォーヴォが指摘するように、[29] ティリッヒは他律と自律の対立を克服しようと試み「神律」を提唱したのである。

このティリッヒの立場は、カントを批判しつつ成立したシェリングらのドイツ観念論の伝統を継承するものである。

（三）「道徳的動機」の「宗教的要素」

ティリッヒは道徳的行為を実際に遂行する際に、宗教的要素がどのようにして働いているかを論証しようとする。「汝なすべし」という道徳的命法の形式は、人間の本性に即したものであるが、疎外された実存の状況下にある人間には「命令」となる。具体的内容を伴った形式もまた「汝愛すべし」という命令となってしまう。このような命令の形をとる道徳をティリッヒは「法（law）」と呼ぶ（Tillich［1963d］, 47f.）。このような法が、人間の本質的存在と実存としての現実存在が再び結びつく力・動機となるか否かという問題が、ここでティリッヒが提示する問いである。ティリッヒは、ルターが禁欲的修道生活とその挫折の経験から、「恩寵（grace）」のうちに道徳的行為の動機づけの力を見出した例などを挙げ、道徳的動機づけにおいて「恩寵」の要素が不可欠であることを述べる。「恩寵のあるところには、命令も、命令への抵抗もない」（*ibid*., 61）。すなわち恩寵において、分離していたものの再統合としての「神の人に対する愛」が示され、再統合はすでに成就されたものとして人間に与えられる。[30]このような恩寵なくして、道徳的命法は、厭わしい強制や過大な要求となりうるが、恩寵においては、道徳的命法はすでに実践され、成就されたその原型を提示しているのである。ティリッヒはこのような恩寵の強調によって、「信仰に規定された理性」や、教条主義的道徳における思考停止を招く道徳意識、そして命令としての律法の限界を打破しようと試みたのである。ティリッヒは恩寵の概念を「赦し（forgiveness）」と「成就（fulfillment）」[31]の二つに分類し、どちらの重要性をも主張する。道徳的行為の動機としての命令すなわち法の形式が成就されるためには、「赦し」と「受容（acceptance）」としての恩寵が前提とされる（*ibid*., 64）。強制としての法に従うのではなく、自らが赦されたものであることを自覚し、絶対的形式である道徳的命法の具体的内容である愛を、アガペーの基準に照らして判断すること、それが道徳的命法を、形式・内容・実践あるいは成就という各段階において満たし、成立せしめることになる。以上、ティリッヒの考える道徳的行為の基準についての思索の基本的構造について確認した。

さらに、逆に道徳的でないことすなわち「反道徳的」であるとは、どのような事態であるか考察しておこう。ティリッヒによれば、人間は道徳的命法に従う自由と従わない自由、そして命令を受け取る自由を持っている。よって人間は、道徳的命令に従わない自由、すなわち反道徳的に行為する自由も備えていることになる。しかしティリッヒの考える道徳の枠組みにおいて、道徳的命令を「受け取る」自由はあるが（自由であるからこそ道徳的命令を受け取ることができる）、道徳的命令を受け取らない自由はないと筆者は考える[32]。道徳的命令を受け取ってから放擲するにせよ、受け取って従うにせよ、道徳的命令は必ず存在の本質から到来するものと考えられているからである。「命令の根源は道徳的規範、すなわち人間自身において、また世界において遭遇される実在の本質的構造である」（Tillich［1963a］, 40）。したがって、自由によって開かれている本質的妥当性への道を自ら閉ざすこと、本質に反することが、ティリッヒの道徳論においては「反道徳的」行為となるのである（*ibid.*, 39）。

以上、三つに大別されたティリッヒの道徳における宗教的次元の内容を検討してきた。このように道徳において宗教的次元を見出そうとするティリッヒの思索は、本章冒頭で指摘したように、教会と倫理学における断絶、すなわち「理性に規定された倫理と、信仰に規定された理性との時代遅れの相克」（Tillich［1963d］, 15）を超えようとする試みであった。またティリッヒが道徳と宗教的次元の関わりを強調したのは、彼の価値論に対する姿勢の現れであった。ティリッヒの道徳論が倫理学史において占める位置は、ロッツェなどの価値論（value theory）に対して批判的であるというものである（Tillich［1963a］, 28–30, Tillich［1963d］, 25f.）。ロッツェの価値論は、内在的倫理としての宗教あるいは神的なものを、人間にとっての価値という観点から認識するリッチュル学派の流れをくみ、価値に基づきまた意識される限りにおいて存在するものを基礎づける新カント学派に連なるものである[33]。価値論において、諸価値はヒエラルキーとして順列されるが、聖なるものの価値は、道徳や法・社会的・政治的・経済的な価値を超えた上に、頂点としておかれることになる（Tillich［1963d］, 25）。このような価値ヒエラルキーの中において、価値相互は他を排除しあう（*ibid.*）。ティリッヒの価値論に対する批判の理由の一つは、価値論における宗教的なものの価値が他の価値の領域にとって何ら無意味なものとなってしまうからである。ティリッヒは、宗教を道徳にとってかけ離れたものではなく、むしろ道徳的行為が可能になるための基準・源泉・動機として、宗教的次元を措定したのである。

二つ目の価値論批判の理由は、価値論における価値相互の関係が、価値を決める主体に依存しているという点である。この主体への依存を避けるため、価値論では評価する主体から独立した絶対的な価値を措定したが、このような評価主体から独立した価値は、存在者の存在を否定することに帰結する。ティリッヒはこのような価値論の問題点を、存在の根底における宗教的次元を想定するという方法で乗り越えようと試みたのである。このようにティリッヒの道徳論の根底には、リッチュル学派から続く近代倫理学の抱えた困難を指摘し、突破口を見出そうとする意志が見られる。この点において、ティリッヒの道徳論にも近代批判という側面がみられることを忘れてはならない。

3　個人の道徳と共同体の正義

個人が共同体において自己の本質的中心性を実現する行為、それが道徳的行為であった。中心性を実現する行為において出会われる限界、それは他者であった。他者との出会いにおいて道徳的行為の基準が生じる。それが道徳的命法、すなわち「全ての可能的人格を人格として扱う」ことであった。これらの思考は個人に課される基準の問題を扱ったものであったが、このような個人への基準と、共同体あるいは集団の行為基準は、どのように一致あるいは相違するのだろうか。この疑問にティリッヒの思考過程から答えを見出すことが、本節の内容である。

後期ティリッヒ思想において、共同体あるいは集団における行為基準について中心的に扱われているのは、『組織神学』第三巻および一九五四年の『愛・力・正義』、また一九九〇年に論文集として編纂された『平和の神学』などである。『愛・力・正義』においても、ティリッヒは生の自己統合の機能という観点から思考し、個人の集合としての集団もまた、個人の中心性と似た形で「中心化された力」を持つことによって成立すると主張している。[34] 個々人の単なる集合ではない「力の構造」を持つような集団とは、端的には「国家」がこの条件を満たす（Tillich [1954], 627）。近代国家だけでなく、家族・民族も同様の構造であり、人間の「集団（group）」は、「共同体（community）」としての性格を持つ。[35] 政治的権力のみにとどまらず、「集団の生を表現する」理念や象徴の力も集団を成立せしめ、かつその力が集団の特性を決定するからである（*ibid.*, 629, Tillich [1963b], 310f.）。

集団は中心化する「力の構造」を持ち、代表者たる為政者や支配集団によって、集団の意志の決断がなされる。さらに支配集団はその集団を体現し表現する。個人も中心を持った存在の力を有し、人格は個人を体現し表現する。この点においては個人と集団は類似する。

しかし個人と集団とは、あくまで類似であり区別される。つまり以下の点においては、集団と個人は相違するのである。個人の場合は、人格的中心がその人の中心であり、なおかつ決断をなし行為する中心である。一方、集団における支配者集団は、集団の共通利益を追求し実現する働きを担うものであり、集団の一部分にすぎない。[36] その違いの所以は、それぞれの中心化の度合い、すなわち「中心」の内容が異なることに基づく。人間すなわち個人における「中心」は、完全な中心でありそれ以上分割できない。個人において「中心」は人格的中心であり、それ以上分割不可能な（individual）個人の自己同一性を指す。そしてこの中心は、決断を下し行為をなす主体でもある。他方、集団の「中心」とは、権力を行使する集団の代表者（為政者等）によって作り出される。そして代表者が中心の役割を務めることによって、集団としての意志決定が可能になる。よって、あたかも集団が一個の人格であるかのように、集団の決断をなす中心が集団そのものであるとみなすことはできない。個人と中心は切り離すことができないが、支配者集団の意向と集団の構成員の意志が乖離することは往々にしてあり得るのである。[37]

またティリッヒの説明では、家族・職業的共同体・国民集団といった集団は「社会的有機体（social organism）」として、人間以外の動物の「群れ（flock）」などと区別されている。社会的有機体とは、「特別な人間活動が、自らを正義にまで成長することができるようになるため取る組織された形態」（Tillich［1963a］, 78）である。ティリッヒによれば、自己創造の機能において、「社会集団（social group）」は正義へと成長し、「個人（person）」は「人間性（humanity）」へと成長するという構造を持っている。社会集団は、より力ある群れが他の群れを圧して自らの可能性を実現するという「群れにおける正義」ではなく、その活動の中で、あるルールの下に構成員を秩序づけるという「正義」によって組織されるのである。

一方、個人における内的目標の成就としての「人間性」とは、無制約的に妥当する道徳的命令に応答するか否かが問われる道徳的行為とは異なる。「社会の変革へと向けられたあらゆる文化的活動の目標」が正義の定義であり（*ibid.*, 67）、この意味で「正義」は個人にも適用される語である。したがってティリッヒにとって、集団の正義と個人の道徳（「人格を人格として扱え」）の両者は、「人間性」において共同し結びつくことになる。人間の生において他者と共同する生が可能になるのは、生が「個別化と参与」の両極の下にある自己統合の機能を有するからである（*ibid.*, 33）。生が自らの中心性を形成する自己統合の働きは、「個別化」と「参与」の両極を持つ。[38]しかし中心を形成する自己統合の機能は、共同体においては個人の人格におけるような完全な中心性は形成しえない（*ibid.*, 41, 308-313）。個人は完全な中心性において道徳的命法を受け取ることができるが、個人の人格における「道徳」を集団に対して適用することはできない。ティリッヒの正義概念に関する研究を参照しておくと、ポンゴの研究は、個人的レベルにおいて「正義」が成立するのか否かという問題を扱っている。[39]ポンゴの基本的立場は、ティリッヒの考える正義には二つの次元があるというもので、一つは「人格対人格の関係レベル」（あらゆる人は他者を人格として、単なる手段としてではなく目的として扱うという原理）、もう一つに「個人的レベル」（真実の自己を求める方向性、癒しとしての正義）として捉えている。[40] ポンゴの立場の特徴は、ティリッヒの考える正義の概念に基づき、解放の神学などのように、正義を具体的な貧困からの解放として理解する立場の問題点を批判し、ティリッヒの正義概念に、経済的な側面においてだけでなく、全人格的な抑圧からの解放としての可能性を見出したところにあり、この点については評価できる。しかし筆者の立場は、ティリッヒにおける個人レベルでの「正義」に関しては、あくまで他者との関係の中での、すなわち共同体においての変革を進める「目標」としての性格を読み取るものである。よって、ポンゴのいうような「真実の個人の自己成就」や「癒し」としての正義は、ティリッヒの想定外のことではないかと考える。

ティリッヒにとっての正義は、本質において「人間の本性とそれの表現である」愛（*agápē*）と統合される。[41] 抽象的な正義の原理や法体系は、状況に対して不変の原理であるが、個別の状況に対応することは難しい。ティリッヒの主張するアガペーとしての正義は、事態の具体的状況やその当事者である他者の状況、他者の限界や可能性を配慮した上で他者に対峙しうる可能性を持っている。[42] とはいえ、アガペーと正義の統合が完全に現実化することは実際には生じない。[43]

このような正義の根底としてのアガペーと、道徳的要請の宗教的源泉としてのアガペーとは、どの点で交錯するのだろうか。道徳的命法は、「われわれは何をなすべきか」という具体的「内容」においてアガペーを起源に持つ。この愛は、「可能的人格を持つあらゆる存在を人格として認めよ」という自己・他者の本質からの要請と一致するものであった。集団を形成する形式としての、また目標としての正義は、個人に対するこのような無制約的命令と一致するわけではない。ティリッヒにとって正義と個人への道徳的命令が交錯する点、すなわち正義と道徳的命令の共通する根底とは、共同体においても個人においても、そこに他の個人との人格的関係が成立しうるという点であると筆者は考える。正義と道徳はその形式においては異なるが、具体的内容においては「人格を人格として扱う」という関係性の中に、人間の本性とその表現であるアガペーが侵入する余地を備えている。しかし「人格を人格として扱え」という命令が無制約的に妥当しうる個人は、共同体の正義を推進する直接の主体ではないため、共同体あるいは集団に対して当為を無制約的に示すことは困難である。個人は「人格を人格として扱え」という命令を受け取るが、実際に個人は共同体の内にあってその正義に従う者であり、正義と個人の道徳的行為が解離する可能性もはらんでいる。また実際には、個人と他者が形成する共同体における道徳と宗教との結合は、宗教の内容を表現する文化とも結合する。個人が受け取る道徳的命法の形式は無制約的であるが、道徳の具体的内容は文化において示され、文化と結びついた道徳は、それぞれの共同体において異なる内容を持つのである。本書第3章で前述したように、共同体は道徳‐文化‐宗教の相互浸透関係で形成されているからである。また現在のわれわれの問題状況において、ティリッヒの道徳的命法の可能性を考えるならば、現在われわれにとってティリッヒのいうような「他者」が誰なのか、感知することが困難になっているという点を指摘しておきたい。グローバル化・多元化する社会において、「私」に関わる他者は無数に存在することになるからである。行為する個人もまた、道徳的命法がただ一つの声として迫ってくることを確信することが困難になっている。近年ではこのような課題は、M・ウォルツァーによって、社会の複合性、アイデンティティの複合性に起因する道徳論の困難性として指摘されている(44)。

以上、ティリッヒの道徳論と共同体論、正義論に関して検討してきた。ティリッヒのこれら思想形成の背景には、価値論の限界や、倫理における理性と宗教の関係の問題など、近代が残した課題への取り組みを明確に見て取ることができる。ここで取り扱ったティリッヒの道徳論・共同体論・正義論は、あくまで空間的に切り取った領域において、個人あるいは個人の集団がいかに行為するかについて論述するためのものであり、集団と集団との関わりや、個人が属する集団の時間的変化については触れられていない。とりわけ「愛・力・正義」などで議論された、共同体についての存在論的分析は時間の概念を捨象して行われている。共同体に伴う時間概念は、さらに歴史に関する文脈においても検討されねばならない。以上の点を踏まえて、次章以降、ティリッヒの歴史に関する議論を取り扱う。

第5章　後期ティリッヒ思想の「歴史」の構造

1　歴史論の発展的考察と後期歴史論の重要性について

1－1　ティリッヒ歴史論の展開および先行研究上の位置づけ

本章では、ティリッヒの歴史に関する思索を扱い、ティリッヒが歴史をどのように構想したのか、歴史論の構造について探究する。この目的に沿って、まずティリッヒの歴史論を構成する時間概念であるカイロス[1]について扱った上で『組織神学』における歴史論の位置づけを行う。続く第6章では、歴史構造における実態、すなわち歴史の動態の中で、何がティリッヒの組織神学体系を構成する問いになるのか、歴史論における諸問題について検討していく。この検討においては歴史における実存の問題が鍵となる。まず本章1では、ティリッヒの歴史に関する思索の草創期から後期・晩年期（第二次世界大戦後～一九六五年）に至る過程を概観し、後期歴史論の重要性と特徴について指摘していきたい。ティリッヒの歴史論の発展過程については、本書の主眼である後期ティリッヒ思想の歴史論の特徴を明確にすることを目的に言及する。この試みは、後期ティリッヒ思想の歴史論は、第二次世界大戦終結以前のティリッヒの歴史論に比して、消極的なものにとどまっているという従来の評価とは異なる結論に至るだろう。

ティリッヒ思想の初期（〜第一次世界大戦終結［一九一九年］）・前期（第一次世界大戦終結［一九一九年］〜一九三三年）における歴史についての思索は、カイロス論が中心となる。ティリッヒが、第一次世界大戦終結後のワイマール共和国の混迷期、宗教社会主義運動においてカイロスの意識に基づく歴史解釈を提唱したことはよく知られている。さらにティリッヒはアメリカへの亡命以後、その思索の中期（一九三三年〜第二次世界大戦終結）においても、祖国ドイツに対する政治的アピール（ラジオ放送「アメリカの声」）や、「民主的ドイツのための協議会（Council for a Democratic Germany）」議長への就任など、カイロス意識を基盤としつつ政治に対して実践的に関与した。

このような初期・前期におけるカイロス論の強調、中期における政治活動などに比して、ティリッヒは後期以降の思索において、歴史あるいは政治への情熱を失ったのではないかとしばしば指摘されている。[2] そしてティリッヒは実際の社会状況から解離した抽象的な歴史理論（存在論的歴史記述）の形成へと向かったとみなす研究もある。[3] これらの指摘については、ティリッヒ自身の記述や、伝記的研究にもある程度の根拠を見出すことができる。一九四九年、ティリッヒは宗教社会主義運動について回顧しつつ、イデオロギーの分裂などを背景に、自身のカイロスへの大きな期待が「聖なる空虚（sacred void）」に変化したと述べている（Tillich［1949］, 527）。ことに第二次世界大戦後において、ティリッヒは歴史における能動的要素より悲劇的要素の方を強く感じるようになったと述べてもいる（Tillich［1952b］, 19）。またティリッヒの伝記的研究を著したパウク[4]、そしてハイマン[5]などはティリッヒのカイロスへの期待の減少について指摘する。近年の研究（バルマン[6]、ヤール[7]、岩城[8]）でも同様の見解を示す研究者も多い。

これらティリッヒ自身の記述や諸研究からみてとれるカイロスへの期待の減少を根拠として、ティリッヒの政治への関心や歴史への参与が失われていったと捉える見方があるのは理解しうる。その場合、後期ティリッヒ思想の歴史論に対する評価は低いものに終わることになる。すなわち、宗教社会主義の試みに挫折した後期ティリッヒ思想の歴史理論の主張には熱意がないものとみなされることになるのではないだろうか[9]。仮に後期ティリッヒ思想の歴史論を肯定的に評価するならば、初期のカイロスの主張とそれに基づく積極的な歴史に対する参与への促しは、後期の思索（『組織神学』第三巻を中心とした一九五〇年代と一九六〇年代）にどのように継承され、変容したのかを精査する必要がある。後期ティリッヒの歴史理解に対しては、存在論的歴史理論、抽象的歴史理論とみなす批判的研究[10]、あるいはティリッヒの歴史観に悲劇的・傍観者的姿勢を強く見出す研究[11]が多く見られる。しかし後期ティリッヒ思想の歴史論に、前期カイロス論の建設的発展や、実際の歴史状況に鑑みた思考が見出せるとしたら、後期ティリッヒ思想の歴史論に思想的一貫性と発展性を見出すことが可能となる。筆者はこのような立場に立って考察を進めたい。先程述べたように、前期・中期ティリッヒ思想については、先行研究を踏まえつつ重要な要素を取り出すにとどめる。中心的な分析対象となる『組織神学』第三巻については、以下のような方法で分析を行う。まず『組織神学』における歴史に関する議論が、組織神学体系においてどのような位置づけを占めるのかを明らかにする。そして歴史に関する議論の内容について、「歴史」の成立要件を明確に示しつつ理解していく。

1-2 前期・中期ティリッヒ思想における歴史論

本項では前期・中期ティリッヒ思想における歴史論を構成する、カイロスとしての時間概念について概観しておきたい。本書の目的は後期ティリッヒ思想の解明であるため、前期・中期ティリッヒの歴史論については、先行研究の知見をもとに要点を抽出する。前期ティリッヒのカイロス論については、ブライポール[12]、クレイトン[13]、芦名[14]、今井[15]の研究が参考になる。また、中期ティリッヒのカイロス論については、ライマー[16]、岩城[17]がヒルシュとの論争に関連して扱っている。これら研究では、前期ティリッヒのカイロス論は、一九二六年を境に区分され、一九二六年以降は歴史哲学として本格的に構成されるようになったというのが共通理解である。[18]本書ではこのようなカイロス論の位置づけを取り入れ、前期ティリッヒのカイロス論については一九二六年以降の論文を参照する。[19]一九二六年の「カイロス――現在の精神的状況に対する思索」において、カイロスは計測可能な形式的時間としてのクロノスと区別される「質的な」内容を持った時間概念であり、「時間の中への永遠的なものの侵入」と捉えられる（Tillich [1926d], 175）。過去において、すなわち歴史において準備されてきた具体的内容を持つ出来事が、ある特定の瞬間において成立し成就する。歴史の内における固有の時間がカイロスである。カイロスは、正しい時を期待する人間の待望と、正しい時の意識を促す要請との統一である。歴史の過程において、ある特定の時間をカイロスとして意識することは、「その時間を、流れ去ることのできない決断、回避不可能に応答することという意味で捉えることであり、それはまた時間を預言者の精神において捉えることである」（*ibid.*）。前期ティリッヒ（一九二六年以降に限定）のカイロス論において、ティリッヒが強調するのは、「歴史意識」の喚起である。本節の結論を先取りして示しておくと、この歴史意識の喚起というティリッヒの目論見は、後期・晩年期の『組織神学』に至るまで、方法は異なれども一貫している。カイロスの意味において歴史意識を喚起すること、すなわちカイロスの概念から歴史の意味を獲得しようとすることがカイロス論の目指すところであったが、このような呼びかけが必要であったのは、そもそもティリッヒは、歴史的であることを自明のこととは考えていなかったからである。

ティリッヒにとって、人間の精神に歴史的性格を意識させることは、時代が要請する必要性から生じた問題であった。前期ティリッヒ思想のカイロス論が形成された背景を考慮すれば、それは明らかとなる。すなわちカイロス論は、近代の思想的問題と、現実の歴史的状況との取り組みの総合から生じた思索であったのである。近代ことに十九世紀末から二十世紀初頭にかけて、トレルチが指摘したように、思考の「歴史化」ゆえに生じた価値規範や理念の相対性にいかに向き合うかという問いが生じることとなった。トレルチは、歴史主義から生じる絶対性の消失や無意味性の問題に取り組んだ。それは、この時期ティリッヒがトレルチに関して行った指摘からも読み取れる。「トレルチの歴史主義の克服は、克服されている場を示していない。重要なのは、いつかあるとき行われる何ごとかではなく、あらゆる時代にすでに行われており、あらゆる時代が見出すことができ、見出さなければならない何ごとかである」(*ibid*., 172)。かくして、無意味性が克服されるときを先の時代に期待するのではなく、現在の歴史的状況と取り組み、そこから要請される当為を見出すことが、歴史意識の喚起とともにティリッヒのさらなる課題となっていったのである。カイロスの観点から歴史を捉えることは、歴史における主体の無意味性を克服するとともに、なすべき行為を促すことを意味している。精神にとって、近代において背負うことになった自らの歴史性の問題を意識し、時代状況の要請に従うということは自明のことではなく、あえて歴史性を引き受けることによって、歴史の相対的性格を克服すべき当為が生じうるのである。

その後、一九三〇年の論文「キリスト論と歴史解釈」において、ティリッヒは新たな視点を導入している。「歴史意識の喚起」という点では、一九二六年のカイロス論と共通しているものの、ここでティリッヒは、歴史がキリストを中心にしてはじめと終わりを持つという歴史観を呼び起こそうと試みている。歴史の中心としてのキリストの出来事は「史学的（historisch）‐神話的出来事」ではなく、「具体的‐意味付与的原理」であり、「歴史を構成し、歴史にはじめと終わりを与え、この原理に基づいて、生起するものの有意味性への信仰が、反意味性の力に対して維持される」(Tillich [1930a], 200)。このように歴史全体に救済史としての性格を与えている歴史論は、クレイトンも指摘しているように、前期ティリッヒにおいてはじめての観点である[20]。ここで喚起される歴史意識は、救済史としての歴史を意識することであり、カイロスに基づく行為の促しが主眼ではない。よって、一九二二年また一九二六年の「カイロス」における宗教社会主義の明確な主張とは異なっており、人間の行為はあくまでキリスト論の主張の中に位置づけられている。すなわち信仰における「つかむこと」、すなわち信仰の主体がキリストを把握すること（ergreifen）――問い――と、「つかまれること」、すなわち信仰の対象であるキリストによって把握されること（Ergriffenwerden, Ergriffensein）――答え――の相関として、キリスト者が歴史の中心を主張することが目指されているのである（*ibid.*, 201f.）。歴史の中心は、決断と運命の統合としてのカイロスと同様の構造（中心への決断――歴史における準備の統合）を持つものの、歴史の救済が「歴史の中心としてのキリスト」によって成立することを指摘する試みが、一九三〇年の論文の中心テーマになっている。一九二六年のカイロス論において「時間の中への永遠的なものの侵入」と表現されたカイロスの視点は、一九三〇年の論文では「歴史の彼方からの侵入だけが、歴史の脅威を克服することができ、歴史に最終的に根拠を与えることができる」（*ibid.*, 202. Tillich [1936], 261）とある。このように、歴史の外からの永遠的なものの侵入という点で、歴史の中心はカイロスと同じ構造を持つが、救済史としての歴史を構成する中心であるという点で、カイロスとは異なる意味合いも付加される。すなわちカイロスの意識において歴史を見る視点だけでなく、歴史全体のはじめと終わりを眺める救済史的視点が導入されているのである。しかしこのようなキリスト論から構成された歴史論は、一九三〇年前後のティリッヒの他の歴史論と比べてやや異質である（Tillich [1926d], Tillich [1933a]）。以後、後述する中期ティリッヒ思想においても、カイロス論と歴史の中心としてのキリストの関わり方は、ティリッヒ思想の発展過程において重要な問題となってくる。

　中期ティリッヒ思想（一九三三年～第二次世界大戦）における歴史論の最大の特徴としては、カイロス論とキリスト論の結びつきが極めて明確になっていったことが挙げられる(21)。一九三八年、渡米後に著された論文「神の国と歴史」は、宗教社会主義の(22)立場を維持しつつも、新たに付加された記述において、思想上の変化がはっきりとみてとれる。この論文において、歴史とは主観的意味（記憶）と客観的意味（出来事）の結合であるとされ、このような歴史の「意味」として「神の国」が想定されている。「時は満ち、神の国は近づいた。悔い改めて福音を信じなさい」（「マルコによる福音書」一章一五節）という福音書の記事にもあるように、神の国を意識することは時満ちたカイロスの瞬間であり、カイロスの瞬間において示される歴史の意味を示している。そしてカイロス論とキリスト論との結びつきについて、ティリッヒは「唯一のカイロス」と複数ある「特殊的カイロス（カイロイ）」を区別し、規準と具体的状況としての両者の関係を明確化した（Tillich［1938］, 122-129）。このティリッヒの変化にははっきりした要因がある。これ以前は、カイロス意識に基づく行為がどのような内容かについては、基準が設定されていなかった。カイロスは過去の歴史において準備されてくるものの、ある瞬間をカイロスとして意識し行為するその方向性は、いかようにも向きうることになる。実際、ティリッヒの宗教社会主義時代の盟友ヒルシュは、ヒトラー政権による第三帝国の出現をカイロスとして意識し、ヒトラーの国家社会主義を擁護することになった。ティリッヒとヒルシュは、カイロスに基づく歴史理解という思考方法において共通の基盤を持っていたが、その行く先は異なっていた[23]。一九三四年から三五年にかけ、ティリッヒはヒルシュに宛てた公開書簡において自らの問題点を認めて、カイロスの基準となるキリストの啓示について言及し、ヒルシュが「自身の賭けの要素を十字架のもとに置いていない」ことを指摘したのである[24]。「唯一のカイロス」とは、人間の歴史におけるキリストの出現であり、歴史の諸状況における特殊的カイロスに対して規準・原理として働くカイロスとされる。キリスト論とカイロス論の結びつきは、特殊的カイロスが無制約的な位置にまで高揚されてしまう危険性を自覚したティリッヒの自己反省を背景にして構想されたのである。

さらに、論文「神の国と歴史」におけるティリッヒの重要な変化は、「神の国」について、超歴史的な神の国と歴史内的な神の国との二重の意味を明確に含意させたことである[25]。超歴史的な始まり（創造）と超歴史的な終わり（終末）を持った歴史を想定し、そして歴史内的な始まり（贖罪の出来事への待望）と歴史内的な終わり（イエスをキリストとして受容すること）を持った歴史の同時性が想定されている。神の国は正しさ・平和・喜びを特徴に持つ動的概念であり、超歴史および歴史内において、歴史の意味（救済）を成就する（*ibid.* 118f.）。この神の国の二重性は、「神の側から見た歴史」（超歴史）と「人間の側から見た歴史」（歴史内）の二つの性質であると考えられる。[26]前述のヒルシュとの書簡では、「神の国」についての議論は、神の国を待望しその実現のために尽力する教会について論じた文脈で扱われる程度であったが、この点で大きく変化している。この神の国の二重性は、後の『組織神学』における歴史論に継続される重要な観点となることを指摘しておきたい。そして、キリストの出来事を歴史内的な始まりと終わりの中心においたことから推察できるように、ここでもティリッヒは「キリスト以前の時間」と「キリスト以後の時間」の質的な違いを述べ、キリストを中心とした救済史の視点を明確にしている。このキリストを中心とした歴史理解については、先ほど言及した「唯一のカイロス」において、キリストを規範原理とする立場とも通底する。

そして論文「神の国と歴史」においても、「歴史解釈への唯一の入り口は歴史的行為である」(*ibid.*, 108) というように、ティリッヒの意図は歴史意識の喚起であることは一貫している。ティリッヒは、歴史の宗教的解釈とは実際の社会状況との取り組みを行う応用神学 (applied theology：神学の実践的応用) であるとみなして、社会状況に対して具体的な提唱を行う宗教社会主義の立場をいまだ貫いているが、さらに「人類に統一された歴史意識を与えること」が「キリスト教宣教の使命」(*ibid.*, 122) であると述べ、宗教社会主義という文脈にとどまらない、歴史意識の普遍性を示唆している。この点もまた、後の組織神学体系における弁証神学の方法に通じる論点であろう。

歴史意識の普遍性という問題は、一九三九年の論文「われわれの根本問題としての歴史」にも受け継がれている。ここでは歴史意識の形成が、その時代における実存の根底を左右する最重要課題であることが述べられるが、すでに宗教社会主義への言及よりも、一九四〇年代以降課題となる歴史的実存の問題が前面に提示されている。中期ティリッヒ思想 (一九四〇年代) では、第二次世界大戦後の世界再建への問題提起など、具体的政治状況への取り組みが中心となった。一九四三年の論文「キリスト教に基づく正当的かつ恒常的な平和」では、カイロスにおける愛と正義、平和と一致が説かれ、一九四四年の論文「戦後世界における力と正義」では、力と正義の存在論的結びつきが主張される。このように一九四〇年代は、具体的な政治的提言を行うティリッヒの思索において、カイロス論と存在論が並行して主張されるようになっていった。以上、前期ティリッヒ（特に一九二六年以降）・中期ティリッヒ思想における歴史論を概観した。以上の考察をもとにして、後期ティリッヒ思想の歴史論を検討し、前期・中期の歴史論との対比において特徴を明らかにしていく。

1−3　後期ティリッヒ思想における歴史論

ティリッヒ思想の形成過程において、一九三三年の渡米がもたらしたティリッヒ思想の変化（前期と比した中期：一九三三年〜一九四五年における変化）よりも、第二次世界大戦がもたらした思想の変化（中期と比した後期：一九四五年以降における変化）の方が大きいというのが、多くの研究者のとる見解である。[27] この理解はティリッヒの歴史論においても妥当すると筆者は考える。まず芦名、リチャードらが指摘するように、一九二〇年代、一九三〇年代のカイロス論とカイロス意識に基づく宗教社会主義の観点が、中期ティリッヒ思想を代表する一九三八年の論文「神の国と歴史」にも継続していることと、一九四〇年代においても継続していた宗教社会主義の視点が根拠となる。[28] またパウクは、ティリッヒの伝記的研究の中で、一九三三年の終わりに、ティリッヒが以前よりも現実主義になってはいるもののカイロスへの希望を持ち続けていたことを、ティリッヒの友人ラートマンの記述から明らかにしている。[29] ブルマンの指摘によれば、一九四五年以降ティリッヒは、宗教社会主義に傾倒する以前の初期『組織神学』（一九一三−一九一四年）において展開した体系的思考へ復帰し、新たなコンテキストにおける神学体系の再構築を試みるようになった。[30] それゆえ中期と後期の大きな違いが生じたということが考えられる。ヤールによれば、ティリッヒは第二次世界大戦を契機にカイロスの主張から「聖なる空虚」へ向かったが、この失望の要素は、後期・晩年期の『組織神学』に繋がると指摘される。[31] 筆者もまた、ティリッヒの歴史論において、渡米よりも第二次世界大戦が大きな変化の契機となったと考える。というのも、一九三三年の渡米以降一九四〇年代の前半までは、一九二〇年代からのカイロス論が変化しつつもティリッヒの歴史論の中核を形成しているからである。そして一九四五年以降はカイロスについての言及が減少し、歴史における実存の問題が、存在論を基盤にして思索されるようになるためである。第二次世界大戦中は、政治的活動を中心的に行ったティリッヒであるが、第二次世界大戦終結後の一九四五年以降は思索活動に精励することになる。この第二次世界大戦以後の思索は、以前とは大きく区別される特徴を持っている。後期において、カイロス論についての強い主張は後退していくため、主要論文の中にはカイロスについて新たにまとめられたものはないが、一九二二年の「カイロス」を英訳して一九四八年に公表された「カイロス」には、思想的変化からいくつかの点が付加されている。最大の変化は、カイロスを三種に分類したことである。すなわち、第一に一回的・普遍的(unique/universal)であるキリストの出現としてのカイロス、第二に歴史哲学において永遠・無制約的なものが時間的なものを審判する交錯点となる一般的・特殊的(general/special)カイロス、第三に現在の状況から生じる特殊的(special)カイロスである。特定の時間における特殊的カイロスは、普遍的カイロスとしてのキリストの出来事から常に妥当性を判断され、さらに特殊的カイロスは普遍的カイロスをその根底に持つことで成立する。「それぞれのカイロスにおいて、『神の国は近づいている』。というのも、カイロスとは、世界 - 歴史的で繰り返しの不可能な、究極的なものに与するか反するかの一回的な決断であるからである。それゆえすべてのカイロスは暗黙の内に、普遍的な(universal)カイロス、キリストの出現であるところの一回的な(unique)カイロスの実現である」(Tillich [1948b], 338)。すなわち、各カイロスはキリストのカイロスから審判を受け、キリストのカイロスを表現する。このように、カイロスとキリスト論との結びつきは一九三〇年の段階以上に明確に述べられている。

一九五〇年代に至り、ティリッヒの思索は、存在論的社会理論において、歴史的存在者の集団すなわち共同体に関して展開されるようになる。『存在への勇気』、『愛・力・正義』、『信仰の動態』などが主要な著作であり、『組織神学』第一巻・第二巻も刊行されている。この時期のティリッヒの試みは、存在論を基盤とした神学において、宗教的・聖書的象徴のリテラルな（文字通りの）解釈を批判することが中心であった。共同体における信仰の象徴の問題や共同体における実存の問題の検討は、時間的なスパンを抽象して遂行され、ティリッヒが前期のカイロス論より継続してきた歴史意識の喚起は、これらの議論の主要なテーマではない。

一九六三年の『組織神学』第三巻では、ティリッヒは第一巻・第二巻の議論を構成する存在論に時間的要素を付加し、存在論を根底に置きつつ歴史論を展開している。第三巻の歴史論の具体的内容については次節以下の課題とし、本節の課題であるティリッヒ思想の発展過程について、すなわち『組織神学』と、前期・中期との相違・一致についてまとめておこう。『組織神学』第三巻におけるカイロスについての記述は、特定の時代の諸カイロスとしての「特殊的カイロス」の規準となる「偉大なカイロス」としてのキリストの出来事（Tillich［1963a］, 369-372）を想定する点で、渡米以後に明確になったキリスト論とカイロス論の結合を維持している。しかし全般にカイロスについての記述は減少している。また『組織神学』第三巻の歴史論において、キリストを歴史の中心と主張する記述も減少している。後者の変化について、一九三八年の論文「神の国と歴史」で明確であった、キリストのカイロスを歴史の中心として「キリスト以前の時間」と「キリスト以後の時間」の質的な違いを見出すキリスト中心の救済史観は、『組織神学』においては後退していると考えられる。ティリッヒは、歴史的実存はキリストの一回的カイロス（「すでに」）と、終末におけるキリストの再臨（「いまだ」）の間を生きる中間時について「いまだ」と「すでに」の間、すなわち「二つのカイロスの間」（Tillich［1957a］, 164）にあると主張しているが、キリストについての注目や、終末への注目に比して、歴史におけるキリスト（とりわけ「復活のキリスト」）の中心性は曖昧である。その意味では諸研究のように、ティリッヒの歴史論の「存在論的性格」への変容を批判するよりも、むしろキリスト論の後退について注目すべきであろう。キリスト論の後退については、後期ティリッヒ思想の歴史論の評価を左右する重要な論点であるから、本節以降引き続き具体的に検討していく。

さて後期における変化のもう一つ、『組織神学』におけるカイロス論の記述の減少については、ティリッヒのカイロス意識が薄れたものとみなすべきだろうか。前期のカイロス論の目的は、「カイロスの意味において歴史意識を喚起すること」、そして「具体的な形式（行動）においてそれを体現すること」であったが、歴史意識を喚起するという目的が主眼であるという点は、後期ティリッヒ思想においても変化していない。歴史意識の喚起は、前期にあたる一九二〇年代から後期・晩年期にあたる一九六〇年代まで継続して主張されてきた。『組織神学』第三巻の記述によれば、過去に起こったことが「歴史的出来事」とみなされるようになる認識の背景には、人間の「歴史意識」の介在がある。ある事件は、それが共同体にとって重要であるかどうかを歴史意識によって判断され、受容されて歴史的出来事となる。したがって、後期ティリッヒ思想において用いられる「歴史」の語は、定義としては「客観的要素と主観的要素の結合」（Tillich［1963a］, 302）、すなわち史実的出来事（客観的要素）と、その出来事に意義を付与する意識（主観的要素）であるとみなすことができる。「歴史意識は、自らを伝統の中に、すなわち世代から世代へと受け渡された一連の記憶の中に表現する」（*ibid.*, 300）。この歴史意識は、歴史的実存の意味を決定している象徴（既成の宗教にとどまらない広義の意味での「宗教的」諸伝統において与えられている）に左右される（*ibid.*, 301f.）。過去に起こったことの意味を決定する歴史意識は、そのことが歴史的実存にとって意味あるものゆえに、歴史的出来事として認識するのである。[32] 歴史的実存がいかに自らが立つ位置に意識的たりえるか、それがティリッヒの一貫した主張であったのである。しかし前期ティリッヒ思想において、「カイロスから獲得される歴史の意味」が重要であり、状況に対する行為を促すものであった一方、後期ティリッヒ思想では、象徴の再解釈から獲得される歴史の意味について述べ、象徴の示す内容について弁証することが課題であるため、「カイロスから」という観点は薄れている。またカイロスから「聖なる空虚」への転換について、ティリッヒ自身や多くの研究者が指摘しているように、カイロスにおいて行為が要請されるという側面は減少しているといえるだろう。だがカイロスの熱心な主張が後退したゆえに、後期ティリッヒは悲劇的要素を強調しすぎているという見方が妥当であるかどうかは、さらなる検討が必要である。次節で『組織神学』第三巻の歴史論を中心に、後期ティリッヒ思想の歴史論の構造を明確にした上で、上記の問いも含め残された疑問を精査していきたい。

2　後期ティリッヒ思想の歴史論
――『組織神学』第三巻を中心に――

はじめに『組織神学』第三巻の位置づけについて、筆者の見解を示しておこう。後期ティリッヒ思想の歴史論を扱う際、『組織神学』第三巻を中心に据えた理由として、一つにはティリッヒの歴史論がまとまった形で提示されていることが挙げられる。また後期の『組織神学』は、存在論という記述の方法において共通する第一巻・第二巻と、生が基本概念となる第三巻とに体系的な一貫性を見出すかどうかの論点を含んでいる[33]。この論点への回答は、『組織神学』の歴史論の評価を左右する興味深い課題である。また前節で述べたように、後期ティリッヒ思想の歴史論（とりわけ『組織神学』第三巻）が抽象的・存在論的であるとの批判をどのように考えるかという問題を設定することもできる。本節ではこのような問題意識のもとに、『組織神学』第三巻の歴史論の具体的内容に踏み込む前段階として、『組織神学』における歴史論の基本構造を検討しておきたい。

まず『組織神学』第三巻の基本概念となる「生（life）」について、確認しておく。『組織神学』第三巻全体として、『組織神学』第一巻・第二巻が書かれた当時から、さらに変容していく時代の問題状況に呼応して、新たな主題・用語・思惟方法において記述がなされたという特徴がある。よって『組織神学』第一巻・第二巻で中心となる「存在」の概念に加えて、変化や生成などの動的性質についてより適切な記述をするため、「生」という概念が用いられたと考えられる。ティリッヒは、歴史とはそこに生きている人間（自然も含めた）の生の構造によって、動的なものになるとみなす（Tillich［1951］, 209）。「生」とは、「可能的存在の現実化」と定義される概念である。生の概念は、また可能的なものが現実となった状態をも指して「存在の現実態（actuality of being）」といわれる。

本質的要素は創造の善性に由来し、創られたものは本来みな善きものであるが、現実化すると同時に実存の条件下に服し、本質的要素から疎外される。この本質・実存両要素の実際の現れ方として、「可能的なものの現実化」という生の概念が使われる。「存在する」という語には、存在の二つのあり方が示されている。すなわち「可能的に（potentially）存在する」場合と「現実的に（actually）存在する」場合である。可能的存在は、現実に存在する力を欠くという点で「相対的非存在」ではあるが、「無」ではない（Tillich［1957a］, 20）。「生」は可能的なものにとどまらず、現実化した事態すなわち後者の「現実的存在」を指す。現実化した生は、実存の条件すなわち時間・空間といった有限性のカテゴリに従うこととなり、実存的要素を含むゆえに、その現実化した存在は歪曲されたり、変容し消滅したりはするものの、本質的要素が完全に失われることはない。このように現実化した存在においては、実存的要素と本質的要素がともにあることになる。よって生は「本質的要素と実存的要素との混合」ともいわれる（Tillich［1963a］, 30-32）。

「生」を「可能的なものの現実化」と定義することによって、ティリッヒは自然また宇宙をも含めた「生」の概念の適用範囲の拡大を試みたといえる。なぜなら、「生」を生命あるものと定義すれば無機的自然が排除されるし、「生」を人間の生と定義すれば動植物などが排除されてしまうからである。生においては、無機的次元 - 有機的次元 - 心理学的次元 - 精神の次元 - 歴史の次元が互いに対立することなく、ある次元が優勢である領域でも、他の次元も可能的には存在する「多次元的統一」の状態にある（*ibid.*, 318f.）。「生」の概念の定義づけは、人間と自然（宇宙も含め）が隔絶する事態を避けることを目指したものでもある（*ibid.*, 12）。「生」は「過程（process）」とは異なる。例えば個物のたどる行方について、「過程」の語を用いるなら、生体も死体も等しく過程の下にあるといえる。死も個物がたどる過程のうちの一要素である。しかし「生」の語を用いるなら、死の事実に際しては、「生」はその否定となる。同時にティリッヒは「生」の語について、可能的なものが現実化するというダイナミズム自体を、「過程（process）」として捉えてもいる(34)。

生の過程を動的なものとする二つの要素のうち、生における本質的要素は、存在の「あるべき」性質であり、実存的要素は「あるべきでない」性質である。二つの要素が混合して現れた形態が、生と呼ばれる（*ibid.*, 25f.）。ティリッヒによれば、本質と実存の混合、あるいは実際の現象としての生に対し、本質と実存はそこからの「抽象」と捉えられる。「本質と実存は生からの抽象である」（Tillich［1951］, 66f.）というティリッヒの命題に即し、『組織神学』第一巻・第二巻では、現実の生を抽象化した存在論によって記述する試みがなされ、第三巻では、捨象されたものの具体的な現れである。「存在の現実態（actuality of being）」を、生の概念によって記述する試みがなされている。

以上ティリッヒの記述を総合し、『組織神学』第一巻・第二巻の記述は時間的要素を捨象した存在論の形式を採り、生についての記述を行う『組織神学』第三巻は、存在論を根底に持ちつつ、時間的ダイナミクスを記述する試みであると考えられる。本質 - 実存構造において『組織神学』第一巻・第二巻との一貫性を保ちつつ、抽象としての本質 - 実存構造をさらに内包して現実化する生は、現実化されたものゆえ不可避に時間的空間的要素を有する。人間を含めた存在者は、存在論で記述されると同時に、時間・空間の中で生の動態を有する。簡略にまとめるならば、『組織神学』において、人間は時間的空間的要素を捨象した存在論と、時間的空間的要素を加味した歴史論から語りうるというティリッヒの信念の現れをみてとることができる。ティリッヒの『組織神学』は「神」学、つまり神についての学でありながら、徹底的に「人間」学（下からの神学）であるとも言えよう。このようなティリッヒの意図に鑑みれば、『組織神学』第三巻における歴史論は、存在論の記述方法である抽象にとどまらない可能性を持つと筆者は考える。ティリッヒの存在論、あるいは歴史論をめぐる先行研究においては、ニーバーの指摘に代表されるような存在論と歴史論を相容れないものと捉える見方が散見される[35]。他方、土居真俊は、歴史論と存在論を矛盾しないものとみなしている[36]。さらにギルキー、ブーザーらは、土居より積極的に存在論と歴史論の相互関係を指摘している[37]。ブーザーの指摘によれば、ティリッヒにとってスタティックな存在論はありえない。普遍的なものは具体的なものにおいて表現され、具体的なものは普遍的なものにおいて根拠を持つ。そして存在論の普遍性は具体的な歴史において成立する。というのも「ロゴスは時間において顕現する」からである。[38] なおブーザーは、存在論の枠組みで理解される「絶対的に普遍的なものと絶対的に具体的なものとの統合としてのキリスト」と、歴史論の枠組みで理解される「歴史の中心としてのキリスト」とが齟齬を来たすのではないかと興味深い指摘をしている。ティリッヒの歴史論におけるキリスト理解の問題については、本書でも次章以降の課題として検討する。筆者もまた、後期ティリッヒ思想において歴史論は存在論を補完するものと理解しており、この存在論と歴史論の相互関係については、前期ティリッヒ思想からの継続として捉えることができると考える。一九二七年の論文「終末論と歴史」では、時間の形式によって、存在の内で循環する存在の緊張は、円環の突破や新しいものの措定、すなわち歴史へ向かうと想定される（Tillich [1927], 113）。一九三三年の『社会主義的決断』においては、時間によって、存在論的には把握できない現実を希望しうることが述べられている（Tillich [1933a], 208）。筆者はこれらの記述から、ティリッヒの歴史論には一貫して存在論との積極的な関係があるとみなすが、これより問題となるのは、ティリッヒの歴史論が実際どのような内容を持って、組織神学体系の中で機能しえているかである。そこで後期ティリッヒの考える歴史概念について、『組織神学』第三巻の記述を紐解くことにしよう。

『組織神学』第三巻、特に歴史の問題を扱う第五部で中心となるのは、神の国の象徴を表現することである。第五部は、第四部の聖霊論と並んで第三巻を構成し、ティリッヒの言を借りれば「普遍的救済史の思想」（Tillich [1957a], 167）を担う部分である。ティリッヒが「普遍的救済史」と言及しているように、第一巻・第二巻の扱う対象である個人に対する救済が、集団の文脈へと移されたことがここで明確にされている。集団の動態を表現するためには、時間的広がり（歴史）と空間的広がり（集団の占める領域）を示す必要が生じる。存在論で表現された抽象に時間と空間の形式を加えることにより、ティリッヒの『組織神学』第三巻で展開される集団が担う歴

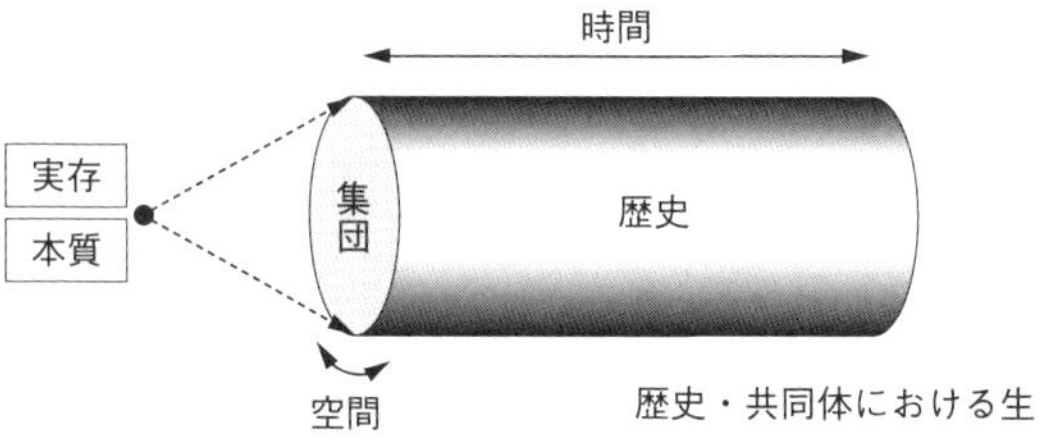

図　ティリッヒ『組織神学』において、存在論で考察される本質／実存に対する歴史論のあり方

史については、上に図示したイメージを想定できる。

本質と実存は、特定の領域を持たない[39]。もちろん、本質と実存が領域として確定できないといっても、存在しないわけではない。本質と実存[40]は、時間・空間を捨象したものであるから、生の枠組みの外において存在し、特定の時間・空間を占める（一定の長さ・広がりを持つ）ものとしては表現できない。また本質と実存は別個なものであるが、一致点も有する[41]。そして時間的長さと空間的幅を獲得することにより、本質と実存は生の内の二つの要素となり、特定の時間と空間の中で位置づけられる生を構成するものとなる。生の内で、時間と空間は実際には切り離すことはできず、常に時間的長さと空間的領域を互いに伴っている（Tillich［1963a］320）。そして、人間の生の場合は、時間的長さは歴史、空間的領域は集団あるいは共同体として現実化するのである。

また歴史は、人間の歴史において完全に実現する。生の多次元的統一の構造ゆえに、「歴史的次元」はあらゆる領域において可能的には存在する。しかし歴史的次元とは、鉱物などの無機的次元・生物などの有機的次元・内的知覚の心理的次元・人格的な精神の諸次元を前提とした上で成立する「最も包括的な次元」であるとされる（*ibid*., 297）。歴史的次元が完全に実現した人間の歴史には、集団・共同体における生（空間の形式）ならびに、過去から未来へ至る時間の形式が含意される。そして「歴史はそこにおいて新しいものが創造される次元」（*ibid*., 25）と定義されるように、歴史的次元においては何らかの新しいものが生み出される。もちろん、可能的に存在する歴史的次元、すなわち無機的次元における鉱物の変化や有機的次元における生物の新種なども「新しい」ということはできる。しかしティリッヒは、これら「新しいもの」と「人間の歴史」における新しいものとを区別し、「人間の歴史」の特徴として以下の四つを挙げている[42]。ティリッヒにとって、歴史は事実（客観）と解釈（主観）の結合である（本書第5章**1**末尾）から、人間の歴史の特徴もまた客観的要素と主観的要素の二重構造からなる（*ibid.*, 304f.）。

①歴史的な過程において目的が志向されること。人間は自由にその目的を設定し、その目的に自ら従うことができる。（主観：目的を持つ人間、客観：所与の状況）

②ある歴史的状況が他の歴史的状況を完全に決定することはない。因果的決定論は、人間の自由ゆえ回避される。とはいえ、因果の必然性を否定するものがすなわち「自由」であるわけではない。必然性の否定は偶然性でもある。しかし「自由」は偶然性と同一ではない。自由は運命と両極的相関関係にある。（主観：人間の自由、客観：過去と現在の諸要素の総体としての運命）

③人間の歴史における新しいものの生産は、人格の中心における意味の新しい実現である。歴史は何かが生成したり変化したりするプロセスではない。（主観的価値と評価主体に左右されない客観的価値）

④歴史過程において、特定の出来事が有意味であるためには、人間または生の本質的可能性の表現が特定の仕方で表されており、その出来事が、歴史の目標（end）に向かう発展における諸瞬間を代表していなければならない。出来事は歴史を超えているゆえに有意味であり、歴史の内にあるがゆえに独自である。生の本質的可能性は状況に即した仕方で表現されるゆえに、進歩史観は退けられる。（主観：固有の現実、客観：本質的可能性）

ティリッヒの考えるこれら四つの歴史の特徴は、自由と運命の両極関係に基づいて、人間が新しいもの——特定の仕方で表現された本質的可能性――を生み出す時間の流れとして理解できる。歴史において時間的形式は不可欠であるが、新しいものの生産や人間の自由といった条件ゆえに、歴史は単に前後関係を持つ時間ではない。時間の形式（クロノス）は存在論的カテゴリーを構成するが、人間の決断の自由において、新しいものが加わる時間（カイロス）は、存在論を打ち破る。

存在論の普遍性が具体的なものにおいて顕現する事態について記述するため、また普遍的救済史（集団に対する救済）を記述するため、必要となった要素は空間的広がりと時間的広がりであった。そしてカイロスとしての時間は、人間の自由が介在するゆえに、存在論的普遍性を顕現させる特定で具体的なものたり得る。ティリッヒは『組織神学』第三巻第五部において、歴史をこのように位置づけたのである。こうした歴史に対し、「神の国」が答えとして提示されるというのが第五部における「相関の神学」の構成であるが、「神の国」の象徴は時間的広がりのイメージよりも、神による支配・統治が行われる空間的広がりのイメージを喚起する。またティリッヒは神の国の象徴に「政治的（political）」・「社会的（social）」性格を与えており（*ibid.*, 358）、第五部における人間の生は、政治的機能の優勢のもとにある（*ibid.*, 346-367）。ここでティリッヒは、生が時間的広がりを持ち、歴史においてあるということは、同時に空間的広がりを持ち、政治や社会においてあるという事態を言表していると考えられる（時間と空間は切り離すことができない）。したがって神の国の象徴は、人間の歴史的生（政治的行為、社会的行為、文化的行為も含む）に対する答えとして、構造上は成立しうる。このようにティリッヒが、神の国は政治的‐社会的象徴であると主張したことは、彼がこの時期の思索において、社会的あるいは政治的取り組みを組織神学体系において行おうとしたと考えることができる[43]。ティリッヒは、中期の思索における神の国についての議論の中で、「共同体の形成を目指すあらゆる行為は歴史的‐政治的である」（Tillich［1938］, 128）と述べている。ティリッヒのいう共同体における歴史と政治の結びつきは、『組織神学』第三巻においても継続していると筆者は考える。というのも先程図示したように、歴史（時間）と共同体（空間）は生の構造上切り離すことができないからである。「生のすべての次元の多次元的統一に従えば、空間を持たない時間はないし、結果的に歴史的空間を持たない歴史的時間はない」（Tillich［1963a］, 322）。共同体における動態や歴史の動態についての記述は、政治的行為に関する諸問題についての記述でもあり、これに対して神の国を提示することは、政治の問題に対するキリスト教的答えの弁証となる。ティリッヒの社会理論に関する著作群は、存在論に比重を置いた記述方法を用いたものと、歴史論に比重を置いて記述するものとに分類することができる。『組織神学』第三巻以前の後期ティリッヒ思想における社会理論（『存在への勇気』、『愛・力・正義』など）は、存在論的に、すなわち時間的変化や経過は問わず空間的広がりにおいて展開したものと捉えられる。一方『組織神学』第三巻は、空間的広がり（共同体）と、時間的広がり（歴史）の両者を踏まえて展開しようとした社会理論といえよう。また第三巻執筆時の一九六〇年代、政治状況について思索する取り組みが皆無であるわけではない(44)。以上のような分析と、『組織神学』第三巻の記述が存在論を踏まえつつも歴史的であることから、後期ティリッヒ思想が政治と取り組んでいないという議論には、筆者は賛同できない(45)。

しかし後期ティリッヒ思想の歴史論において「聖なる空虚」が支配し、革命的－絶対的歴史解釈（Tillich［1922a］, 62）の要素が消滅していったことは確かである。先に筆者がティリッヒ自身や先行研究の記述で紹介したように、ティリッヒはカイロスにおいて能動的な行為を促すことよりも、歴史を悲劇的にみる要素が大きくなっている。そして歴史における実存の意味の問題が、ティリッヒの『組織神学』第三巻の主要な課題となっていく。その内容については次章以降で扱っていくが、ここで筆者は、『組織神学』では、歴史が悲劇的であるからこそ実存がどこに希望をおきうるか、それを探求することがティリッヒの課題となったとの推論を述べておく。ただ「希望」が見出されたとしても、そこから宗教社会主義のような統一された具体的行為が生じることは困難であったため、ティリッヒの政治に対する消極的姿勢が指摘されることになったのではないかと思われる。

第6章　後期ティリッヒ思想における歴史の諸問題

1　後期ティリッヒ思想における歴史についての問い

前章では後期ティリッヒ思想の歴史論について、思想形成の過程を踏まえつつその構造を明らかにした。本章では、後期ティリッヒ思想の歴史論で扱われる諸問題について具体的に取り上げていきたい。本章**1**では、歴史における個人レベルでの問題、すなわち歴史的実存[1]の問いの部分を扱う。続く**2**では、はじめに歴史的実存に対する答えとなる、歴史の意味としての「神の国」概念について把握する。さらに、時間・空間概念の解消（完成）する事態、すなわち終末論を取り上げ、時間・空間概念の解消についてティリッヒがどのように記述しているかを検討する。第二次世界大戦後のティリッヒは、渡米後も変更を加えながら維持してきた宗教社会主義の観点や、カイロスの具体的内容について、大きな転換を迫られることになった。第二次世界大戦以降、ティリッヒはカイロスの「脱自的体験」を期待せず、シニカルなリアリズムと、ユートピア主義の両者ともに、プロテスタント原理のもとで審判を下されるようになると述べている（Tillich［1948a］, xxix）。またティリッヒによれば、宗教社会主義はマルキシズムと等しいものではなく、「プロテスタント的な宗教的歴史解釈」であると考えていた（*ibid.*, xix）。そして第二次世界大戦後においてもティリッヒは、宗教社会主義における具体的行為を提言することはないながらも、宗教社会主義が「歴史の宗教的解釈」であるという点では一貫していた。このようなティリッヒの姿勢は、第二次世界大戦後の冷戦構造や共産主義国家の独裁などの現状にあってなお、宗教的歴史解釈においてシニシズムでもなくユートピアニズムでもない道を見出そうとしたと位置づけることができる。歴史に対するシニカルな視点、あるいはユートピア的視点の狭間で存立が問われるのは、歴史的実存である。歴史的実存が悲観主義でも楽観主義でもなく、歴史に対する冷静な判断と希望とを持ちうることが、いかにして可能となるのか。この時期のティリッヒの深層心理学への傾倒(2)も加わって、後期ティリッヒ思想における歴史の問題には、常に歴史的実存の不安についての問いが背景に存在する。それでは歴史的実存はどのような問いを問うのだろうか。

一九三九年の論文「われわれの時代の根本問題としての歴史」において、ティリッヒは「近代(3)」や中世に比して、一九三九年当時、「歴史的実存」についての問いが差し迫った問題として浮上していることを指摘した（Tillich［1939a］, 226f.）。ティリッヒによればキリスト教において歴史の問題が問われなくなることはありえないが、中世では教会的ヒエラルキーという超越的土台が、近代では歴史における進歩信仰という内在的土台が、実存を支えていたために、歴史的実存の問題が差し迫ったものとして認識されることはなかった（*ibid.*, 227）。キリスト教神学における歴史的実存の問題は、神の時間的なものの中への突入という歴史的出来事に基づく本来的な問題であるが、実存がどのような問いを問い、どのようにその答えを見出すか、そして歴史的実存の根拠に対する切実な要請は、時代の状況から生じる問題である。歴史的実存の問題に関して、一九四〇年代のティリッヒは具体的な政治的提言によって、第二次世界大戦の総括と再建の可能性を考察しているが、とりわけ一九四五年の論文

「世界状況」では、近代の崩壊の不安からナショナリズムを歓迎した歴史的実存の問題について指摘している。一九五〇年代では、『存在への勇気』にみられるように、歴史的実存と集団との関係を、集団の歴史的変化など時間的側面を抽象し、存在論的考察をもとに描き出している。『組織神学』第三巻を中心とした一九六〇年代に至って、歴史的実存を時間軸の上で考察し位置づける試みが始まった。この試みにおいて、時間の中にある歴史とはどのようなものか、また個人とはいかなるものであるか、という歴史的実存にかかわる問いが考察された。本章では、一九六〇年代を代表する『組織神学』第三巻の記述を中心に、歴史における実存の問題、すなわち歴史についての問いについて、その内容を捉えてみたい。

『組織神学』第三巻での、本質 - 実存の存在論的構造を基盤とした本質と実存の混合としての生は、時間と空間の両射程を有するがゆえ、歴史的次元についての記述を用いて考察される。またティリッヒによれば、本質的要素と実存的要素の混合としての生は「自己統合」・「自己創造」・「自己超越」の三つの機能によって、運動あるいはダイナミクスとして捉えられた。しかし生の過程は、常によりよいものに向かって自己統合し、自己創造し、自己超越し、完全なものになっていくわけではない。全ての生は、本質的要素と実存的要素との混合ゆえ、肯定的なものと否定的なものが不可分に生じる「両義性（ambiguity）」を持つ[4]。両義性を免れえない生の過程で、自己統合の働きは統合に失敗し、中心たる自己が崩壊することもある。また自己創造において、古いものの死が同時に新しいものの誕生でもあるという事実によって、自己の中心が破壊されることもある。崇高なものへ到達しえず自己超越が俗化することもありうる。このような生の両義性は、歴史的次元においても現れる。ティリッヒによれば、時間は過去から未来へと不可逆に進み、人間の自由な行為ゆえ歴史は絶えず新しいものに向かって前進していく。さらに、「歴史は、生の全ての過程を通して、成就に向かって進む」とティリッヒは位置づける（Tillich [1963a], 332）。しかし歴史は両義性の下にあるゆえ、歴史における生の両義性がもたらす数々の悲劇は続くことになる。例えば、理念に基づいて統合されたはずの帝国による破壊や抑圧、本来の統合の理念の卑俗化（自己統合の機能における両義性)、また革命に伴う粛正や反動などの闘争(自己創造の機能における両義性)は、実際の歴史において絶えず起こってきた。複雑化された社会における個人の参与の縮小も問題となる。さらに、究極的なものを目の当たりにしているという幻想から来る現状の自己絶対化(自己超越の機能における両義性)、すなわちユートピア主義があり、同時にそれらユートピアに対する失望も生じてきた(*ibid.*, 352-354)。これらの事態は、歴史の両義性を免れることのない生が、歴史においてどのように意味を見出しうるのかという問いを提起する。それゆえにティリッヒは、以下のように歴史に関する問いを構成する。すなわち過去から未来へと向かう共同体と個人の生において、実存にとっての歴史の意味を絶対的なものあるいは確実に進歩するものに見出すことなく、両義性が不可避であるという状況において、歴史的実存が有意味たりうるのか、すなわち実存は生の意味を歴史において見出せるのだろうか、また歴史を貫く意味あるいは目標はどこに見出しうるのか。ティリッヒのいう歴史に関する問いは「歴史の意味の問い」として、このような内容で表現することができる[5]。

『組織神学』第三巻は、歴史に関する問いが「神の国」という象徴により答えられるという構造によって記述される。この時期のティリッヒは、キリスト教以外の諸宗教についての考察を深めていたため、歴史に関する問いへの答えはキリスト教の「神の国」以外にも想定される。

まず「神の国」以外の何ものかを積極的な答えとする態度がある。近代の進歩主義信仰は、無限の進歩自体が歴史の意味の解明であり、また歴史の目的であるとする歴史解釈であった。このような歴史観では、歴史過程は常に進歩し続けることにその意義がある。また歴史の内で両義性が克服された状態を想定する「ユートピア主義」や、すでに救済が到来した場として歴史を捉える「超越的歴史観」なども、歴史に積極的な意味を付与してはいる。しかしそういった歴史観からは、改革や待望によって新しいものが生み出されることが困難になることから、ティリッヒはこれらを歴史の意味の問いに対する「積極的だが不適切な答え」と断じ、これらの歴史観を退けている(*ibid.*, 352-356)。

一方、歴史の意味の問い自体を問わない消極的立場もある。しかしティリッヒは、この立場を「非歴史型歴史観」と呼び、歴史に内在する目標も超越する目標もともになく、この場合の「歴史」は、個人が自らの人格的生の永遠的目標を知らずに生きる「場」となっている、と指摘する（*ibid.*, 350）。その例として、ギリシア思想（「悲劇的歴史観」）や東洋諸宗教（「神秘的歴史観」）が挙げられる(6)。特に後者の「神秘的歴史観」では、実存が究極的な超越者の内に生きているとみなすことによって、両義性に対抗する手段としているとティリッヒは指摘する（*ibid.*, 350-352）。その他の非歴史型歴史観の例として、歴史は出来事の一連にすぎず、実存には何ら影響を及ぼさないとする「機械的歴史観」が挙げられている。

このようにティリッヒが投げかける歴史の意味の問いは、あくまで実存にとっての意味、すなわち実存的関心事としての歴史過程の重要性と位置づけが問題となる。したがってティリッヒが行う歴史の意味の探求は、歴史全体を貫く法則を見出すことではなく、また歴史全体がどのようなものであるかを実存とは関わりのないところで見出すことでもない。ティリッヒにとって、歴史における真理は常に実存的であり、実存的真理がいかに歴史において働いているかが問題となる(7)。このようなティリッヒの立場は、同時代の歴史哲学と共通基盤を持ちつつ相違する特徴を備えている。例えばK・レーヴィットによって提示された問い、「存在と歴史の意味とは、一般に歴史そのものから決定されるのか、さもなければどこから決定されるのか？」は、ティリッヒの思索について考察する上でも重要な手がかりとなる問いである(8)。レーヴィットによれば歴史は「無意味」である。すなわち歴史は偶然性と可能性によって構成されるゆえ、歴史全体の意味が明らかにされることは期待できない。「意味」についてのレーヴィットの記述によれば、われわれにとってあるものの「意味（meaning, Sinn）」を構成しているのは、主にそのものの「目的（purpose, Zweck）」である。ある個別の出来事の意味を問うことが可能になるのは、その出来事の目的が想定されるからである。出来事の記述・記録としてのヒストリエに対比して、レーヴィットが「歴史哲学（Geschichtsphilosophie）」の語で表す内容は、「歴史的出来事と連続とを連関させ、ある究極的な意味に関係づけるような指導原理による世界史の体系的解釈」[9]である。個別の出来事の「意味」あるいは「目的」を想定しないヒストリエとしてのギリシア的歴史観は、円環的歴史観であり、このような歴史観において「歴史哲学」はない。したがってレーヴィットによれば、歴史的出来事の意味についてあえて言明しようとする試みは、それら出来事のテロスが明らかになるときにのみ可能である。歴史全体の経過について考慮するならば、その始まりと予期された終わりとが想定され、歴史全体の経過の意味は、究極的目的との関わりにおいて考えられることになる。[10]よって個別の出来事の意味を問うならば、その目的をも考えることになるため、「歴史の全体の意味」を問うならば究極的目的を設定せざるを得ない、というのがレーヴィットの指摘である。[11]レーヴィットの歴史論では、歴史全体の意味を問う立場とはキリスト教的歴史観およびキリスト教的歴史神学の世俗化としての近代の進歩史観であり、この両者を共に批判することが彼の歴史論の主眼となる。

シュトルムは、ティリッヒとレーヴィットを比較考量した研究において、ティリッヒにとって歴史の最終的な意味（レーヴィットのいう「目的」はこの意である）が何であるのかが重要なのではなく、歴史の内において、歴史への応答が重要であることを指摘している。[12]さらにシュトルムは、ティリッヒのいう歴史論は、出来事の単なる連続性としてのヒストリエとは異なるが、レーヴィットが批判する「歴史哲学」とも異なるという見解を述べている。[13]というのもティリッヒのいう歴史の意味の問いは、レーヴィットが捉えるように、究極的なテロスに関係づけられた指導的解釈原理による歴史全体の意味づけによって考えられるのではないからである。レーヴィットによれば、歴史的出来事を高所から判断する原理が哲学（歴史哲学）であり、出来事を同じ高さの場から観察する態度がヒストリエとなる。ティリッヒの歴史論は絶対的な高みに立った原理に導かれるのではなく、先行する歴史（運命）と歴史的存在者の行為（自由）によって形成される。シュトルムの言を借りれば、ティリッヒの歴史論において、史学的真理（ヒストリエ）と並び立つのは信仰の真理（ゲシヒテ）であり、信仰における真理は、絶対的な歴史の解釈原理として、高次の場所において働くようなものではない。[14]歴史の解釈とは、存在者の歴史に対する参与や行為なくして成立し得ないものであるがゆえに「『あらゆる場所を超えた場所』で歴史を書く者は誰もいない」（Tillich［1963a］, 301）。したがって、ティリッヒにとっては、歴史の意味への答えは以下のように提示されうる。「歴史の意味に対する答えはいかにして可能になるのだろうか？（中略）歴史的行為への全的関わり（involvement）のみが歴史の解釈に基礎を与えることができる。歴史的行為は歴史理解への鍵である」（*ibid*., 349）。

このように、ティリッヒの歴史解釈あるいは歴史の意味についての問いは、歴史における個人の行為と切り離して扱うことはできない。シュトルムがティリッヒの歴史論における「信仰の真理」の要素を指摘したように、ティリッヒの歴史解釈の根底には、行為における信仰の要素がある。この点に関して、歴史解釈と信仰との連関を主張した思想家ヤスパースを連想することは困難ではない。彼もまた、歴史の意味と目的に関しての意味根拠を探求した。この探求において歴史相対主義と、そこから生じるニヒリズムの克服が意図されていることは明らかである。「私の構想においては、私は、人間とは唯一の起源（Ursprung）と一つの目標（Ziel）を有するのであるという信仰命題に支えられている。われわれは起源と目標を知らない。それらは何らかの知識によっては全く知られえない」[15]。このように歴史の起源と目標が認識的に知られることはないが、それらを「信じる」という立場は可能であるとみなすことが、ヤスパースの考える「哲学的信仰」の意である。この「信仰」において、歴史は永遠的なもの（絶対的なもの）との関わりゆえに単なる生起ではなくなる。しかし全体としての歴史の意味を確実に規定することはできない。というのも全体知としての歴史は、個人の人格や知性を抹消するものにすぎないゆえ、ヤスパースにとって回避すべきものだからである。このようにヤスパースは、確実には知られ得ない起源と目標とを想定することについて、「歴史の最も深い統一は見えざる宗教」[16]になると述べている。しかしヤスパースの狙いは、特定の信仰内容の根拠に立って歴史を解釈するのではなく、人間の精神や理性を象徴する歴史段階が同時発生した「枢軸時代」を人類の共通基盤とし、特定の信仰における差異を超えて全人類に共通する普遍性を獲得することであった。シュッスラーによれば、ヤスパースとティリッヒの歴史理解におけるこのような違いは、彼らの信仰あるいは宗教的真理の捉え方に由来する[17]。ヤスパースが特定の信仰内容に立つことを不自由と考えるのに対し、ティリッヒが考える信仰の立場は、むしろ人間の自由や懐疑を保障するものである。またティリッヒにとっての宗教的真理は実存的真理であり、実践的行為から切り離すことはできない[18]。このような実存的な宗教的真理は、個人の決断として為されるものであり、絶対的原理として人間を不自由にするものではない。また笠井恵二の指摘によれば、人類の統合の可能性を破壊した第二次世界大戦が終結した後、新たに目標としての歴史の統一を意識することは、ヤスパースにとって希望の可能性でもあった[19]。笠井はヤスパースの展望の豊かさを認めつつも、その歴史観に潜む楽観性を指摘している。一方ティリッヒの歴史観には、確かにヤスパースのように人類の理性や精神性に対する楽観的信頼はない。ティリッヒの歴史観については、悲劇的で、傍観者的であるとみなす研究も多い[20]。筆者は本節冒頭、シニシズムでもなくユートピアニズムでもない道を模索した後期ティリッヒ思想において、歴史的実存の問題が浮上してきたことについて言及した。確かに、歴史の流れ全体の行方についてのティリッヒの姿勢は、両義性の強調から推察されるように、悲劇的側面が強いと思われる。しかしティリッヒは完全にシニシズムに陥るのではなく、歴史的実存の歴史における行為や参与（これも両義性を免れることはないが）は、積極的に推奨される。というのもティリッヒの歴史観において、歴史的実存の行為なくしては歴史の解釈もありえないからである。歴史的実存は、シニシズムに陥って何も為さずにいる存在と考えられているわけではない（歴史的実存の拠って立つ根拠は、後に述べる「神の国」の象徴である）。この点で、ティリッヒは歴史全体に関しては悲劇的要素を強調するが、歴史的実存の行為に関しては悲劇性のみに偏った傍観者となっているわけではないと筆者は考える。とはいえ歴史的実存がかつての宗教社会主義のように、ある具体的行為に向けて促されることはない。この点はティリッヒのいう「カイロスの脱自的経験」の喪失を反映している。歴史の意味の問いに対して、『組織神学』では、無意味性に陥りうる生の意味根拠は、「神の国」の象徴によって答えられる。ティリッヒはヤスパースに対し、彼の理性信仰（哲学的信仰）の立場は「体制順応」にもつながると批判するが、ティリッヒにとって、「神の国」の象徴は、実存の意味根拠だけでなく行為の基準ともなりうるものとして解釈される（Tillich［1952a］, 211）。この「神の国」の性質そのものが、歴史に対する冷静な判断と希望を生み出しうる可能性として想定されているのである。

ここまで、後期ティリッヒ思想における歴史の意味に関する問いが形成された背景、問いの示す内容、思想史におけるティリッヒの立ち位置などについて言及してきた。続いて、「神の国」という象徴の示す内容に関して詳細を検討する。

2　神の国における時間と空間の位置づけ

2－1　歴史の内における神の国

前節を含め、ここまで『組織神学』第三巻における歴史論を中心に、ティリッヒの存在論的議論に加えられた時間の概念について検討してきた。さらにティリッヒは、時間と空間を超えるものについて表現しようと試みている。この試みはすなわち、神学的には終末論を考察する取り組みである。ティリッヒによれば終末論とは、「時間的なものの永遠的なものに対する関係を取り扱う」（Tillich［1963a］, 298）議論であり、時間が永遠とどのようにかかわりうるのかを記述することが課題となる。ティリッヒの一九二七年の論文「歴史と終末論」によれば、終末とは、存在の円環を破壊する新しいものの生起にとっての無制約的な意味であり、「生起の超越」であるとされる（Tillich［1927］, 111f.）。一九二七年の段階では、存在論と歴史論との対比構造が中心的に記述され、終末と生起の意味についての連関が指摘されるが、神の国という象徴は中心として取り上げられない。

神の国についての議論が明確に示されるのは、アメリカ移住後に書かれた一九三八年の論文「神の国と歴史」

においてである。ここでティリッヒは神の国の象徴について定義し、さらに「歴史の内における神の国」と「歴史を超えた神の国」との二重性を持つものとして描き出している。まず神の国の概念は「存在の究極的意味の象徴的表現」、あるいは「現実的実存とその無制約的意味の関係を表す象徴的表現」と定義される。この象徴は社会的・政治的性格を持つものである（Tillich［1938］, 116）。そして神の国（the Kingdom of God）の象徴が、地上の王国（kingdoms）のアナロジーとして表されることから推測できるように、「神の国」の象徴には、人間の歴史の中で神的なものとデーモン的なものの抗争が生じ、最終的に神的なものが勝利し支配することが表現されている（*ibid.*, 117）。このように歴史の最終的な意味をデーモン的なものからの救済という点から解釈するのが、ティリッヒの「神の国」の象徴である。救済としての歴史の意味は、神の国の象徴において表される。この救済あるいは神の国が、歴史を超えると同時に歴史の内で進行するものと捉えられている点は、後期ティリッヒ思想における重要な特徴である。「救済が世界史を支えているように、他方で世界史は救済の断片的実現である」（*ibid.*, 126）。ここから分かるように、神の国は歴史内において、そして歴史を超えたところに想定されている。実際には「歴史の内における神の国」は、デーモン的なものとの戦いにおいて、神の国の特徴としての「正義・平和・喜び」を断片的に生成する。このような「歴史の内における神の国」は、教会の歴史によって担われるとティリッヒは主張する。ティリッヒによれば、「歴史の意味が救済であるならば、全ての歴史は贖罪が準備され受容される歴史のプロセスに関係しなければならない」（*ibid.*, 121f.）。ゆえに、準備の段階も受容の段階も含めた全歴史のプロセスに関わる教会は、潜在的教会も含めてこのプロセスの担い手であり、教会の歴史が神の国の実現を決定するとされるのである[21]。キリスト教的歴史観によれば、「贖罪の準備と受容」という救済史のプロセスの中心はキリストであり、キリストの中に「歴史における生の究極的意味の出現」（*ibid.*, 119）を見出す。キリストにおいて明確に示された意味に基づいて、歴史の中でデーモン的なものを克服するとき、今ここにおける救済の現実化、すなわち「歴史の内における神の国」の実現が成立する。他方デーモン的なものの完全な克服は、歴史を超えたところで実現するとされ、「救済はただ意味の点からしか考えることはできない」(*ibid*. 121f.) がゆえに、「歴史を超えた神の国」という、存在の究極的意味の要素を表す象徴において救済を直観することになる。[22]

これらのティリッヒの議論で特徴的な点は、前述した「歴史の内における神の国」と「歴史を超えた神の国」の関係が、「断片的実現化」と「最終的成就」という形で明確に示されたことを挙げることができる。[23] さらにティリッヒの考える歴史解釈とは、前述した如く歴史において行為することに他ならないため (*ibid*. 128)、神の国を歴史の意味とみなす解釈においては、「歴史の内における神の国」の実現は、ある特定の時代(カイロス)において決定される自己の行為によって生起する。この一九三八年におけるティリッヒの姿勢は、一九二〇年代後半からのカイロス意識や『社会主義的決断』(一九三三年)における正義の要請と共通しており、一九三八年の段階では、『社会主義的決断』で提唱した宗教社会主義や、ヒルシュとの討論(一九三四‐一九三五年)での立場と同じく、内在的な神の国とその実現のための行為を強調する傾向にあると考えられる。[24] さらに一九三八年の論文では「神の国」の歴史における実現は、キリストにあって「神の国」がすでに「われわれの間にある」ゆえ可能であるという、キリスト中心の歴史解釈が明らかにみてとれる。歴史解釈におけるキリストの中心性は、『組織神学』における「神の国」とキリスト論との関わりよりも明確に言及されている。また救済史としての歴史解釈における「歴史の中心としてのキリスト」の強調も、ティリッヒが一九三〇年の論文「キリスト論と歴史解釈」で、歴史を準備と受容の時代に二分する中心として論じた議論との共通性はみてとれるが、『組織神学』第三巻(一九六三年)では、キリスト中心の歴史解釈から神の国を中心的象徴とした歴史理解(終末論)の強調へと変化している。[25] 続いてこのような変化の要因や背景について、『組織神学』第三巻の記述を検討し、後期ティリッヒ思想における歴史論の中心となる終末論の特徴を解明しておこう。

後期・晩年期ティリッヒ思想(第二次世界大戦以後〜一九六五年)の中でも、一九四〇年代は実際の政治状況に対する取り組みが中心に行われた時代であったことはすでに触れた。またこの頃は、ティリッヒがアメリカの読者に対して自身の思想を知らしめることが中心的な課題となった時代でもあった[26]。一九五〇年代には、存在論的社会理論（Tillich［1952a］, Tillich［1954］）や、『組織神学』の存在論的記述（Tillich［1951］, Tillich［1957a］）など、時間的要素を捨象した議論が中心となった。そして聖書の記述するモチーフ（神、キリスト、罪等）について、リテラルな解釈ではなくシンボリックな解釈をはっきりと打ち出した時期でもある[27]。『組織神学』第三巻における歴史論も、「神の国」や「永遠の命」といった主題についてシンボリックな解釈を試みる点は同様である。以後『組織神学』第三巻に関して詳細をみていくが、『組織神学』第三巻において、「歴史の内における神の国」は、政治的・社会的象徴としての神の国と捉えられ、「歴史を超えた神の国」は、永遠の生や世の終わりの象徴として想定されている。これら「神の国」の象徴は、歴史の意味についての問いへの答えとして、相関の神学のうちに基礎づけられる。先述のように筆者は、ティリッヒのいう歴史の意味についての問いとは、過去から未来へと向かう共同体と個人の生において、絶対的なものあるいは確実に進歩するものに歴史の意味を見出すことなく、両義性が不可避な状況の中で、歴史的実存が有意味たりうるのか、歴史の意味あるいは目標をどこに見出しうるかという問いであることを述べた（本書第6章1）。神の国は、歴史内において常に現実化する可能性を持ち、この現実化は、断片的に「両義性の克服」を実現する。歴史に対してこのような「神の国」としての答えが与えられることは、すなわち断片的な「先取り」が完成する。しかし歴史を超えた終末においては、歴史内の神の国における「意味」が「救済」であることを意味する。歴史的実存は、両義性の克服や完全な成就の約束ゆえに、現在において決断し行為を為すことが無駄ではなく、さらに「救済史」としての「意味」を持つ歴史の流れにおいて自らの位置を見出すことが可能になるのである。ティリッヒは問いとしての歴史に関して、「成就（fulfillment）」、「両義性の克服（両義的でないもの）（unambiguous）」、「救済（salvation）」、「意味（meaning）」などの語を用いて、神の国が答えとなる事態について説明している。ティリッヒがこれらの語を使用するルールには錯綜する感があることは否めない。しかし原則的には、ティリッヒは「両義的でないもの」の語を、「救済」

の語と結びつけた形で用いている。「救済は、これら両義性の克服である」（Tillich［1963a］, p. 362）。また両義性の問いに対し、答えを与えるのは「啓示」であるが（実際には「神の国」等の象徴によって与えられる）、「啓示のあるところには救済があり、救済があるところには啓示がある」（*ibid.*）。一方、「成就」の語は、「意味」の語と結合している。すなわち「成就の理念のみが創造を意味あるものとする」（*ibid.*, 299）のであり、人間は、「成就」に向かって進む歴史において新しいものを創造するが、この創造自体が「意味」の「新しい独自な表現」（*ibid.*, 304）であるとティリッヒは捉えている。

神の国の象徴について、その体系上の構造を述べたが、次に神の国とはどのような内容を表す象徴なのかを確認しておこう。ティリッヒは神の国の特徴について、①政治的特徴（「神の支配」と政治的統治が類比される）・②社会的特徴（平和、正義）・③人格主義（個的人格の尊重）・④普遍性（生の多次元的統一の観点により、人間以外の全ての被造物も含む）の四つを挙げている（*ibid.*, 358f.）。これらの特徴は、歴史の終わりにおいては完成するとされるが、歴史の中では断片的に現実化する。歴史における神の国の現実化を担うのは、ティリッヒによれば教会である。「教会は歴史における神の国を代表する」（*ibid.*, 374）。この所以は、教会は神の国を代表する「機能」を持つからであり、ここでいう「教会」はキリスト教会だけでなく、潜在的教会を含む（*ibid.*, 376）。また歴史の内なる神の国を顕すものはキリストであり、キリストとしてのイエスは、「歴史における神の国の中心的顕示」（*ibid.*, 364）として特異的に位置づけられる。[28]「歴史における神の国の中心的顕現としてのキリスト」に関しては、最近のティリッヒ研究でも取り上げられている問題であり、検討が必要な概念である。ライナーは、ティリッヒの歴史論に関して、一九三〇年の論文「キリスト論と歴史解釈」と『組織神学』第三巻を比較し、キリストを中心とした歴史解釈から、神の国を中心とする終末論へと焦点が変化したことを指摘している。[29] またライナーによれば、ティリッヒは『組織神学』第二巻で「キリストは神の国である」と言明している（Tillich［1957a］, 118, Tillich［STdII］, 128）。ティリッヒにおける「神の国」と「キリスト」の関係性を把握しつつ、ライナーの指摘について検討してみよう。

まず『組織神学』第三巻における「神の国の中心的顕示としてのキリスト」の表現は、キリストを歴史の中心としつつ、「神の国」の象徴と結合させる試みであると考えられる。この場合、キリストが「歴史の中心」であるとは、歴史における過去も未来も、「中心」に対して「準備」であり「受容」であるという事態を指す（Tillich [1963a], 374）。中心は歴史における救済の基準であり、源泉である。一方、「顕示（manifestation）」としてのキリストは、キリストの属性（これを具体的に記述するのは『組織神学』第二巻の課題である）や、キリストの公生涯、キリストの十字架と復活など、全て含む表現である。すなわち永遠的なものの時間的なものへの突入の出来事としてのキリストの顕現である。このようにティリッヒが『組織神学』第三巻において、キリストの公生涯や贖罪などを「顕現」という一言に集約して表現している点は、一九三〇年の「キリスト論と歴史解釈」や、一九三八年の「神の国と歴史」におけるように、救済史をキリストの贖罪を歴史の中心として、その準備と受容の時代として位置づけた仕方に比して、キリストの贖罪という視点が薄れていることを指摘できる。

また「キリストは神の国である」という『組織神学』第二巻における言明は、神学の伝統においても異質な解釈であるが、この言明について考察し、さらに第三巻において「キリストは神の国の中心的顕示である」と表現が変化した理由を示しておく。ライナーの見解[30]によれば、『組織神学』第三巻において、キリスト＝神の国という同一視が神の国の象徴を中心とする議論へと変化した理由の一つは、ティリッヒが「神の国」を共同体的象徴として用いることで、集団の救済について記述することを意図したから、というものである。さらにライナーは、ティリッヒが釈義上の問題を考慮し、そのため象徴の内容についての変更が必要になったからではないかと推測している。すなわち多くの聖書解釈によれば、イエスは神の国と同一視されるのではなく、神の国において待望されるものとして、またその働きにおいて真理を示すものとして捉えられるからである。ライナーはキリストと神の国が区別された点を評価し、この区別によってティリッヒが、パネンベルクの未来的終末論の視点に近い立場になったとみなしている[31]。またライナー自身が依拠しているダンツの見解によれば、キリストと神の国が区別された点は評価され、キリスト論と終末論の両者が並立する可能性へと帰結している[32]。というのも、キリスト論のみへ還元される終末論は、救済の個人化と終末の遅延をもたらし、終末論のみへ還元されるキリスト論は、個的なものを止揚し、全体としての歴史の意味を示すのみに終わってしまうからである。確かにライナーやダンツの指摘するように、キリストと神の国の同一視は、従来の神学理解との齟齬を生じる恐れはあり、ティリッヒの『組織神学』第三巻における変化を従来の神学理解との整合性の観点から肯定的に捉えるという解釈も成り立つかもしれない。しかしそれ以上に筆者は、キリストと神の国の同一視と区別が同一体系に共存することは、ティリッヒの『組織神学』の構造上必然であり、体系上の欠陥による変更ではないと主張したい。本書における立場は、ティリッヒの『組織神学』第一巻・第二巻は存在論的記述、第三巻は歴史論的記述によってなされ、後者には時間・空間概念が付加されたというものである。第二巻の「キリストは神の国である」という言明は、歴史的時間を捨象し、共同体的空間を捨象したゆえに可能になった言明であろう。すなわち第二巻における「新しい存在」としてのキリストは、時間・空間を捨象した一点として捉えられる。時間・空間的視点が加えられた第三巻での「キリストは歴史における神の国の中心的顕現である」との言明は、共同体の場所的領域と歴史の時間的射程とを獲得するために、当然ながらキリストと神の国は区別されることになる。したがって各巻の概念に関する記述方法の違いにより、キリストと神の国の同一視から区別へという変化も必然であることがいえる。また「キリストは神の国である」という命題は、『組織神学』第二巻の中では、キリストが世に来たときから再臨までの間に、キリストとはどのような存在であるかを扱った文脈において登場する（Tillich［1957a］, 118）。すなわち中間時においては、キリストに「新しい存在」が現在しているゆえ、キリストこそが「神の国」である。そのような存在としてのキリストの属性が、ここで示されているのである。一方、『組織神学』第三巻における「神の国の中心的顕示としてのキリスト」という表象は、歴史の内に出現したキリストを、人間の歴史的・共同体的生との関わりにおいて捉えているため、「歴史の中心」として位置づけられる。よって、「キリストは神の国である」という表現と「神の国の中心的顕示としてのキリスト」という表現との相違は、同じキリストの出来事をどの視点から捉えているか、すなわち、始めから終わりまで常に現在し続ける「新しい存在」として見るか、ある特定の時間（歴史）の中に出現した存在として捉えるかの違いと考えることができる。

さらに、『組織神学』第二巻の位置づけとも関わる問題であるが、『組織神学』第二巻におけるキリスト論は、歴史と共同体におけるキリストとしてのイエスの人格的生をも扱っているため、第二巻の議論をキリストの属性についての存在論と捉えるのか、あるいは時間・空間を想定した歴史を含めた議論と捉えるのかといった問いもはらんでいる(33)。この疑問に関して、筆者は以下のように考察する。第二巻においては、確かにキリストとしてのイエスの人格的生についての記述もある。しかし第二巻の記述は、キリストの人格的生が、歴史・共同体的生を生きる実存にとっていかなるものであるかということを、時間・空間の中において位置づける目的でなされたものではないと考えられる。キリストとしてのイエスの出現に関して、時間・空間概念が用いられるものの、人間存在については、時間・空間概念は捨象されている。また第二巻のキリスト論においては、キリストの人格的生についてというより、キリストがいかなる存在であるか（属性）、実存の疎外ゆえに生じる罪とキリストはいかなる関係にあるかが述べられるため、人間学的存在論から出発したキリスト論として捉えることができよう。したがって、筆者は『組織神学』第一巻・第二巻は、キリスト論も含めて根本的には存在論であると捉え、第三巻に至って、存在論的分析に対し時間・空間の内での動態が付与されたと考える。

では『組織神学』第三巻で論じられる、歴史における「神の国の中心的顕示としてのキリスト」と、先に述べた歴史の内における「神の国の現実化」とは、どのような関係を持ちうるのだろうか。キリストが神の国の中心的顕現であっても、直接それを認識した者はすでにない。しかし多くの集団または集団における個人は、イエスに直接接した場合を除き、キリストの出来事とは時間・空間の隔たりがあるため、霊の働きによって、キリストが歴史における神の国の中心的顕示であることの認識が可能になる。したがってティリッヒが考える集団の救済とは、集団が霊の働きかけを受け、神の国の中心的顕示としてのキリストを認識することであると考えられる。ティリッヒが「教会は神の国の担い手である」とみなすのは、教会がキリストを神の国の中心的顕現として認識することに基づいて形成されており、それゆえ教会は神の国の担い手たりうると彼が考えるからである。「神の国の中心的顕示としてのキリスト」を認識することから、集団において両義性の克服のために決断し行為することが生じ、神の国が断片的に実現する。先に述べた神の国の特徴、①政治的特徴・②社会的特徴・③人格主義・④普遍性が断片的に、実際の歴史における集団において実現されるのは、この四つの特徴を端的に示した「神の国の中心的顕示としてのキリスト」を認識するからである。

　ここまで述べたように、ティリッヒの『組織神学』体系において、キリストと神の国の関係については、構造上は整合性がみとめられる。しかしあえて残された問題を指摘するならば、ティリッヒの『組織神学』体系において、神の国の担い手としての教会の位置づけが明確でないことであろう。すなわち「神の国」（政治的支配、平和と正義、人格主義、普遍性の特徴を持つ）の中心的顕現としてのキリストを認識することは、社会における行為の指針や根拠となる可能性がある。しかし神の国の担い手としての教会の位置づけについて、キリストの死と復活の想起という教会の本来の役割との関係をティリッヒは明確に述べていない。教会が具体的に何をすべきかが組織神学に示されていないという問題ではなく、ティリッヒの組織神学体系中の構造として、教会と社会との関係が曖昧なのである。この曖昧さからは、教会の本来的な働きは、キリストの想起を促すことではなく、社会における行為を促すべきであるという理解も成立しうることになる。また、それ以外の問題として、パネンベルクの「ゲシヒテ」としての歴史理解をもとに、ティリッヒを批判的にみることもできる[34]。歴史的時間の射程を記述する『組織神学』第三巻の歴史論において、キリストの物語あるいは働きそのものは、課題となっていない。物語なくして、人間がいかにしてキリストに出会い、受容することが可能になるのか（人間がキリストを受容する仕方の具体性については、『組織神学』第二巻におけるキリスト論でも扱われていない)。また「キリストの時間的なものへの突入」における十字架と復活の物語(すなわち歴史の中心としての贖罪)によらずして、キリストの歴史への突入が救済であることがいかに了解できるのかといった問題を提起することができる。

2-2　歴史を超えた神の国——時間・空間の終わり

「歴史の内における神の国」は終末において完成する。終末とは何ものかの終わりであるが、ティリッヒによれば「終わり(end)」とは、語源的に「終結」と「目的」の両方を意味する(Tillich [1963c], 132)。「終結」の場合、「宇宙の発展のあるとき、人類の歴史、地上の生命、地そのもの、それに属する宇宙の段階は終わりに達し、時間と空間に存在を持たなくなるであろう」(Tillich [1963a], 394)とティリッヒがいうように、個人の終わり・歴史の終わり・宇宙の終わりが意味される。この終わりにおいて、「神が全てにおいて全てとなる」[35]ゆえに、道徳・文化・宗教の機能も終わりを迎え(*ibid.*, 402f.)、共同体における生の自己統合・自己創造・自己超越における両義性も克服される。第二の「目的」の意味では、歴史の終わりは単なる生物学的・物理学的な終わりではなく、時間的過程を超えて時間そのものが終わること、すなわち永遠の生を意味する(*ibid.*, 394)。このように終末とは、時間と空間の終わりであり、歴史の終わりと共同体の終わりを意味する。また「目的」という語の意を踏まえれば、終末は歴史の完成であり共同体の完成である。こういった「終わり」はなぜ生じるのか。「世(world)」は、その本性からして終わり(end)を迎える」(*ibid.*, 125)というように、ティリッヒによれば全ては被造物であるがゆえに、そのつくられたテロス(目的)に従って創造から終末へと向かう。そしてこのように被造物が終末(終結として、目的としての終末)に向かうことは、救済である。なぜなら「終わりなき将来は究極の目標を持たずに自らを繰り返す」という「地獄の様相」(Tillich [1963c], 125)となり、個的なものの一回的な生の価値が喪失されるからである。時間が終わりに向かって流れ、個人は与えられた時間のテロスに向かって進む。ここでいわれる時間の終わりとは永遠であるが、個人の終わりは永遠へ入れられること（目的）であると同時に、地上の生が終わること（終結）、すなわち死を意味するであろう。個人の終わりがまず死を経由するのは、被造物が「死なければならない」運命を有するからである。以下、ティリッヒの考える「終わり」に関して、個人の「終わり」について簡単に概観し、次に時間の終わりについて検討していきたい(36)（個人の「死」の問題については、本書補論【比較研究2】で詳述するので、そちらを参照されたい）。

人間の死すべき運命について、ティリッヒは本質と実存とのかかわりという観点から捉えている。「人間は、存在の究極的な力から疎外されて、有限性に定められている。人間は自らの自然的運命〔『組織神学』ドイツ語版第二巻では、「死すべき運命（Todes-Schicksal）」と記載されている。Tillich［StdII], 76］に引き渡されている。かれは無（nothing）から出て無に還る。かれは死の支配下にあって、死なねばならない不安にかられる」（Tillich［1957a], 66）。続いてティリッヒは、人間の死の起源について、創世記の記述を解釈に基づきこのように説明する。「創世記の語るところによると、人は塵から出て、塵に還る。人間は、神の食物あるいは永遠の命の食物を供する生命の樹から取って食することをゆるされている限りにおいて不死（immortality）である。この象徴は明白である。永遠へ参与することは人間を永遠のものにし、永遠からの分離は、人間を自然的な有限性へと委ねるのである」（*ibid.*, 67）。これらの記述から分かるように、人間は本質的には永遠的なものに属しているが、実存の状態においては永遠的なものから分断されている。永遠から疎外された状態、すなわち人間がこの世界に現実に存在する（＝実存）と同時に、人間は自然の有限性（finitude, Endlichkeit）に服従することになる(37)。塵に還るべき身体を持った人間は、自然の有限性に基づく死を免れない。しかし自然的な死そのものが、罪（永遠からの疎外）から生じたわけではない。人間が罪を犯さなかったとしても、生物的・物理的な死は存在したとティリッヒは考える。ティリッヒによれば、「罪（sin）は死を生じさせるのではなく、永遠への参与においてのみ克服される死に力を与える」とされるからである（*ibid.*, 67）。

では続いて、時間の終わりに関して検討しよう。前述したように、時間は「時間的なものから永遠的なものへの推移」（Tillich［1963c］, 123）という過程をたどる。しかしティリッヒの記述によれば、時間は今現在において過去と未来を認識する以外には知られえない。「私たちが現在を所有しており、そればかりでなく私たちの未来をも、それを現在において予期するゆえに所有していること、また現在においてそれを記憶しているゆえに、私たちの過去をも所有していること」（*ibid*., 127）という神秘が可能であるのは、瞬間瞬間が永遠に達しており、時の流れが永遠によってせき止められるからである。「時間は『永遠の今』、すなわち存在そのものの顕れを通して経験されるのでなければ、実体的に現前しない、単にはかない暫時的無常性として経験される」（Tillich［1957a］, 68f.）[43]。ここには、常に過ぎ去り続ける「今」における「永遠」の次元を強調すること、すなわち永遠の現在的次元が強調されている。この永遠の現在的次元について、ティリッヒは「永遠の今（eternal now）」と呼ぶ。同時にティリッヒは、終末は未来的次元を失うことなく、現在的経験の事柄でもあることを述べている。「われわれは、今、永遠に直面している（stand *now* in face of the eternal）。しかしわれわれは前方へ向かう歴史の終わりを見ており、あらゆる時間的なものの終わりを見ている」（Tillich［1963a］, 396）。このようにティリッヒ自身は、終末論（永遠と時間の関わり）における現在的次元と未来的次元の並立を主張しているものの、その試みがどこまで成功しているかが問題となる。

　ティリッヒの終末論について、批判的研究は数多い。主たる批判の一つに挙げられるのは、ティリッヒは終末論において現在的次元を強調し、未来的次元を喪失しているという指摘である。ペールマンはティリッヒの終末論をブルトマンと並んで現在的終末論と位置づける[44]。またピーターズ、近藤らは、ティリッヒのいう終末における神の国に、未来的次元の不在とともに「到来」の視点がないことを批判する[45]。二つ目にティリッヒの終末論が、時間のダイナミズムを存在論的枠組みに取り込んだ「存在論的終末論」であると指摘するシュヴァルツの指摘も代表的な批判に挙げられ、リチャード、マズアも同様な批判を行っている[46]。三つ目として、ティリッヒのいう

「永遠の今」に関して、ニーチェの永遠回帰を踏襲していると指摘する研究を挙げることができる。ヌォーヴォは、ティリッヒのいう永遠の生が、われわれが生きているこの瞬間に回帰してくるとするならば、まさにこの世での永遠回帰へと還元される可能性があり、ニーチェの如くわれわれの外には何ものも無いことを示していると述べ、先程挙げたマズアもティリッヒの終末論に永遠回帰の性格を見出している[47]。他方ブルマンは、後期ティリッヒ思想における終末論に現在的次元と未来的次元の両方を見出している[48]。ブルマンは、マッコーリーによる終末論の分類[49]を援用し、ティリッヒの終末論について、①実現されている現在的終末論（realized eschatology）、②未来を待望する終末論、③社会的終末論、④此の世的な終末論、⑤預言者的・革命的終末論の全ての特徴を備えた包括的なものであると指摘している。

筆者の見解では、ティリッヒの終末論は、近代において人間が直面した精神的危機への抵抗や実存の終末意識を促すバルトやブルトマン等の神学においてなされた、終末論の現在化を引き継いでいる。ティリッヒが強調する終末の現在的側面において、実存はすでに今ある永遠の次元に憩うと同時に、決断へと押し出されていく（しかし後期ティリッヒ思想では、宗教社会主義のような社会における具体的な指針は示されない）。ティリッヒの場合、実存の終末意識は現在において感知されるものの、ブルトマンのように、終末論の徹底した現在化を主張するわけではない。ティリッヒの終末論において、前方へ進み、終わり（目的）へと向かう時間の水平的次元が考慮されていないわけではないからである。時間は、前進する水平次元と超越する垂直次元の直線を結合し、運動する曲線として捉えられる。すなわち、「上から来て、前へ進み、上へ昇る」曲線によって描かれている（Tillich [1963a], 400）。実存は、時間の「前へ進む」という側面において、道徳・文化・宗教の行為をとおして、新しいものを創造する。この新しいものは永遠回帰のように個別性・一回性を失うものではない。またここでは、時間は現在的側面を捉えるだけではなく、「前方へ進む」歴史としての時間の把握がなされている。よってティリッヒの終末論が存在論的である、永遠回帰であるとの批判は、ティリッヒの時間概念に関する考察に鑑みれば、不当である。またこれに関連して、ティリッヒの終末論に未来的次元が不在であるとの批判のポイントは、時間に水平的次元がないという意ではなく、神の国の「待望するもの、到来するもの」という特性の捉え方に問題があるという点であろう。この問題はティリッヒの終末論におけるキリストの位置づけと関連して問われるべきではないかと筆者は考える。ティリッヒの「永遠の今」において、時間的なものは永遠と常に関わりを持つが、歴史の内における神の国（時間的なもの）と、歴史を超える神の国（永遠的なもの）をつなぐことができるのは、ティリッヒの終末論の構造からしてキリストの顕示のみである。ティリッヒがキリストと終末論の関係性の根拠として位置づける「神の国の中心的顕示としてのキリスト」については、神の国の現実化において、平和・正義・統治などの諸特質が真に「キリストに基づく」平和・正義であるかをいかに判断できるのかという問題が残る。このようなティリッヒの「神の国の中心的顕示としてのキリスト」という概念が構想された背景には、諸宗教との対話や、潜在的霊的共同体、あるいは「具体的霊性の宗教」（Tillich［1965a］（1966）, 87f.）[50]への配慮があったと考えられる。近年の終末論に関する研究においてザウターは、「救済と歴史との関係についてのわれわれの探求は、『全てが完了した』という十字架からのイエス・キリストの叫びに出会う」[51]と述べ、O・クルマンによって提唱されたキリスト中心の救済史の観点を評価しているが、昨今の研究状況では、ザウターのように、到来する神の国の先取りや、キリストの被造物の復活の初穂としての性格を重視した終末論[52]を評価する傾向もみられる。その点で、ティリッヒの終末論は、キリスト論との関係性が不明確である。

さらに、筆者が本書において、ティリッヒの終末論に関する不明確な点として指摘したいのは、「上から来て、前へ進み、上へ昇る」時間の曲線において生じる「本質化（essentialization, Essentifikation）」（Tillich［STdIII］）の概念の問題である。「本質から実存への移行」の結果として、本質と実存の混合としての生を受けた存在者は、終末において時間的なものの永遠的なものへの帰還の際、再び本質へと向かうとされる（Tillich［1963a］, 400）。この「本質化」は、ただ同一のものへ「回帰」するのではない。ティリッヒは「時間と空間において現実化された新しいものは、それと実存において創造された肯定的なものとの結合によって、本質存在に何かを付加する」（*ibid.*）という「本質化」の概念を提唱する。ティリッヒはこの永遠に対する時間の運動を、あえて空間的イメージで描写する。先ほど簡単に触れたが、時間は「から来る（coming from）」・「前へ進む（going ahead）」・「へ昇る（rising to）」という三つの質を結合するような曲線、すなわち「上から来て、下と前とに動き、実存の今である最も深い点に達し、同じ仕方でそれがやってきたところへ、前に進み、上へと昇りながら帰ってゆく」（*ibid.*. 420）。曲線で表される。この曲線には時間のはじめと終わり、そしてあらゆる様相が含まれている。時間の終わりは「過去あるいは未来における決定的な瞬間」としてあるのではなく、はじめと終わりは永遠においてありつつも、あらゆる瞬間において進行する過程でもあり、よって「創造も完成も、はじめも終わりも、常にある」（*ibid.*）と結論づけられる。

このように、時間のはじめも終わりも一致して捉えられるティリッヒの終末論の見方に対し、存在論的であるとの批判があることは述べた。ティリッヒの意図を汲み取るならば、永遠についての表現は時間概念を超えた事柄であるから、『組織神学』における存在論と歴史論の結合という、本書で指摘した枠組みに従えば、時間を超えた事柄については存在論的表現にならざるを得ない。また時間は、「永遠の今」を通して経験されるのでなければ現前しないとみなすティリッヒの立場を考慮するならば、はじめと終わりの一致という問題点の背景には、現在において、現在に影響を与える過去と未来をも所有しているという人間の意識のあり方を示そうとするティリッヒの意図を見出すことも可能である。「現在」という時間は、過去や未来に対するような時間的幅を持たないため、「現在」についても存在論的に表現するしかない。先に引用した箇所「時間は『永遠の今』、すなわち存在そのものの顕れを通して経験されるのでなければ実体的に現前しない」（Tillich［1957a］. 69）というティリッヒの記述からも、「現在」を存在論として捉えた観点をみてとることができる。ここで筆者が、ティリッヒの「本質化」の問題点として指摘しておきたい点は、はじめと終わり、あるいは創造と終末の「間」の時間の性格にある。

時間の「前へ進み、上へと昇ってゆく」過程においては、存在者が地上の生でいかに本質的可能性を成就したのかが問われることになる。ヘーネルは、ティリッヒの本質可能性の実現を中心とした中間時の性格に関して、人格的成長の重要性を強調する人文主義の伝統に由来したものではないかと述べている[53]。ヘーネルのこの指摘は、ティリッヒのいう本質的可能性の成就すなわち「前へ進み、上へと昇る」過程を人格的成長として捉えることが可能であるため、妥当性を持つと考えられる。ティリッヒのいう本質化において、生は本質から本質へ同一のものとして移行するのではなく（生のダイナミクスは不動の本質とは相容れない）、生の肯定的な要素は永遠へと引き継がれる一方、否定的な要素は祝福へと変えられる（Tillich［1963a］, 400f.）。永遠において生は、新たに増し加わった肯定的要素と祝福に満たされることになるが、ここでは本質的可能性を実現する人格的成長が強調されている。しかしティリッヒによれば「生の歪曲された諸形態」は、本質的目標の成就に到達することはできない（*ibid.*, 409）。ここには、本質的可能性の成就が不可能だった個人の生が存在することが示されている。個人の本質や運命は、人類全体の運命や本質から切り離すことは不可能であるため、本質化を実現しえなかった個人は、自分が属する集団の本質化に関わっている限り、すなわち共同体さらに全人類に参与している限り、永遠の生において肯定されるという（*ibid.*）。ティリッヒの本質化に関するこのような見解は、「生の歪曲された諸形態」にある人、すなわち人格的成長を遂げずに死を迎えた者、子供や精神的病者などの生をいかに肯定しうるかという問題を提起する（この新たな論点についても、本書補論【比較研究2】で詳述する）。ブーザーの研究のように、「本質化」に基づく個々人の生の肯定を思弁的に過ぎると捉える見解もある。筆者もまた、「本質化」概念において、時間の内における個人の人格的成長が重視される点については、人間の倫理の問題と、神の国の中心的顕示あるいは歴史の中心としてのキリスト、あるいはカイロス意識において開示される時間や歴史の意味との関連性を不明確にしているのではないかと考える。ティリッヒの終末論と倫理との関係については、近年ダンツ、マテルン、リスティミーニらが指摘するように、いまだ解明不十分な点があり、研究的関心が尽きない課題となっている。

第7章　結　語

最後に、本書で解明された事柄および筆者の主張を総括し、後期ティリッヒ思想への再評価の試みとして提示すると同時に、ティリッヒの『組織神学』以後の思想動向について簡単に触れ、結びとしたい。

1　後期ティリッヒ思想の特性

①近代とティリッヒとの二面的な関わり

本書では、ティリッヒの考える共同体と歴史の構造・諸問題の分析において、近代の持つ肯定的・否定的側面の両者が、後期ティリッヒ思想に大きく影響していることを確認した。後期ティリッヒの宗教思想は、近代の遺産である自律的理性による認識・知解に基づきつつも、無制約的なものの突入によって人間の精神が脱自的となり、合理的理性の限界を超えるという枠組みを持つ。また筆者は本書によって、後期ティリッヒ思想の共同体と歴史における構造・諸問題の分析を遂行するため、近代における時間・空間概念の変化ならびにティリッヒ思想における時間・空間概念に注目することの重要性を指摘した。時間と空間という主題は、ティリッヒが一貫して関心を持ち続けた事柄である上、[1]ティリッヒの時代にあって自律的理性の限界に突き当たっていた問題でもあるため、ティリッヒ思想における近代の影響を明らかにするためには適切である。本書では後期ティリッヒ思想における近代との関わりについて、共同体の構造に関しては、近代におけるエロース的共同体の崩壊に対する近代以降の共同体の再構築（第3章）、さらに共同体における個人の問題に特化して、近代的自律的道徳の限界に対する道徳における宗教的次元（第4章）といった後期ティリッヒが思索する近代以降の問題状況を明らかにした。第5章以降では後期ティリッヒ思想の歴史論の構造について、歴史的実存の問いに対するカイロスによる実存的歴史解釈の試み（第5章）、さらに歴史における個人の問題に特化して、近代以降の歴史相対主義に対する救済としての歴史の意味の提示（第6章の**1**）といった取り組みの中に、ティリッヒの近代への批判と継承がみられることを明確にした。最後に時間と空間の成就として、後期ティリッヒ思想における終末論の再解釈（第6章の**2**）を扱った。

②ティリッヒの歴史論・共同体論における時間・空間概念の関係

さらに本書では、ティリッヒの歴史論・共同体論を支える時間・空間概念の関係を解明した。時間・空間の関係は、一九二〇年代後半（一九二七年「終末論と歴史」）から一九三三年頃（『社会主義的決断』）までのティリッヒ思想においては、特定の空間への束縛——存在の優位——と、束縛を打ち破る時間——歴史の優位——の対比において明確であった。後期ティリッヒ思想では、『文化の神学』（一九五九年）で同様の記述がみられるが、『組織神学』第三巻における空間と時間の関係では、抗争関係が明確ではない。その理由は、本書が主張するように、『組織神学』第三巻全体が、時間と空間を捨象した存在論の上に、時間・空間概念に基づく歴史論・共同体論を展開するという構成が取られているため、空間＝存在の優位、時間＝歴史の優位という対立関係を取りえないからである。特定の場に束縛される空間というモチーフは、『組織神学』第三巻中にも若干登場するが（Tillich［1963a］. 315）、本書第3章**3**「霊的共同体とは何か」で筆者が指摘したように、空間の束縛は人間が脱自的に捉えられて霊的共同体を形成するという仕方で一部克服されている。ここからも、空間の束縛からの解放と共同体の再構築という近代の残した課題へのティリッヒの取り組みを読み取ることができる。

また歴史的次元は、時間の優位によって成立すると捉えられている（*ibid.*）。歴史においては時間が空間に優越する（*ibid.* 318f.）。ティリッヒが言うギリシア思想・東洋思想における「非歴史型歴史解釈」においても、前後関係を持つ時間が存在するという点では、時間は空間にまさる。というのも、「歴史的次元においては、空間は時間に従属している」（*ibid.* 319）からである。しかしティリッヒが「非歴史性」を指摘するのは、このような歴史観においては、実存が自身の人格の意味を知ることなく、時間が円環を描いて元に戻るという点にある。ギリシアや東洋における共同体においても、歴史的次元（ヒストリエとしての歴史）は成立するが、彼らの存在の意味にとって歴史的次元は重要ではなく、究極的関心の事柄とはならない。また実存にとって歴史が重要であると捉える歴史観においても、歴史の意味への答えが、ユートピアニズムに終わる場合もある。ティリッヒの時間論においては、「歴史の意味の問いへの答え」が、期待に値するものであるかどうか、答えの適切性を問うことも大きな課題となった。[2]

以上のように時間・空間の抗争は、『組織神学』第三巻においては、領域によっては一方が優位であるという関係にあるものの、「生の多次元的統一」の観点において、他方も可能的に潜在することになる。そして歴史的次元は時間・空間の両方を含有する。ティリッヒは『組織神学』第三巻の序文において、第四部の霊に関する教説の部分は、彼の神学を批判する人々に対して暗に答えることになるだろうと述べている（*ibid.* 5）。[3] このティリッヒの言葉を解釈するならば、『組織神学』第三巻は、存在の根底としての神ならびに新しい存在としてのキリストという存在論に基づく分析ではなく、神的なものが時間と空間へ突入する仕方、すなわち歴史に介入する神と共同体に介入する神に関する記述が試みられたと理解することができる。神的なものの人間の生への突入という観点では、時間も空間も一方が他方を排除するという関係ではない。ティリッヒは『組織神学』第三巻において、神が生に突入して歴史を導き、完成させる過程を描き出した。そして「神が全てにおいて全てとなる」終わりにおいては、時間も空間も存続しない。

③共同体についての理解

本書第3章では、後期ティリッヒ思想の共同体構造に関する議論を取り上げた。その際、宗教社会主義の文脈における共同体構造のエッセンスを抽出して、『組織神学』第三巻の共同体論と比較するという方法をとった。そうして比較された二つの共同体構造には、大幅な相違が見られた（エロースによって結合するゲマインシャフトと、存在の両極構造に基づく生の機能が展開される場——道徳・文化・宗教——）。一方ティリッヒが宗教社会主義において提唱した、空間の束縛を突破する時間という概念が、後期ティリッヒ思想、特に『組織神学』第三巻にも一面では継承されたことを確認した。すなわち『組織神学』第三巻や『信仰の動態』では、特定の条件によって結合する共同体ではなく、個々人が霊的共同体（信仰共同体）へと集められ捉えられるという共同体のあり方が、近代における共同体の崩壊（エロースの喪失）を再生するものとして提唱されている。

第4章では、後期ティリッヒ思想の共同体論における、個人と他者、あるいは集団との関わりについて、道徳の問題に焦点を当てて検討した。後期ティリッヒ思想の共同体論においては、道徳の根底としてのアガペーが、カントの自律的道徳への批判やロッツェの価値論への批判に基づいて提示されたことを確認した。さらにティリッヒの主張するような、道徳における宗教性と、道徳的行為によって構成される自己を基盤とした宗教の相互関係（道徳‐宗教の関係）は、文化という要素を加え、道徳を表現する文化と、文化に基準を与える道徳という相互関係と同様の構造を取る（道徳・文化・宗教の相互浸透）。

④歴史についての理解

ティリッヒの歴史に関する議論において、一九二〇年代後半から後期まで一貫していた点は、ティリッヒの歴史論が「歴史意識の喚起」を行う試みであったということである。歴史意識を喚起する契機となるものについては、カイロス・歴史の中心としてのキリスト・神の国などの要素が挙げられていた。しかし後期ティリッヒ思想の歴史論においては、一九三〇年の論文や中期ティリッヒ思想におけるキリスト論的歴史解釈に比して、「歴史の中心としてのキリスト」の位置づけが後退しているのではないかという論点を提示できる。存在論によって抽象化された新しい存在としてのキリストとは異なり、歴史のダイナミズムの中で、キリストが物語られ待望されるというキリスト教的歴史観の未来的視点は、ティリッヒにおいてはみてとれない。この点に関しては、キリスト論ないし三一論とも比較して論じる必要があり、今後さらなる解明を続けたい。また後期ティリッヒ思想の歴史論について、レーヴィットやヤスパースなどと比較することにより、ティリッヒのいう「歴史」とは、外側から俯瞰的に捉えた歴史観ではなく、歴史の内側において行為する実存によって形成される（運命－自由の結合）点が強調されていることが確認できた。

⑤時間と空間を超えたものについての理解

後期ティリッヒの『組織神学』体系においては、時間・空間の内にあるものに対しては歴史論、他方で実際に生じた出来事や存在であるが、時間・空間の特定の場において記述できないものについては存在論を用いて記述されている。存在論による神的なものの記述は、歴史と共同体に介入する神についての記述、すなわち歴史論なくして完成しない。しかしまた、歴史論だけでも神について語り得ない。なぜならティリッヒにとって、創造と堕罪、終末や永遠の命など、時間と空間を超えた事柄については存在論的に語ることが適切だからである。創造（本質）－生（本質と実存の混合）－終末における本質との再統合（新しいものを付加した本質）というティリッヒの組織神学の議論構造は、筆者の見解に基づけば、存在論－歴史論とその根底にある存在論－そして存在論へという枠組みとして理解することができる。

2　後期ティリッヒ思想の再評価

①組織神学における一貫性

本文中にも述べてきたとおりであるが、ティリッヒの『組織神学』全三巻が、存在論と、時間・空間における動態を扱う歴史論との連関において一貫していることは明らかである。したがって、ティリッヒの歴史論が存在論的であるといった評価を一方的に下すことは適切ではない。しかしながら、ティリッヒ自身の存在論概念や歴史概念に曖昧なところがないわけではなく、そのような評価が生じることも不思議ではない。本書では存在論そのものについては主要な分析対象とせず、先行研究に基づく理解にとどめたが、議論を限定することによって、存在論と歴史論との接点が明確になったと思われる。

また後期ティリッヒ思想の歴史論において、実際の政治状況との取り組みがあるか否か、ティリッヒが歴史に対して悲観的であったか否かは、研究者の間でも見解が分かれていた。筆者もまた、後期ティリッヒ思想において宗教社会主義のような具体性や行為への促しがみられないことは肯定する。しかしティリッヒが『組織神学』において、「神の国」は政治的－社会的象徴であると主張したことは、彼がこの時期の思索によって、社会的あるいは政治的取り組みを、組織神学体系の中で行おうとしたと考えることができる。共同体における動態や歴史の動態についての記述は、政治的行為についての記述でもあり、これらに対する答えとして神の国を提示することは、政治の問題に対するキリスト教的な答えの弁証となる。また一九五〇年代には、共同体に関する存在論的分析（歴史的動態は考慮されていない）に基づく諸論文も多く刊行されている。したがって本書は、後期ティリッヒ思想が非政治的である、あるいは政治と取り組んでいないという立場を取らない。

②ティリッヒの終末論の問題点

本書第6章では、ティリッヒの終末論への従来の位置づけ（存在論的終末論・現在的終末論・永遠回帰）について、筆者は、ティリッヒの終末論における時間の水平的次元や、未来的視点などの要素も指摘し、終末論における時間的ダイナミズムが失われてはいないことを主張した。しかしティリッヒの終末論は、「本質化」の概念において曖昧な記述がみられる。この「本質化」について筆者は、ティリッヒが終末の中間時における個人の人格的成長という倫理的側面を強調することによって、人格的成長の機会を得られなかった生の意味についての問いを看過している可能性があることを批判した。

3　後期ティリッヒ思想の行方

最後に、後期ティリッヒ思想の『組織神学』以降の展開を示して本論考を締めくくりたい。ティリッヒはその晩年において、「希望」について語ることが多くなったという[4]。一九六五年の「希望する権利」という論文の中で[5]、ティリッヒは「希望において待つこと」を説いている。すなわち「待望する」とは、何らかのものに根拠があるゆえに可能になる。ティリッヒは、待つ者がもしキリスト教徒であれば、希望の根拠は「聖金曜日と復活」であると控えめに述べている（Tillich［1965b］（1990）, 190）。希望の根拠は、人間が「われわれの内に、われわれの世界において、今ここに永遠が現在することを経験する」がゆえに根拠となりうる（*ibid.*, 189）。現在する永遠を経験することが、人間の究極的なものへの希望を正当化する根拠なのである。このようなティリッヒの姿勢からは、「現在する永遠の経験」という語を用いることで、キリスト教的象徴にとどまらない、諸宗教への配慮があったことが読み取れる。[6]「待つ」ことにおいて、「キリストへの参与」と明言することなく「永遠なるもの」への参与を希望の根拠としたティリッヒの思索は、諸宗教との出会いにおいて、キリスト教的象徴の具体性・特殊性をも再考する方向へ向かっていったのではないだろうか。

「希望において待つこと」は、一九二〇年代の宗教社会主義において主張されたカイロスのように、歴史的実存に対して具体的な行動の指針を積極的に示すものではない。しかし一九六五年、冷戦と不安の時代においてティリッヒが述べた、一見消極的にとれる希望についての展望は、かえって共有しうる指針なき時代にある現在のわれわれにも語りかける力を持つものと思われる。そして晩年のティリッヒが強調した「希望において待つこと」という姿勢は、ティリッヒが時間・空間概念の両者を歴史・共同体の基本構造に据えつつも、自ら「時間の民」[7]と任じていたことの証左となろう。ティリッヒはキリスト教的象徴の特殊性を懐疑しつつも、彼自身の歴史観においては、極めて「キリスト教的」であったといえる。なぜなら、時間の内において新しいものを「希望して待つ」ことは、本書第5章・第6章でも指摘したように、ティリッヒにとってはキリスト教的な歴史性の本質に他ならないからである。

待つということには二種類がある。怠惰のうちに受動的に待つことと、自身を開いていることのうちに受けとり待つことである。怠惰に受動的に待つ者は、自分が待っているものの到来を妨げる。静かな緊張の内に、自分が出会うかもしれないものに開かれて待つ者は、その到来のために働く。自身を開くことと希望のうちに待つことは、われわれ自身の内的成長にとって、意志の力ではなしえないことを成し遂げる。（中略）全ての失敗の後に、何がそういった希望の根拠を与えるのか。ここでもただ一つの答えがある。それは内的静寂のうちに、われわれが受け取ることのみできるものに向かって、緊張を保ち、自身を開いて待つことである。そのように開いていることは、最も高い活動性である。それは、われわれ自身の内にある何か新しいものの成長へとわれわれを導く力である。そしてわれわれの待つことにおける希望と絶望との闘いは、新しいものがすでにわれわれを捉えていることのしるしなのである。

——Paul Tillich, the Right to Hope, 1965.

【補論】「時間」と「空間」をめぐる比較研究

【比較研究1】

ティリッヒとカント

——道徳と宗教のあいだ——

1　はじめに

一九八〇年代から一九九〇年代にかけて、倫理学領域ではいわゆる「リベラル－コミュニタリアン論争」と呼ばれる動静があった。「正義」や「公正」を判断する上で、宗教的信条など特定の立場や歴史的背景を考慮しないJ・ロールズやR・ドゥオーキン等に代表されるリベラリズムと、特殊性や個別性を捨象するリベラリズムの立場を批判するM・サンデル、A・マッキンタイアのようなコミュニタリアニズムとの間で起こった論戦である。特にリベラリズムに対しては、初期ロールズが唱えた「原初状態」に基づく社会契約にみられるような、カント的な理性的主体の合理性・普遍性が批判された。現在では、ロールズ自身の「転回」(1)や、政治のような公的領域と宗教のような私的領域を分断することの不可能性を主張するCh・テイラー(2)の見解など、新たな潮流に鑑みても、リベラル－コミュニタリアン双方の内から論争の必要性が退いていったと考えられる。テイラーのように、宗教的信条や共同体にとっての特定の善を「正義」に先立つ概念として想定し、また歴史的特殊性や個別性を重視する立場は、徳倫理学（virtue ethics）の特徴とも分類される。

信条や特定の善に基づいて構成されるという点において、キリスト教共同体は典型的な徳倫理に依拠した共同体であると言える。特にキリスト教倫理の根幹にある「善きサマリア人」の物語は、個別の他者を憐れに思う情動に動かされ行動する、律法を超えた美徳について語っている。またこの物語は、個別の行為の正しさや義務について問うのではなく、行為者の動機や理由に着目する点でも現代の徳倫理学と方法論を共有しており、テイラーも宗教と道徳との連関を示す事例として挙げている[3]。このように現代における宗教と道徳との関わりの問題は、キリスト教共同体においても、また倫理学的課題においても主要な論題となっている[4]。

ティリッヒにとっても宗教と道徳に関する問題は生涯のテーマであり続けた[5]（第4章参照）。中でも弁証神学としてのティリッヒの試みは、「信仰に規定された倫理」と「理性に規定された倫理」の両者を調停することにあった（Tillich［1963d］, 24）。「信仰に規定された倫理」は行き過ぎれば「宗教的律法主義」に陥り、「理性に規定された倫理」も究極的には「理性偏重主義」あるいは「理性への信頼を失った相対主義」に至る危険があることをティリッヒは念頭に置いていたに違いない。二十世紀のリベラリズムは、「信仰に規定された倫理」を捨象している以上「理性に規定された倫理」とみなすことができ、例えば初期ロールズがカント主義に基づき個人の個別性を排除した普遍性を追求したように、そこにはカントの道徳哲学の影響が極めて大きいといえる。しかし周知のようにカントは、晩年の著作となった『たんなる理性の限界内の宗教』において宗教哲学を論じ、理性と信仰との関わりについて取り扱っている。とすれば、カントは宗教をどのように規定し、宗教に含まれる「信仰に規定された倫理」のうちどの部分を捨象し、「理性に規定された倫理」のどの部分を補強したのだろうか。一方ティリッヒは、「信仰に規定された倫理」と「理性に規定された倫理」とは調停可能であり、むしろその相克は時代遅れであるとも述べている（*ibid.*）。であるならば、ティリッヒにおける道徳と宗教の関わりについて、カントの宗教哲学における道徳の位置づけを明らかにしつつ比較することで、ティリッヒの倫理学における今日性が明らかになるのではないだろうか。

本研究ではまずティリッヒとカントの接点について概観した後、カントにおける理性に対して措定された宗教の占める場について把握し、ティリッヒの道徳哲学における宗教的次元について考察する。最後にティリッヒとカントの宗教理解における分岐点を示した上で、ティリッヒ思想の倫理学における今日性を考察する。

2　ティリッヒとカントの接点

ティリッヒは多くの哲学思想と対話しつつ思策を展開している。中でもカントの宗教哲学については、初期のベルリン講義（一九二〇年の宗教哲学講義）やマールブルク講義をはじめ、後期のキリスト教思想史講義でも論じられており、一貫してティリッヒ思想に大きな影響を与え続けたことは明らかである。しかし国内のティリッヒ研究で、ティリッヒとカント思想との関わりについて中心的に取り上げた論考は多くない(6)。その中でも武藤一雄は、宗教哲学とは何かという論点から、たびたびティリッヒとカントを取り上げ論じている(7)。近年では、芦名定道による研究で、ティリッヒとカントの関わりをドイツ・プロテスタント神学とカントおよびドイツ観念論との関連として捉え直し思想史的に位置づける試みがなされている(8)。海外におけるティリッヒとカントの関わりについての研究では、W・シュッスラーとC・ダンツによる研究が最も重要と考えられる。両者のティリッヒとカントの関係性についての理解はそれぞれ異なる(9)。ダンツは後期ティリッヒ思想の存在論（『組織神学』『存在への勇気』におけるような）をカントの超越論的哲学の再構成と捉える。一方シュッスラーは、ティリッヒの思索にカントの古典形而上学との強い類似を見出し、後期著作ではその類似が実存論的存在論と結合する形へと変化したと捉えている。またカント研究者の側からも、C・ファイアストーンによって、ティリッヒが自身の存在論的神学（「存在それ自体としての神」）において、カント哲学の認識論による概念（主観客観構造を超える「物自体」）を共有しつつ、「実存（existence）」概念を導入することによってカント認識論を超えようと試みたとの位置づけがなされている(10)。

これらの先行研究を踏まえて筆者は、シュッスラーの見解、すなわちティリッヒ思想の展開においてそのカント解釈は一貫しているとの見解に同意するが、一方でさらに踏み込んで、ティリッヒは道徳的課題に関してはカントを超えようと試みたのではないかと考える。ティリッヒがカントを超えようと試みた点では、ファイアストーンの見解と一致するが、その内容においては、特にその道徳をめぐる諸問題に関してカントを超えて解決しようと試みたと指摘しておきたい。ティリッヒは人間存在を「本質」と「実存」の両側面から捉えることによって、人間の本質に訴える道徳の宗教的次元（「神律」）を考察することを試みているからである。

ではティリッヒ自身がカントについてどのような解釈を与えているのだろうか。ティリッヒの記述を参照しつつ、ティリッヒとカントの両者が共有する地点を確認しておきたい。ティリッヒ自身のカントへの言及は、自身の思想に引き寄せつつも好意的であり、カントのカテゴリ論を「人間の有限性の学説」と評価している。「人は、自らの理性が有限性に束縛されていることを受け入れず、有限性の範疇で無限なものを把握し、経験の範疇で真に実在するもの（the really real）を捉えようとするが、それが必然的に失敗することを発見する。有限性の牢獄が開かれている一点は道徳的経験の領域である。なぜならそこでは無制約的なものが時間的・因果的な諸条件全体へと突入しているからである。しかしこのカントが到達した地点は、すなわち無制約的命令、単なる理性の深層の意識以外の何ものでもない」（Tillich［1951］, 82）。ティリッヒによれば、カントは理性の有限性理解、すなわち物自体の認識不可能性を踏まえ、神の認識不可能性に基づいて神を存在論的に論証することを回避する。ティリッヒ自身また多くのカント研究者が指摘してきたように、カントは神の存在論的論証にかえて、「神の道徳論的証明」を行った。神認識や神証明をめぐる問題については、ティリッヒもカントも人間理性の有限性に立ちつつ神の存在論的論証の不可能性を論じる点で軌を一にしている点は明らかである。そして「倫理的内容に関する相対主義が、倫理的形式すなわち定言命法に対する絶対的尊敬と、倫理的命法の無制約的妥当性の承認とを前提している」(*ibid.*, 207)とティリッヒが指摘するように、倫理的相対主義に立ち向かうという点、また有限性に無制約的なものへと向かう志向性を見出す点において、ティリッヒはカントと志をともにしている。すなわち倫理の具体的内容については相対的であっても、倫理的形式と倫理的命法とは無制約性を有するわけである。

さらに後期ティリッヒ思想の内容(一九四〇年代後半以降)は、カントの道徳哲学に言及しつつ、道徳の無制約性についての議論は存在論によって実行されるべきことを主張している。ティリッヒの実存哲学によれば、人間存在は本質的かつ可能的には善性を持ちつつ、そこから頽落し疎外された実存としての有限性と現実性との内にある。ティリッヒによれば、道徳的・倫理的命法が無制約的な拘束力を持ちつつ、人間にとって単なる強制ではない所以は、人間が本質的可能性としての善と完全に無縁ではなく、本性として道徳的命法の「静かな声」を聴き取りうるからである。したがって人間の本質 - 実存構造を想定しなければ、無制約的な道徳命法は、人間とは無縁な他律にしかなりえない。よって後期ティリッヒ思想の道徳論は、存在論だけでなく実存哲学の前提なくしては成り立ち得ないと考えられる。[11] ティリッヒは「理性に規定された倫理」と「信仰に規定された倫理」との相克(ティリッヒによれば、すでに「時代遅れの相克」)の克服を目指し、倫理的命法における「無制約的なもの」に、カント倫理学との共通点を見出そうとするが、無制約的なものは人間の本質にとっては異質なものではない。カントもまた理性が要求する「無制約的なもの」が、経験および現象の「限界を超える」性格を有することを示唆しており、ティリッヒ思想におけるカント哲学との関わりは、人間存在の有限性についての分析から、超越へと向かう志向性において共通する方法が用いられる点にある。それでは続けて、ティリッヒとカントが主張する「無制約性」について、両者の主張を詳細に検討していきたい。

3　倫理的命法の無制約性の由来
――カント――

3-1　道徳法則の神聖性と最高善

カントは第一批判の中で「私は何を知ることができるか」「私は何をなすべきか」「私は何を希望することが許されるか」の三つの問いを掲げ、実践的な道徳的行為の事柄(「何をなすべきか」)は宗教を要請する(「何を希望しうるか」)との見方を示している。カントの第二批判『実践理性批判』によれば、道徳法則はそれ自体が「神聖性(Heiligkeit)」の法則に他ならない。またこの道徳法則は「完全な存在者」である神にとってはその意志と完全に一致する「神聖性の法則」であるが、有限な理性的存在者である人間の意志にとっては「義務の法則」となる[12]。しかし人間はこの法則に対する「尊敬」を通じ、自らの行為を規定する法則として、現実には達成できないとしても意志と神聖性との完全な一致を無限に目指すことが求められている[13]。そして人間存在そのものは神聖ではないものの、人間が神聖な道徳法則の主体となりうるという点において、人間の人格性もまた神聖なものとみなされる。したがって人間の人格性は道徳的主体である限りにおいて神聖であるが、その人間を道徳的行為へと促すのは当の道徳法則である。道徳法則は神聖であると同時に、人間にとっては道徳的行為の動機づけそのものとなる。もちろんカントにとって、道徳的行為は純粋に道徳法則への尊敬からなされる事柄であり、善行による自己満足やよい結果のための行為は決して道徳的とはみなされない。このように道徳法則そのものが神聖であり、道徳法則が道徳的行為の動機づけとして働くという位置づけから判断し、カントにおける倫理的命法は、道徳法則の神聖性および人間を動機づける機能から無制約性を有するものと理解することができるだろう。

さらにカントは『実践理性批判』において本格的に「最高善」の概念を導入し、最上の状態としての徳性と幸福との結合を主張していく。徳だけでなく「幸福」の視点が導入された点に関しては、古くは和辻哲郎のように哲学的な手続きの破綻とみる論者や、逆にカント哲学の形成過程において必然的な成り行きとみる論者もあるコントラヴァーシャルなテーマである[14]。カント自身は徳／幸福の二項対立としてストア派とエピクロス派の論争を事例として取り上げ、自らは徳と幸福との調停を「最高善」概念を通して試みることを宣言している[15]。カントによれば、徳および幸福は、「最高善」を形成する種別的に異なる要素であるため、分析的に両者の結合を認識することはできない。徳／幸福の結合・連立はアプリオリに、「実践的に必然的なものとして」認識され、しかも徳を原因として幸福を結果とする総合であって（原因と結果の逆転は背理）、経験に基づいて認識されるものではない[16]。

また『実践理性批判』にあるように、「最高善」概念における「幸福」の語は、傾向性を満足させるという意味の一般的な用法ではない。ここでカントが想定する幸福とは、個人が自分自身を目的として追求する幸福ではなく、世界内における人格性全体、理性的存在者一般を目的とし、理性が幸福と判断したものでなければならない。さらに『たんなる理性の限界内の宗教』においては、最高善は神の国の確立を目指す社会的な広がりを持った内容へと展開されていく。よってシュヴァイツァーが指摘したように、カントの言う「幸福」は個的あるいは主観的なものではなく、道徳的共同体の完成を目指すとみなすべきであろう。注目すべきなのはカント哲学におけるこの「最高善」概念が宗教への視座となる点である。カントは『実践理性批判』で「道徳法則が最高善を通じて人間を宗教へと導く」ことを示唆している。というのも、人間は道徳的完成に向けて無限・不断の努力をしなければならず、それゆえ神聖な道徳法則に対して常に謙譲でなければならない。そこで不断の努力を続ける動因となり、完成の希望を託すことが「許された」対象として、神が要請されることになる。「最高善」における幸福は、傾向性の影響から免れているという意味で「幸福」は「浄福（Seligkeit）」（心の不死、神の国の完成）や「神の自足性」にもなぞらえられるが[17]、カントは「幸福」を彼岸的なものと捉えているわけではなく、現世では到達できないとしても、「希望することが許された」対象また目標として、浄福および道徳的完成を望み目指すことができると想定している。

このように「最高善」概念は、カントの道徳哲学と宗教哲学をつなぐ鍵となる。カントにとって「理性の限界内の宗教」とは道徳宗教であり、啓示宗教は「理性の限界外の宗教」となる。カントは宗教をあくまで道徳宗教として理性の範囲内において捉えることによって、自律的理性の完成を目指すとともに、最高善を措定することによって、最高善への到達の困難さに「理性の謙抑」を見出し、啓示宗教をいわば「置いておく」場を見出したことになる。武藤一雄はカントの最高善について「理性の深淵」「理性の限界外」と捉え、カントは「謙虚という言葉では尽くしえない人間理性に対する無制約的必然性（一切の物の究極の支持者として不可欠的に必要とされる神）という真の深淵――それは理性そのものの深淵でもある――を知っていた[18]」と述べている。しかし武藤はカントにおいて「理性の限界の自覚」が「理性の自由」と相即し否定的媒介となる契機を見出せない点を指摘し、カントの理性宗教の限界を指摘している。筆者は武藤の見解について、カントの宗教論では「理性外の宗教」が、「理性の限界内の宗教」の裏側に付属する余地のみが認められており、理性の外の宗教に積極的意義を与えていないという点については同意したい。さらに付け加えるならば、カントにあっては、道徳的行為の直接的かつ一次的動機となるのは道徳法則そのものの神聖性であり、最高善は理性宗教の外への開けと、道徳的完成を目指す努力を不断になし続ける理性の働きを支える二次的な動機、換言すれば理性を働かせる人間の心理的なよりどころとしての啓示宗教の場所にとどまっているといえるだろう。

3－2　根源悪と道徳

理性の尊厳と謙抑が主題となる『たんなる理性の限界内の宗教』においてカントはまた、人間の根源悪を考察の対象としている。カントの定義では、ある人物が悪とみなされるのは、その行為が結果的に道徳法則に反した内容であるからではなく、悪の格率に基づいて行動するからである[19]。悪しき格率を採択しようとする悪への性癖は、生まれながらの「自然的傾向性（natürliche Neigung）」とは異なる。なぜなら人間は自身に傾向性が存すること自体に責任を負うことはできない一方、悪への「性癖（Hänge, propensio）」は、主体にその責任が帰せられる自由意志の問題とされるからである。[20] 悪の「性癖」もまた生得的であったとしても、「そのようなものとして表象されてはならない」[21]ものであり、根源悪は人間自身が引き寄せた悪だとされる。また自由意志と理性の自律を一貫して主張するカントにとっては、悪の「起源（Ursprung）」について、「最初の人」アダムの罪が遺伝的罪悪として現人類に継続されたものと一般的に理解されることは、実は大きな誤りとなる。最初の人間の罪は、時間的に無垢が前提されるために「堕罪」となるが、現人類については「時間起源を求めてはならない」。それは時間的な原因を想定することによって、悪の起源が人間の自由に由来することが曖昧になる可能性をカントが憂慮するためである。[22]

しかしカントにとって根源悪は理性の尊厳が損なわれたゆえのものではなく、道徳法則の敗北を意味するものではない。人間には善への「性癖」ならぬ「素質（Anlage）」があり、この「善の素質」に含まれる道徳的動機を格率として採用するか否かの自由な選択に応じて、人間は善にも悪にもなりうるとされるためである。[23] カントにとって根源悪は「人間本性の脆さ」に起因するとの段階にとどまっており、使徒パウロが「ローマの信徒への手紙」七章において「なすべき善をせず、欲していない悪を行う」と述べたくだりについても、人間本性の脆さの表れと理解される。[24] 人間本性の脆さとはすなわち、人間は善を自らの選択意志の格率に採用でき、しかも善は客観的に理念においては無敵の動機であるにもかかわらず、傾向性と比すと善は弱い動機となってしまうという事態を指す。[25] そしてこの脆さは人間自身が克服することができるものと想定される点において、キリスト教の一般的な原罪概念とは異なる解決方法へ向かうことは明白であろう。カントの根源悪についての先行研究に鑑みると、宇都宮芳明はキリスト教の原罪とほぼ同義と解釈している。D・サヴェッジによれば、カントは、堕罪の物語とは感覚的であると同時に理性的な本性を持つ個人が、道徳的成長によって善へと向かう目的論的なプロセスであると理解することによって、根源悪と責任とを両立させている[26]。また氷見潔は、根源悪と原罪とは本質的な意味で同一として構造的な類比を認めつつも、それぞれの克服手段が全く異なることを指摘する[27]。山下和也によれば、カントが根源悪について「罪責」でありまた「生得的」と捉えるのは、悪しき行為の結果のみを考慮に入れ心性の邪悪さを軽視しがちな人間のごまかしを厳格に批判するためである[28]。筆者自身は、氷見の解釈における悪の克服手段の相違に関して、すなわち根源悪の克服が理性的主体の道徳的な自助努力によって克服されるとみる点において、先行する恩寵による赦しを想定する原罪とは大きく異なるものであると考える。よってカントは根源悪の提唱によって、理性への信頼を見失ったわけでは全くなく、むしろ人間が理性的主体へと成長する可能性を明確に示したと考えられる。人間が理性的になろうとする過程において啓示宗教は必然ではなく、目的論的人間理解の最終的地点として、目的論の構造上要請されるのみにとどまっている。

3-3　たんなる理性に基づく普遍的宗教概念

カントは宗教について直接的な定義を述べている。「宗教とは、私たちの義務すべてを神の命令として認識することである[29]」。したがってカントにとって「神の命令だから、人間にとって宗教的律法は義務である」との理解は当然誤りとなる。義務自体が道徳法則としての神聖性を有するからこそ、それは神の命令としても妥当することになる。道徳法則の神聖性を前提としつつも、カントが「道徳は必然的に宗教に至る」とみなしたのは、前述のようにカントは「最高善」を想定し、「幸福にふさわしいことに一致するように、世界において幸福を引き起こす」ためには人間の能力だけでは不十分であって、道徳的共同体の最終完成が道半ばであるためである[30]。したがってカントは道徳における宗教性を認めつつも、カントにとって、「たんなる理性の限界内の宗教」としてのキリスト教は、実定宗教であるキリスト教から理性で説明可能な要素を抽出し、道徳法則の神聖性および倫理的共同体の形成に資する道徳宗教としての側面を示したものと理解すべきであろう。

この結果として、カントにとって啓示宗教としてのキリスト教は、道徳的行為への自由な判断を阻害する、他律的な内容を有するものとなる。「普遍的であるためには、宗教はつねにたんなる理性に基づいていなくてはならない[31]」、「ある宗教において何かを私の義務として承認するのに、あらかじめそれが神の命令であることを私が知らなければならないなら、それは啓示された宗教である[32]」とカントが述べるように、道徳における宗教性は、法則自体の神聖性および、道徳法則と完全に一致した神の意志（最高善の完成）において無制約的であるが、あくまで啓示宗教ではなく理性宗教を指し示すことに留意しなければならない。以上概観したように、カントの宗教理解においては、宗教も道徳（倫理）も理性によって規定されねばならず、啓示宗教は、目的論の終点に位置する、理性の道徳的成長の過程で折に触れて参照する程度の位置づけと理解すべきことが確認された。それでは続けて、この議論を踏まえた上で、ティリッヒによる宗教と道徳の関係性について検討していく。

4　道徳命法の無制約性の由来
――ティリッヒ――

4-1　道徳命法の形式と起源に由来する無制約性

ティリッヒは『道徳とそれを超えるもの』（一九六三年）において、道徳的命法の三つの側面において宗教的な無制約性（the unconditioned）が内在することを論じている[33]。宗教性の内在の仕方は、第一に道徳的命法の形式における無制約性、第二に道徳的命法の内容あるいは起源の無制約性、第三に道徳的命法の動機づけにおける無制約性として表現される。

第一の宗教的次元、すなわち道徳的命法の形式は、カント同様定言的に、本質的人格であるところの真の人格を実現すべしという形で表現される。ティリッヒは従来キリスト教神学で主張されてきたような「神の意志・命令だから、道徳的要求は無条件である」といった命題に関して、世俗的倫理を排除するものであるとして批判的立場をとり、「信仰に規定された倫理」のみにとどまらない倫理を主張する。ティリッヒは、カントのようにこの命題の逆を採用するのではなく、神の意志や命令を、人間の外部からの専制的な命令として、あるいは教会的伝統や聖典の内に字義通りの具体的な指示内容を持つものとして捉えないことによって、世俗的倫理に道を開こうと試みている。ティリッヒはカントのように、理性信仰と啓示信仰を区別しつつ、啓示信仰を理性信仰における目的論的構造を補完するものと捉えるのではなく、「理性に規定された倫理」と「信仰に規定された倫理」の相克を克服することを課題とするからである。そこでティリッヒが採るのは存在論的人間理解であり、この理解に基づけば神の意志とは、創造における被造物の善性であり、その善性は本質的・可能的存在としての人間本性において顕されているとみなす。したがって本質的存在としての人格を実現せよという道徳的命法は、人間にとって無縁な宗教的他律とはならない。

「われわれにとって神の意志は、われわれの本質的存在において顕れている。そしてそれゆえにのみわれわれは、道徳的命法を妥当なものとして受け取ることができるのである」(Tillich［1963d］, 24)。このような神律に基づく存在論的人間観とともに、ティリッヒの道徳哲学において重要なのは、「宗教」概念である。ここでも理性宗教と啓示宗教とを区別することなく包括する道がとられる。ティリッヒにとって宗教とは、命令し罰する神が下した律法を遵守することではなく、「究極的関心事」や「無限の関心」によって捉えられる状態と想定される。人間存在とは、可能的本質と現実的実存の混合状態であるという存在論的人間理解、そして存在の根底に捉えられた状態として理解される宗教概念とによって、ティリッヒは宗教と倫理の矛盾を克服することを目指している。人間の有限性を分析するにあたって、ティリッヒがカントの認識論を基盤とすることは明白であるが、ティリッヒの場合は、人間存在の有限性はあくまで超越への「問い」を惹起するものである。

第二の宗教的次元、道徳的命法の起源とは、具体的に「人は何をなすべきか」といった道徳的内容に関わる事柄である。本質的にあるべきところの人格を実現せよとの命令は、それ自体は無制約的であったとしても具体的内容を示してはいない。ティリッヒは倫理的相対主義が提起する問い、すなわち人間に普遍的に備わった道徳性が存在するのかといった疑義を支持し、自然法において人間は生来、普遍妥当的な道徳規範についての知識を持っているという立場に否定的である。しかしティリッヒの存在論的理解に基づけば、人間存在は本質的にあるべき姿と、現実の姿との間に分かちがたい裂け目を有しているが、人間は本質的本性の「声」に基づき、自らの現実の姿を裁き批判することができる存在でもある（*ibid*., 24f.）。また人間は自然との関わりにおいて、自然を純粋な対象として分析し従属させることもできるが、他の人間との関わりにおいては、相手の人格という有限性に出会うことになる。特定の人格に対してどのようにふるまうべきかという行動規範は、普遍妥当的・絶対的に硬直した内容ではなく、その都度、相手によって異なる。そこでティリッヒが提示するのは、個々の状況に応じて対応することができない法的規範ではなく、絶対的かつ相対的、また静的かつ動的な、他者への正義としての「アガペー」概念である。

「愛は道徳性の究極的な原理として、常に同一である。特定の状況に神の霊の力において関わる愛は、常に異なる」（*ibid*., 43）とあるように、道徳的命法は、その具体的な内容については「アガペー」という宗教的起源を有することになる。

4-2　道徳的命法の動機づけに由来する無制約性

筆者の見解では、道徳哲学の宗教性をめぐるカントとティリッヒの差異が最も明らかであるのは、道徳的命法を動機づけるものとしての宗教的無制約性の意味する内容である。カントの場合、道徳的行為を動機づけるのは道徳法則そのものの「神聖性」に他ならない。一方ティリッヒは、カントと同じく、「ローマの信徒への手紙」七章における使徒パウロによる人間の悪についての述懐を取り上げるものの、その理解についてはカントと方向を違えることとなる。ティリッヒの解釈によれば、「わたしは自分の望む善は行わず、望まない悪を行っている」（『聖書　新共同訳』「ローマの信徒への手紙」七章一九節）との記述は、パウロが他律的な律法に道徳的行為を動機づける力を帰していない、ということを意味している。すなわち律法は、人間の本質‐実存存在を結合する力を持っておらず、したがって本質的善性の発露である道徳的行為を動機づける力ともならない。律法に服従しようという人間の努力は、アガペーの持つ道徳的行為づけの力に及ばない。「命令の成就（神から分離した状態においては不可能である）ではなく、われわれが受け入れられているという告知の受容が道徳的行為の動機である」（Tillich［1963d］. 54）。「分離されていたものの再結合が生じ、それとともに道徳的命法の部分的成就が生じたのである。この成就は恩寵の賜物として生じたのであって、人の意志と努力によっては生み出されない」（*ibid.*, 61f.）。

したがって、ティリッヒによれば、恩寵としてのアガペーなくして、道徳的行為への動機となる力を人が自ら生み出すことは不可能とみなされる。他方カントにとっては、道徳法則がすでに動機であり、道徳法則の神聖性が、直接に理性的存在者の意志を規定するものとなる。ティリッヒがいう「本質から頽落した実存」の状態にある人間存在と、カントの理性的主体としての存在の両者は、人間理解において大きく異なる[34]。

他方、カントの恩寵理解について付言しておくと、ただ恩寵に依り頼むことはカントにあっては人間理性の成長不足を表すものに他ならない。恩寵は自ら理性的成長を遂げた人間が最終的な助力として期待をかけるものである。「恩寵から徳へ前進するのではなく、徳から恩寵へと前進することが正しい道である[35]」、とカントが述べるように、すでに自ら義《ただ》しくなった者のみが恩寵による義認を望むことが許されるのである。カントが描き出す人間像は、自らの道徳的成長において恩寵を必要としない。

5　ティリッヒとカントの差異

以上のように、カントとティリッヒの宗教哲学および道徳哲学について、両者が道徳命法に関して無制約性という点では一致しつつも、その帰結は大きく異なることが確認できた。ティリッヒはカントにおける人間の有限性の分析を、無制約的なものへの転換点とみなしつつも、自らの存在論的人間理解に基づく人間の有限性の分析に関しては、人間存在が現実において有限であるがゆえに、本質的・可能的に存在の根底にある無限性を指し示しており、「神への問い」を問う行為自体に無制約的要素があると論じている。そしてティリッヒはカントに対する批判点として、有限性の分析という出発点は正しいが結論が誤りであると主張する。「カントは倫理的命令の無制約的性格から、道徳と幸福との一致する（co-ordination）立法者また保証者を描き出そうとする（中略）。人間と実在（reality）の出会いにおける無制約的要素の経験が、実在の内における無制約的存在者を設定するために用いられている」（Tillich［1951］, 207）。したがってカントにとっての無制約性は、あくまで実在に内在する超越（超越的内在）と捉えられるべきだろう。

さらにティリッヒは、理性が自らの有限性、すなわち主観客観構造の限界を超え出ていく「脱自（ecstasy）」の働きを想定している。「脱自」は理性の否定ではなく、存在の根拠に捉えられている状態、すなわち合理的理性的表現を破壊することなく、究極的関心である存在の根拠が顕現する事態を指す（第3章3参照）。この脱自的理性の位置づけにおいて、カントとティリッヒの差異が明確に示されていると考えられる。カントはあくまで理性の内における無制約性をみてとったが、ティリッヒは理性の脱自状況において無制約性が顕れることを想定するからである。

またカントとティリッヒの啓示理解の違いも大きい。カントにとっての「啓示信仰」は、「命令された信仰」として理性的存在者の自由を阻害する他律的なものと捉えられている。『たんなる理性の限界内の宗教』でのキリスト教は、「純粋理性信仰」として普遍的に自由に受け入れられうる要素と、「啓示信仰」の要素の両者を有するが、カントにとってキリスト教は、純粋理性宗教としての側面のみに徹するべきと捉えられる。「キリスト教信仰は常に、少なくとも歴史的に自由な信仰として教えられなければならない[36]」。「純粋理性宗教のみが真正のもので、あらゆる人々に妥当するが、経典の学識は教理的にすぎず、特定の時代の特定の民族のためにたえず維持されるような一定の体系へと、教会信仰を変えるだけなのである[37]」。このようなカントの理性信仰の立場は、後のK・ヤスパースの「哲学的信仰」にも引き継がれることになる[38]。一方、ティリッヒにとって、啓示は人間理性の脱自的な認識機能であり、啓示への探求は、実存の状況下にあって本質との再統合を求める理性そのものから生じる。思想史上、理性における技術的な推論能力による神の存在論的論証は失敗に終わってきた。しかしティリッヒは宗教概念を「究極的関心」である存在の根拠に捉えられた状態とみなすことによって、キリスト教信仰に、歴史的要素を捨象することなく普遍的性格を付与しようと試みたのである。「神学は技術的理性によるキリスト教使信の攻撃によって攪乱されない。なぜならその攻撃は宗教の立つ水準までに達しないからである」(Tillich[1951], 74)。カントは理性における無制約性への畏敬を、理性信仰として普遍性を見出そうとするが、ティリッヒの場合は理性の限界から生じる「問い」に普遍性を見出し、その「答え」としてのキリスト教の啓示をも弁証しようとする試みであったといえるだろう。ここに倫理的無制約性をめぐる哲学と神学の分岐点が明白に示されている。

6　結びと今後の展望

武藤一雄は、最晩年の西田幾多郎が「場所的論理と宗教的世界観」の中で述べた、「私は将来の宗教としては、超越的内在より内在的超越の方向にあると考へるものである[39]」との言葉を引用しつつ、次のように述べている。「宗教における『内在的超越』の方向は、実は、単に超越的なる神ではなくて、超越的なる神が、世界と人間とに徹底的に内在的であることをとおして真に超越的であることによって、必然的に根拠づけられた方向となるのでなくてはならない[40]」。超越と内在についてのこの枠組みを用いるならば、カントにとっての宗教は「超越的内在」であり、ティリッヒにとっての宗教は「内在的超越」である、と理解することは適切だろう。ティリッヒが有限な存在者の実存において、本質的可能的に現臨する「内在的超越」を想定している一方、カントは、理性的主体の外部に「善の源泉」を見出すことはなく[41]、超越や無制約的なものへの志向性のみが、理性の範囲内に内在していると理解できるからである。カントの理性宗教においては、無制約的なものが理性的主体にとっての「否定的契機」として機能することはない。理性はその尊厳と限界において自らにとどまり続ける矜持を保ち、自己の深淵へと向かう脱自的働きは期待されないのである。

一方ティリッヒが想定する宗教と道徳の連関においては、啓示宗教としてのキリスト教の歴史性・特殊性を維持しつつも、啓示を理性が止揚される契機とみなすことによって、むしろカントの理性宗教よりも普遍性においてまさり、西田のような仏教思想と親和性を有すると考えられる。ティリッヒと禅・真宗といった仏教思想との関係を考えるにあたっては、数多の先行研究を参照する必要がある（補論【比較研究3】参照）。

本研究の目標は、ティリッヒ思想の倫理学における今日性を明らかにし、それによって現代倫理学を考える手がかりをも見出すことであった。現代倫理学では、カントに倣って合理的・理性的主体としての個人を基本単位とする正義論やリベラリズムの立場と、理性的主体とはなり得ない動物や障がいのある人々もまた共同体の構成員として包摂され配慮されるべきだと捉えるケイパビリティ・アプローチや徳倫理学の立場がある[42]。現在、両者は対立的な立場ではないと捉えられるが、道徳的動機がどこに由来するか、という問いに対しては答えが異なってくるだろう。すなわち道徳的動機が、理性的主体に働く合理的理性に由来するのか、あるいは主体が属する共同体にとっての善に由来するのか、といった差異である。中でも徳倫理学における道徳的動機は、「共同体において美徳がある」とみなされる人がふるまうように行為するべし、あるいは共同体にとっての善に従って行為するべし、といったように、自身にとって価値のあるもの、主要な動機であるものに動かされた結果、行動するという観点が明確である。ティリッヒのいう道徳的動機や道徳命法におけるアガペー概念も同様だろう。キリスト教倫理においてもまた、被造物の本来的善性に期待して行動することや、アガペーに包摂された者が他者に対し同様にふるまうことのうちに、「善しとされたから」「赦されたから」という明確な道徳的動機が存在している。そして明確な道徳的動機に基づく共同体は、周辺におかれた他者たちをも包摂していく帰結に至るだろう。昨今課題となっている動物倫理や障害学、移民や他宗教との和解の試みにあたっては、合理的理性のみにとどまらない、包摂する「アガペー的超越」の視点が求められている(43)。ティリッヒの道徳哲学・宗教哲学には、現代倫理学がそこに学ぶ余地が多く残されているのである。

【比較研究2】

死、その由来とその向こう

――ティリッヒ、モルトマン、ハイデガー、ジャンケレヴィッチ――

1　はじめに

ティリッヒはその生涯において、「死」の問題を問い続けた。[1] ロロ・メイが書き留めたように、ティリッヒにとって死は、公私にわたり重要かつ普遍的な課題であった。[2] ティリッヒの著作または論文において「死」の問題が体系的に扱われているわけではない。しかし特に後期ティリッヒ思想においては、『存在への勇気』（一九五二年）、『組織神学』（一九五一－一九六三年）、あるいは説教集などに、死に関する思索を多数見出すことができる。「死」を思索するティリッヒの試みは、筆者の想定では二種類に分類できると考えられる。第一に、死の由来について思考する試みであり、中でも人間の有限性に由来する「自然の死」と、「さばきの結果としての死」との両者を共に思考し、成立させる試みである（第6章**2**参照）。第二に、死のこちら側（此岸）と死の向こう側（彼岸）の両者を、哲学的問いと神学的答えによって関連づけ、共に思考する試みである（第2章**3**参照）。

自然の死か、さばきによる死かという問題は、ティリッヒがキリスト教神学において表現されてきた象徴を再解釈していく過程で浮上した課題である。また死の此岸と彼岸を思惟することも、「永遠の生」や「復活」などの宗教的象徴を再解釈する試みであるが、とりわけ哲学における死についての思索と連関してくる事柄である。本研究では、ティリッヒの第一の試み（自然の死／さばきによる死についての思索）と第二の試み（死の此岸／彼岸についての思索）について詳細を追い、その試みの特性と妥当性について検討する。

2　後期ティリッヒ思想における死の位置づけ
――自然の死／さばきによる死――

2-1　キリスト教神学における死の位置づけ――自然の死か、さばきによる死か？

使徒パウロは、「罪が支払う報酬は死」であると述べた[3]。この言葉の真意をめぐって、すなわち死の由来と罪との関係について、古来、キリスト教神学では数多の議論がなされてきた。古代キリスト教思想において、死は被造物の有限性に由来するものではなく、不信仰が人間に可死性をもたらしたとする、「さばきによる死」という考え方があったことは事実である[4]。もちろん、新約聖書における「罪が支払う報酬は死である」という主張は、キリストにおいて死の克服が語られる連関の中で述べられている事柄ではある[5]。

しかし、とりわけ旧約聖書における死は、人間の罪に深い親和性があるといわれる（ユンゲル[6]）。またアウグスティヌスは死の起源について、人間が神に対する従順の義務を自由意志に基づいて完全に果たしていたならば、死は介入することがなかったと述べている[7]。アウグスティヌスの考える死は、まず「第一の死」すなわち神に対する不服従の結果である霊魂の死に加え、神に捨てられた霊魂の死が人の中に働き始め、やがて迎えることになる、霊肉全てを含めた人間の全的な終わりとしての死と、「第二の死」すなわち最後の審判の結果としての永遠の死がある。[8]一方、プラトンの霊魂不死説では、霊魂は死ぬべき身体の中にとどまることなく分離し、再び身体と結びつくために死から生へ移行するという生死の繰り返しが生じる。[9]アウグスティヌスはこの輪廻説に対し、霊魂の個人性が失われる上、個人の善悪もさばかれることなく終わると批判する。

アウグスティヌスの考える死について、死の「由来」に限定して要約してみよう。曰く、死は、神への不服従すなわち人間の罪によって生のうちに入り込んだ。そして霊魂の死によって身体の死が生じるが（第一の死）、その後さばきの結果として、第二の死か、あるいは永遠の生命へと定められるという道筋をたどることになる。罪を犯さなかったなら死なないことが可能であった人間は、罪を犯したゆえに死ぬべき存在となった。[10]アウグスティヌスのこの理解にみられるように、古代キリスト教思想において、死は人間の有限性の結果として捉えられるより、人間の罪責と密接に結びついて理解されることが正統とみなされた。

他方、シュライアーマッハーが『信仰論』（一八三〇年）において自然と人間の人格を明別したように、近代神学とりわけ二十世紀以降のキリスト教神学においては、人間の有限性に由来する「自然の死」という考え方が支持されるようになる。二十世紀のキリスト教神学思想を代表する一人であるバルトは、イエスが十字架上の死をもって罪を償い、神の義を示したことによって、人間は身体においても魂においても永遠の滅亡から救われると説く。バルトによれば、神のさばきと恩寵は、人間の死を「罪の消滅と永遠の生命への入り口」にすぎないものへ変える。すなわち「罪のさばきの結果としての死」は、自然的・物理的な死へと解放され、止揚されるのである。[11]このような考え方では、死は被造物としての人間の本性に由来することになる。

またバルトの高弟ユンゲルによれば、死とはさばきの結果として「関係喪失へと迫る報酬」[12]であり、死は生の終わりに至って現れるだけではない。死は「関係喪失の現実の可能性」[13]であり、「神を喪失するという真理」[14]とされる。このようにユンゲルの立場では、さばきの結果として直接的に被造物の可死性の由来を考えるのではなく、死を関係性の事柄として、生のどの時点にも遭遇しうるものと捉えることが明白である。しかしバルトとユンゲルにおいて、「さばきの結果としての死」は否定されるわけではなく、人間の有限性と並んで罪責を明確に認識する点で、従来の教義的伝統に立つ。それでは、同じく二十世紀のキリスト教思想を代表する思想家であるティリッヒは、自然の死ないしさばきによる死をどのように考察したのか、次項で確認していこう。

2-2 後期ティリッヒ思想における死の位置づけ――『組織神学』『存在への勇気』

まず後期・晩年期ティリッヒ思想（後期：一九四〇－一九六〇年、晩年期：一九六〇－一九六五年）において、「死」に関する思索は、『組織神学』のような哲学的記述方法を用いた議論と、ティリッヒが教会で語った説教の言葉との間で、若干内容に差異がみられるようにも思われる（マクルモアも同様の指摘を行っている）[15]。端的にいえば、前者の『組織神学』では、被造物の本性に由来する「自然の死」が強調され、後者の説教では「自然の死」と「さばきによる死」の両者についてティリッヒが調停を試みている。この違いは、果たしてティリッヒが読み手聴き手を想定して意図的に行ったものなのか、あるいは彼の思索上の混乱なのであろうか。はじめに『組織神学』の記述ならびに同時期の『存在への勇気』の記述を確認し、次いでティリッヒが説教で語った言葉から、「死」に関するテーマを掬い出してみよう。

ティリッヒは、『組織神学』第二巻（一九五七年）において、人間の存在を以下のように定義している。「人間は、存在の究極的な力から疎外されて、有限性に定められている。人間は自らの自然的運命[16]に引き渡されている。かれは無（nothing）から出て無に還る。かれは死の支配下にあって、死なねばならない不安にかられる」（Tillich [1957a], 66）。さらにティリッヒは、人間の死の起源について、聖書の記述を解釈し以下のように説明する。「創世記の語るところによると、人は塵から出て、塵に還る。人間は、神の食物あるいは永遠の命の食物を供する生命の樹から取って食べることを許されている限りにおいて不死（immortality）である。この象徴は明白である。永遠へ参与することは人間を永遠のものにし、永遠からの分離は、人間を自然的な有限性へと委ねるのである」

(*ibid*., 67)。

これらの記述から分かるティリッヒの人間観では、人間は本質的には永遠に属しているが、実存の状態においては永遠から分断されている。永遠から疎外された状態、すなわち人間がこの世界に現実に存在する（＝実存）と同時に、人間は自然的有限性（finitude）に服従することになる。[17] 塵に還るべき身体を持った人間は塵に還る、すなわち自然の有限性に基づく死を免れないものである。よって「自然の死（natural death）」そのものが、罪[18]から生じたわけではない。すなわち、人間が罪を犯さなかったとしても、生物的・物理的な死は存在したとティリッヒが想定していたことは明らかである。ティリッヒ自身の言葉でいうならば「罪（sin）は死を生じさせるのではなく、永遠への参与においてのみ克服される死に力を与える」（*ibid*.）のである。「死に力を与える」とは、「自然の死」が破壊的な悪として捉えられるようになる事態であり、この破壊・悪の原因こそが罪とされる。すなわち「自然の死」が、単なる生の消滅や終わりに対する不安以上の悪として人間に実感されるようになる。「可能的な永遠性の喪失が、その普遍的で悲劇的な現実性にもかかわらず、人間が責任を負う事柄として経験される。罪は死の棘であって、死の物理的原因ではない。罪は死なねばならないという不安の意識を、永遠性を喪失したという悲痛な実感に変える」（*ibid*., 66f.）。したがって『組織神学』第二巻において、ティリッヒの考える「死」は、「終わり」としてだけでなく、また罪としての二重の意味を持つ（*ibid*., 68）。しかし「死」の由来はと問うならば、ティリッヒの答えでは、人間の自然的有限性ということになるだろう（自然の死）。

またティリッヒによれば、実存の条件下の人間には「有限性に基づく苦しみ（suffering）」と、「疎外の結果としての苦しみ――破壊、悪――」の二つがそれぞれ負わされる。有限性の表現としての苦しみ――生の限りある時間・場所・偶然性――と、疎外の結果としての苦しみ――破壊・悪――とは区別される（*ibid*., 68f.）。以下、ティリッヒの説明を追ってみよう。

有限性には、あらゆる被造物の構造として妥当する時間・空間・因果・実体のカテゴリが伴う。しかし有限性の各カテゴリの「機能」は、実存の条件下では変容する、とティリッヒは述べる（*ibid.* 68）。創世記の記述において、被造物が「良しとされた」とあるように[19]、被造物の持つ有限性のカテゴリ自体は悪ではない。堕罪以前の人間は永遠性を与えられていたわけではないが、疎外されてはいない。しかし疎外された実存においては、有限性ゆえの苦しみは、破壊の構造や悪となりえてしまう[20]。「自然の死」は、人間にとっては存在が、非存在（＝無）でありうる可能性である。この「無」を自覚している状態を、ティリッヒは「不安」と呼ぶ。不安とは「可能的な非存在を自覚している状態」（Tillich［1952a］, 157）である。

このような不安が由来する「有限性に基づく苦しみ」は、ティリッヒによれば非存在の不安を克服する「勇気」によって受容されるが（Tillich［1957a］, 68）、「疎外の結果としての苦しみ、破壊、悪」は、いかに克服されるのだろうか。「疎外に由来する苦しみ」は、その解決のために救済を必要とする。神による人間の救済は、有限性から人間を救い出すのではなく、「疎外に由来する苦しみ」すなわち自己破壊的な悪からの救済なのである。この考えに基づきティリッヒは、イエスの奇跡物語には、実存的自己破壊を克服する存在の先取り・期待が示されているとする（*ibid.* 160）。イエスは神と一体の存在でありながら、実存の条件、すなわち有限性のカテゴリに服従した特別な存在である。有限性に服したことの具体例として、ティリッヒは、ゲッセマネの情景にみられるイエスの死への不安、十字架による死と葬りの場面を挙げている。そしてイエスは、復活によって、自らが服従していた有限性を克服するのである。ティリッヒの考えるキリストによる救済は「古い存在からの回復」であり、神と人、人と人の関係性が再結合され、新しい存在へと変化することを意味する（*ibid.*）。この救済において、人間はその有限性にもかかわらず、有限性が最終的な破壊的悪として君臨することから解放される。

一九五二年の『存在への勇気』においてもまた、「人間の有限性としての死」と「死を破壊的なものとする罪」が並立する位置づけは維持されている。パウロやルターによる死の理解についても、ティリッヒは以下のように述べる。「パウロの有名な〝死の棘としての罪〟という言葉は、死の恐怖のうちに罪責の不安が内在していることを示している」(Tillich [1952a], 166)。「パウロ同様、ルターは、罪責の不安が死の不安と結びついていることをよく知っていた」(*ibid.*, 219)。このように、死の不安あるいは恐怖は、罪責の不安を伴うが、他方「死」そのものは、存在の構造における有限性の結果である。「運命と死とは、我々の存在的な(ontic)自己肯定が非存在によって脅かされる様式である」(*ibid.*, 160)。この「死」は、存在が無に陥ることであり、個体の消滅を指すが、生が終わる最後の瞬間が死をもたらすのではなく、死につつある過程が完了する地点であるがゆえに、「われわれは日々死んでいる」(*ibid.*, 147)と捉えられている。このような「死」の受容は、赦しによって、死が罪責の結果ではないとされること、つまり「死が『罪の払う報酬』ではなくなるということの信頼においてのみ可能」となる(*ibid.*, 220)。すなわち人間は、有限性から逃れることによってではなく、罪責から解放されることによって、死を受容することができるようになるのである。

2-3　後期ティリッヒ思想における死の位置づけ――説教集『地の基振るい動く』

つづいてティリッヒの「死」についての理解に関して、説教における言述から検討してみたい。前述したようなティリッヒの死に関する立場、「人間の有限性に由来する自然の死」と、「死を破壊的悪へと変える罪責」の両者の構造は、『組織神学』のような体系的思索だけでなく、説教でも共通するだろうか。詩編九十編に関する説教「生の暫時性の中で[21]」において、ティリッヒは「われわれが塵である」から死なければならないという自然法則と同時に、「われわれに罪過がある(guilty)」ために死なければならないという道徳法則が成立することを述べている(Tillich [1948d], 77)。この記述は、一見、「死」の原因が、人間の有限性であると同時に、罪責であること、すなわち罪の結果が死であるという「さばきによる死」を承認するかのようにも思われる。

マクルモアの研究によれば、ティリッヒの説教の内容が『組織神学』の記述と一致しない点があるという根拠として、「われわれに罪がある」ために死ななければならない、という上記の箇所ならびに、説教「死の破壊[22]」における以下の記述が挙げられるという。「われわれは恐怖の奴隷である、それはわれわれが死なねばならないからではなく、われわれが死に値するものだからである」（*ibid.*, 172）。マクルモアによれば、ティリッヒは、説教ではパウロ的伝統や「死の自然に由来しない性質（unnaturalness of death）」、また人間の罪に対する神の怒りについて承認し、聖書の伝統的教義に基づいて教会共同体に語る一方、『組織神学』では哲学を用いてアカデミックな読み手を説得しようと試みたと捉えられる。

筆者は、ティリッヒがそれぞれの場において、強調する点を変えていることについては、マクルモアの見解に同意しうる。ティリッヒは説教においても、われわれが死について恐怖を感じる理由として、「暫時性の現実化に伴う自然なメランコリーよりも、はるかに深遠な、死についての神秘[24]」があるからと述べ、パウロは「罪の報酬としての死」「死の棘としての罪」として、この事態を指摘していると述べている。ここからティリッヒの言わんとするところを読み取るならば、われわれの現実では時間の有限性によって、消滅やはかなさへのメランコリーを引き起こす「死」が生じる。しかし「死」を畏怖するのはわれわれの罪責ゆえである、と読み取ることができるのではないだろうか。したがって、自然の死を生じさせるのは人間の有限性であり、死を破壊的構造へと変えるのが罪責であるという『組織神学』と同様の構造は維持されていると筆者は考える。マクルモアが注目する、「われわれに罪があるために死ななければならない」、という箇所ならびに「われわれは恐怖の奴隷である、それはわれわれが死なねばならないからではなく、われわれが死に値するものだからである」という記述に関しては、「死」の原因そのものが罪責であると捉えるより、むしろ「罪ゆえに死なければならない」「自身の罪は死に値する」と感じる人間の側からみた心理状況が強調された表現であると捉えることが可能ではないだろうか。

さらにもう一点指摘しておきたい。ティリッヒのように、死は自然の有限性に由来し、死が破壊的な悪として捉えられる所以が、人間が神から離反した罪だと説くとしたら、自らの罪を意識し、死に不安を憶える人間が生の途上にある状況に対しては、適切に妥当するだろう。バルトのように、止揚され克服された死について語ることは、キリストの出来事において死が克服されたことが前提となり、当然ティリッヒもそれを踏まえていないわけではない。しかしティリッヒは、死が克服されたという約束を前にしてもなお残る人間の罪責意識や不安の心理を、彼の神学的思索の対象とし、思想構造に組み入れたのである。とはいえ彼のいう死の理解は、すべての人間の状況を網羅するわけではない。例えば自己を罪あるもの・不安なものとして意識し得ない者（子供等）の死や、すでに死の向こう側に行ってしまった者の死の理解としては、適用が困難であるように思われる。

ここまでの結論として、序文での筆者の問題提起、すなわちティリッヒの「死」の理解についての試みの妥当性について回答しておこう。筆者の見解では、自然の死／さばきによる死の両者を調停するティリッヒの試みは、『組織神学』と説教との間で大きく異なるところはない。またこの試みは、現実の生においては否定しえない死の破壊的力について説明する方法としては成功しているといえるが、この試みによっては説明しえない「死」の状況が多々あることも確かであろう。

3　後期ティリッヒ思想における死の思考
——此岸における死／彼岸における死——

3-1　二十世紀の哲学において、「死」を思考する二つの試み

二十世紀の哲学の中でも、実存論的哲学において死の問題は重要な論点となった。ハイデガーは、『存在と時間』の中で死について分析し、「死（Tod）」の意味するところを三つに分類している。第一には、生物の生命の終わりとしての「終わること（Verenden）」、第二には、現存在の生理学的な「終わり（Ableben）」、第三には、「現存在が自身の死へと関わって存在しているところの存在の在り方」である「死ぬこと（Sterben）」、これら三つである[25]。現存在としての人間は、死が現実となるとき、すなわち「第二の終わり（Ableben）」を迎えてこの世

を去らない限り、不断に「死に臨んでいる」（＝「第三の死（Sterben）」）。現存在のあり方としての「死」はあくまで可能性として保持され、追い越し得ない。死を人間存在の分析において重要な概念としながらも、ハイデガーは死そのものが何かについては答えていない[26]。ハイデガーによれば、死は追い越し得ず、他の現存在と没交渉となる極限の可能性であるから、死ののちについて問うこと自体、存在にとって何の意味もなさない。「彼岸やその可能性についても、此岸について、死への態度の規範や規則を精神修養のために提示しようとすることと同様、存在的には何ら決定はしない。しかし死の分析は、純粋に『此岸的な』ものにとどまる。現象がそれぞれの現存在の存在可能性として、この現存在へただ現れているさまを解釈するのである[27]」。ハイデガーにとっては、死そのものについて、あるいはその向こう側については考察の対象ではなく、現存在すなわち生の方へと転回することが主眼にある。

ハイデガーの「彼岸を思考しない」立場に関して、キリスト教思想からは様々な異論がある。マッコーリーによれば、ハイデガーが「被投性」について語りつつも、現存在を「投げた」者については言及しないのは、あえて自身の哲学的記述から神的存在を遠ざける意図があったためと指摘される[28]。またティリッヒは、自身の講義の中でハイデガーについてコメントし、死の可能性と「超越存在（Hinaussein）」との関連について、また死の可能性が時間の内だけの事柄ではなく、時間を突破する事柄であることについて自説を述べている（Tillich［1929-1930］. 45）。ハイデガーにとって思考の対象となる「死」は、現存在の基本構造たる時間の内の事柄であるが、ティリッヒにおいて「死」は、時間を超えた事柄としても思考される。死の分析に関して、ここはティリッヒとハイデガーが明確に相違する点であろう。

他方、存在論とは異なる仕方で死について考察を行った思索家として、ジャンケレヴィッチを挙げることができる。彼の死についての思索で特記すべきことは、「死ののち」についてどこまで思惟可能であるかを追求した点であろう。ジャンケレヴィッチにとって、死とは未来の欠如、将来があるかもしれないということの破壊であり、未来の欠如は絶望である。[29]「死の所有」についての彼の分析によれば、[30]「第三人称の死」は、私と遠い存在の誰かの死であり、私にとっては何事もないかのように通り過ぎるため、捉えることは困難である。しかし「第二人称の死」、私と近しい者の死は、ほとんど私自身の死のように、世界喪失や欠落感といった経験によって訪れる。「第一人称の死」、すなわち私自身の死は、思考したり思いをめぐらしたり、また不安の感情の中で想起することはできるが、私が生のうちにある限り「経験」されることはない。よって私に近いが「神秘」であると捉えられる。第一人称の死は未来形であるが、死の手前側については思惟することができるため、哲学の対象となるのは第一人称の死である。ジャンケレヴィッチは、死のその向こう側、死ののちについても若干の言及はしているが、「死ののち」は「ほとんど無」であり、明確な思惟の対象ではない。現在において、未来があり明日が来るという希望を持つことは、「宗教的」であり、個人の人生全体の意味は「宗教が与えるもの」というように、死ののちについては、その背景となる宗教性が指摘される。[31]一人の人間の生と死それ自体に意味はないが、だから彼岸を信ぜよと推奨することがジャンケレヴィッチの意図ではない。彼はそこに「意味を欠いたメッセージ」を見るからである。[32]

哲学的思索における人間の「死」について、「追い越しえない可能性」「ほとんど無」といわれるように、死それ自体、とりわけ「死ののち」を思考の対象とすることは困難であろう。しかしティリッヒをはじめキリスト教思想においては、死の問題は「重要かつ普遍的」(ロロ・メイ)ともいえる。[33]とりわけティリッヒにとって「死」を思考することは、人間の生死に関する「宗教性」や「メッセージ」について、キリスト教的象徴を再解釈して提示することであり、それは弁証神学としての自身の思想的営みにとっても、極めて重要な意味を持っていた。それでは、ティリッヒをはじめ二十世紀のキリスト教思想家において、思惟できない「死」はどのように思索されたのだろうか。

3-2　後期ティリッヒ思想における死の思索――個と永遠

キリスト教思想において、「死」――終わり――は、終末思想と切り離して考えることはできないだろう。「世界は、その本性からして終結（end）を迎える」（Tillich［1963c］, 125）とあるように、ティリッヒによればすべては被造物であるがゆえに、そのつくられたテロス（目的）に従って創造から終末へと向かうプロセスにある（第6章2参照）。そしてこのように被造物が終末（終結・目的としての終末）に向かうことは、キリスト教思想においては救済と捉えられる。なぜなら「終わりなき将来は究極の目標を持たずに自らを繰り返す」、いわば「地獄の様相」となり、個的なものの一回的な生の価値が喪失されるからである（*ibid.*）。逆に「終わる」将来、すなわち時間が終わることは「永遠」を意味する。個人にとっては「終わり」とは永遠へ入れられること（目的）であると同時に、地上の生が終わること（終結）、すなわち死を意味する。個人の終わりがまず死を経由するのは、被造物が「死ななければならない」運命を有するからである。

ティリッヒのいう、終末との関わりにおける個人の終わり（死）の理解は、現代のキリスト教神学者モルトマンとの比較において、その特徴と批判すべき点が明確になる。モルトマンの考察する「死」とは、（ヴィトゲンシュタインの「死は生の出来事ではない」とは逆に）「生の出来事そのもの」であり、「死」は自己自身の外の者と結びつけられた生（神の愛、人の愛における結びつき）の内での出来事として捉えられている[34]。モルトマンの神学においては、死は他者や他の被造物との関係性において捉えられるため、人が全てを自己一人に関係づけ、完結してしまっているのでなければ、ある人の死は、その人の「全ての終わり」にはならない。ここにはモルトマンの終末のヴィジョンに対する大きな希望がみてとれる。

死とは罪のさばきの結果か、あるいは自然の死かというキリスト教神学で問われ続けてきた問題について、モルトマンはそのどちらの答えも採用しない。「生けるものの死は、罪なるものでも自然的なものでもない。到来する世界、永遠の命を求める嘆きと望みなのである[35]」というように、モルトマンにとって死は到来する終末への希望の契機として捉えられている。さらにモルトマンは、有限性の結果がすなわち「自然の死」であるというティリッヒやバルトの立場に対して、死や苦しみや不安が人間の有限性という自然の本性から来るものならば、永遠の生の中にもその本性が持ち込まれ、永遠化されると批判している[36]。モルトマンにとっての人間の有限性は、「死ぬべきこと（Sterblichkeit）」と同一視されないのである[37]。

モルトマンの批判をもとにティリッヒのいう死について再度考察してみよう。ティリッヒのいう被造物の有限性は、実存の条件下、すなわち時間・空間・因果・実体のカテゴリが支配する世界において生じる。そして被造物が時間の限りを迎える、すなわち死を迎えると、現在われわれが体験するような、過去から未来へ前進する時間は終わり、被造物は時間を超えた永遠へと還る。ティリッヒによれば有限性は、実存の条件下の状態であり、実存は「実存しなくなること」によって、本質へと移行するのである（Tillich［1957a］, 68f.）。これらのことから、ティリッヒの考える有限性は、本質あるいは永遠の中において、その性質（カテゴリ）を維持するものではない、とモルトマンに対し反論することができると思われる。しかしモルトマンが「自然の死」という考え方の批判を行う理由については、注目すべきである。すなわち、「自然の死」という考えは、繁栄した社会で生命を保証された市民に当てはまるだけであって、飢餓や暴力などによって、「不自然」で理不尽な短い生を終える人々の生にとっては何ら意味をなさないことになる[38]。しかしモルトマンが、破壊された生は「さらに続く生の空間」であり、「永遠の命」が、理不尽な生を終えた人々に「生を生きるための空間と力と時間を与える」ものである、とみなす点は、この世の生と永遠の命との連続的継続を感じさせる。この点に関しては、此岸において経験する生と、彼岸の生とを継続的に関連づけることが本当に可能なのか、疑問を呈することができよう。

一方、モルトマンが試みたように、思惟する余地のない不条理な死をいかに受容し、希望を見出すのかという問題については、ティリッヒが『組織神学』体系内においてそれを解決しているとは言い難い。不条理な死について、ティリッヒは考察が不足しているという指摘は[39]、彼の「本質化（essentialization）」概念についての批判にみることができる（ブーザー等）。ティリッヒのいう「本質化」において、生は実存から本質（永遠）へと同一のものとして移行するのではなく、生の肯定的な要素は永遠へと引き継がれ、否定的な要素は祝福へと変えられる（Tillich［1963a］, 400f.）。永遠において生は、新たに増し加わった肯定的要素と祝福に満たされることになるが、ここには本質的可能性を実現する人間の側における人格的成長の要素が強調されている。他方、現実には、本質的可能性の成就が不可能だった個人の生もまた存在する。ティリッヒによれば、人格的成長を遂げずに死を迎えた者、子供や精神的病者などの「生の歪曲された諸形態」は、本質的目標の成就に到達することはできない（*ibid*., 409）。

では「本質的可能性を成就しなかった」個人は、いかにして永遠に入れられることが可能なのだろうか。ティリッヒの回答は、本質化には「普遍的参与（universal participation）」が前提される、というものである。個人の本質や運命は、人類全体の運命や本質から切り離すことは不可能であるため、本質化を実現しえなかった個人は、自分が属する集団の本質化に関わっている限り、すなわち共同体さらに全人類に参与している限り、永遠の生において肯定されるという（*ibid*.）。ティリッヒの本質化に関するこのような見解は、「生の歪曲された諸形態」にある生をいかに肯定しうるかという問いを提起する。ブーザーの研究では、この「本質化」概念について、虐げられた者への答えとしては理論的に過ぎることが指摘されている。[40] 確かにブーザーの指摘するように「本質化」概念は、「普遍的参与」という観点によって、個人の具体性を曖昧にする可能性があり、また理不尽な短い生を終える人々の生の意味を問う問題意識に欠け、知的社会的に優位な状況にある人々の心にしか訴えかけないようにも思われる。さらに本質化概念において、時間の内における人格的成長が重視される点は、個人と共同体を、モラルの進展の問題へ特化してしまっていないかという疑義を呈することもできるだろう。[41]

『組織神学』において、理不尽な死について言及される記述はわずかであるが、ティリッヒは説教においては、死の問題について多弁である。例えば、子供の死などの理不尽な死を「自然でない死（unnatural death）」とみなして人間が死に抵抗しようとするのは、死が単に枯葉が散るような自然の事柄とは異なるからだと述べている（Tillich［1948d］, 77）。ここでティリッヒのいう「自然でない死」は、破壊的構造を呈する「さばきによる死」を指す[42]。例えば幼い子供が自身の死を嘆きつつ逝くということもあり得ようが、しかしその死を破壊的結果として認識するのは、主に残された生者であろう。ティリッヒのいう理不尽な死についての答えは、結局、死について意識しうる状況にある、生ある者の側にとどまっているのではないだろうか。

ティリッヒの死の理解に関して、自己意識の問題は深く関わっている。ティリッヒは個人の死後も永劫に続く生（＝不死）という素朴な信仰を否定する一方、自己意識を持った自己（self-conscious self）が永遠へ取り入れられるという考えを認める（Tillich［1963a］, 413）。ヒックの指摘によれば、その結果としてティリッヒは、「個別の自己意識」が寸断なく継続することは否定しつつも、個人が死後、自らを意識することが可能だと認めるという事態に陥っている。ヒックの言を借りれば、われわれは死ののち、「意識の流れを欠くにもかかわらず、体を持ち、自己を意識する存在[43]」という矛盾した「者」となることになる。われわれが自己を意識することに関して経験してきた性質は「永遠への参与」において超越される、というティリッヒの記述（*ibid.*, 414）をもって、死によっていったん意識の流れが断たれた後の「自己」が果たして本当に自己であるのか、とヒックが提起する問いに対して説得的に回答することは難しい。

本節での結論、此岸／彼岸の死についての考察に関して簡単にまとめておこう。二十世紀の哲学において、とりわけハイデガーは、徹底的に此岸における死の問題を取り扱った。ジャンケレヴィッチは「死ののち」を思考する可能性を視野に入れつつ、彼岸の死を「ほとんど無」と位置づけた。一方ティリッヒは、生の向こう側としての彼岸について、時間（有限性）と永遠との連関や、終末の問題をめぐって取り上げている。しかし筆者の見解では、ティリッヒは死の向こう側を考察することに関しては、それを取り上げつつも、死のこちら側としての現在、すなわち生に回帰する傾向にあるように思われる。彼の関心が、死そのものやその行方というよりも、今現在、「死へ向かう存在」である人間（ティリッヒ自身も含め）が、いかに日々を過ごし得るかということに強くおかれていたからではないだろうか。「われわれの生の小さな一部は、われわれから取り上げられていく——われわれは日ごとに死んでいるのだから——われわれが実存することをやめる最後の時自体が死をもたらすのではない。それは単に死のプロセスが完了したということなのである」（Tillich［1952a］, 147）。

またティリッヒの思索において、「死の向こう側」が、自らを意識し得る「自己」を基に思考されるという点は、ティリッヒの到達した限界点であったと同時に、他宗教との接点になる課題を提起しているのではないかと考えられる。ティリッヒは仏教思想における個人と他との関係について、「同一性」や「慈悲」の観点から理解している（Tillich［1963b］, 309-317）。死にまつわる「自己意識」の問題は、他宗教への理解や共感をすすめる際、非常に重要な論点であろう。

4　まとめ

ここまでティリッヒが考える「死」について、とりわけ後期の思想に限定し、**1**では「自然の死」と「さばきによる死」がいかなる関係にあるかを述べた。**2**では「死」とその彼岸について、ティリッヒをはじめ数名の哲学者・神学者を取り上げた。そして本研究では、ティリッヒが「自然の死」/「さばきによる死」を調停する試みの妥当性と特性について考察を行った。ティリッヒの思索において、人間の死に関しては「自然の死」と「さばきによる死」の二重の性格があり、死それ自体の原因は人間の有限性に基づく（自然の死）、という構造は、『組織神学』でも説教においても一貫していると考えられる。しかしティリッヒが理不尽な死、すなわち「自然でない死（unnatural death）」について述べるとき、神の怒りの対象としての罪がもたらす「悲劇」（死の自然に由来するのではない性格、すなわち「さばきによる死」）の客観的構造と、理不尽な死を「死ぬ」主体の「悲劇」の主観性・当事者性とは区別されていないように思われる。この点でモルトマンの批判は当たっているだろう。

さらにヒックの指摘に関していえば、ティリッヒは「永遠性（eternity）」／「不死性（immortality）」を明確に区別することには成功している。すなわちティリッヒは、個別化した自己が永続するような不死を想定してはいないが、永遠への参与において個別化した自己が維持されることを主張している。しかし時間の有限性を超えた永遠への参与は、果たして個別化した自己――人格的中心を持つ個人――によってなされるものなのだろうか。この問いは、他宗教における死の問題を考える際、問われることになるだろう。また「理不尽な死」や、人格的中心を十分に確立しえなかった者の死の問題について考える際も同様の問いが生じる。個別化した自己に関しても、死の「前」と「のち」では何が異なるのか、あるいは異ならないのか。また前章で述べたような、他の自己との関係に基づく永遠への参与（「普遍的参与」）について、個別化した個人の場合はどう理解されるのか。この点はティリッヒが明らかにしているとは言い難いと思われる。また後期の説教においても、時間が終わったのちに続く時間はないこと、すなわち不死性はあり得ないことは明言するものの（Tillich［1963c］, 125）、死ののちの生については多く言及されない。死の問題に関して、人間の運命と罪に由来する死、ならびにそこから生じる不安に対し、宗教的シンボルの再解釈によって弁証を試みることが、ティリッヒの目的であったであろう。また死を恐れて不死を望むのではなく、永遠のうちに望みがあることを示すことも彼の目的であった。ティリッヒによれば、死なねばならないという不安とは永遠に忘却されることへの不安であり、地上の生の継続としてではなく、永遠において、神の記憶の内に記憶されることのみがこの不安を救うものである、という。(44) ここには、「死に向かう存在」が、現在の生の内で、自身の行方を探ろうとする視線の方向性がみてとれる。筆者の考えでは、ティリッヒのいう「死」のシンボルの再解釈は、「死に向かう」途上にあって悩む者を慰め得るかもしれないが、彼のいう「死ののち」（キリスト教でいえば、「復活」のシンボル）についての解釈は、曖昧な余地を持ったまま残されていると思われる。

【比較研究3】

西谷啓治とパウル・ティリッヒの歴史理解

――「空」と「カイロス」――

1　はじめに

ニヒリズムにおける虚無の克服を「空」の立場によって提唱した西谷啓治の思索は、存在に対する非存在の脅かしが「存在自体としての神」によって回復されると捉えたティリッヒの思索と、しばしば比較して論じられてきた。さらに西谷とティリッヒの思索について、筆者が近似点を見出すのは、両者ともその存在論に注目される一方、歴史や時間に関する論考は重要視されてこなかった点である。しかし西谷とティリッヒはともに歴史哲学を考察する取り組みを行っており、特に彼らが歴史におけるニヒリズムに対してどのような答えを打ち出したかに着目すべきであろう。以下、本序文の論拠となる西谷とティリッヒの比較に関する研究史を概観したい。

2　西谷とティリッヒに関する比較研究の概観

京都学派の一人として著名な阿部正雄は、京都学派とキリスト教神学との対話的研究の中で、ティリッヒ思想に言及している。またキリスト教神学者・宗教哲学者のL・ギルキー、R・シャールマンは、西谷とティリッヒの比較研究を行っている。いずれも中心となるテーマは西谷における「無」とティリッヒの「非存在」概念の分析である。ギルキー、シャールマンは、西谷とティリッヒは、「無」ないし「非存在」の克服という点で共通する試みを行いつつも、その克服の仕方に大きな差異があることを明らかにしている。阿部は、西谷も含めた仏教における「空」の概念を究極のリアリティと捉え、「有」と「無」の「極性（polarity）」を超えるものとみなしている[1]。さらに阿部はティリッヒの「神の上の神（God above God）」（Tillich［1952a］, 228-230）について、「神の上の神」が別の「神」をいまだ示唆している以上、それは真に「の上（above）」となっていない、と批判している。すなわち真に「の上」を「超えた」ものであるならば、それは「神」ではなく「絶対無」と呼ばれるべきだとしている[2]。

これらの先行研究は、西谷とティリッヒにおける有／無あるいは存在／非存在といった存在論的概念の差異について扱っているものの、時間論的概念は取り上げていない。本研究は、西谷とティリッヒの思索について論じるが、先行研究では中心テーマとなっていなかった、両者の歴史理解に焦点を当てる。西谷は「空と時」「空と歴史」など、歴史解釈に関する論考を著している。しかし『近代の超克』や『世界史的立場の日本』といった諸作への注目度が高いのに比して、「空と時」などの歴史哲学論考については、研究者の間でも忘却されていた[3]。よって本研究のこの論点は、西谷の思想研究においても重要な意味を持つだろう。というのも西谷は自身の歴史哲学論考において、「空」概念に歴史性や時間性を見出し、「歴史性としての空」と位置づけている。またティリッヒの神学も、本書第7章までで論じてきたとおり「存在論」に依拠するのみではない。ティリッヒのカイロス論を想起すれば明白であるように、ティリッヒ神学において存在論と歴史論とは両輪として機能すると考えられる。したがって、西谷とティリッヒの「有／無」「存在／非存在」理解を比較考量するのみにとどまらず、西谷とティリッヒの「歴史理解」について考察しなければ、両者の思想を正しく把握することに至らないだろう。

そこで本研究では以下のように考察を行う。はじめに時間概念について、西谷、ティリッヒ両者の特徴を把握する。ここでは西谷とティリッヒが様々な思想・宗教の中で形成されてきた時間および歴史観をどのように解釈しているかを捉える。次いで時間概念と並び、自己と世界認識のカテゴリとなる空間概念について、両者の議論を精査する。そしてこれらの時間・空間概念を基盤として成立する歴史認識について、西谷とティリッヒが彼ら自身の理論をどのように展開しているか、それぞれの特徴を明らかにする。最後に彼らの歴史哲学から、どのような社会的・倫理的アプローチが生じるのかを論ずる。

3　西谷の「時」概念

はじめに、西谷の「時」概念について概観しておこう。「時」および「歴史」概念は、『宗教とは何か』所収の「空と時」および「空と歴史」において中心的に展開されている。西谷は、仏教思想において歴史性が中心的な問題となってこなかったことを認めつつ、大乗仏教におけるような生死即涅槃や菩薩道では、歴史が問題になってしかるべきであったと述べている[4]。そして西谷は、歴史家A・トインビーによれば、トインビーの歴史解釈を西洋における歴史観の代表的な事例として挙げる。すなわちトインビーによれば、仏教思想では、自然と宇宙の運行が円環的である。さらに宇宙と人間を支配するものは、非人格的な概念であるという観点が仏教の歴史観を形成する[5]。他方、西洋的・ユダヤ教的な考えでは、歴史的時間は直線的に進行し、その歴史全体は人格的存在によって支配される（歴史は人間の知性や意志によって規定され、意味を与えられる[6]。西谷自身は、トインビーが仏教的歴史観を円環的とみなす点には批判的である。西谷は、M・エリアーデが記述するようなミュトス的古代宗教の時間観は、回帰的で非歴史的とみなすものの、仏教的時間観はそのようなものとは異なり、単なる円環・回帰ではなく、歴史的なものであると主張する。

それではなぜ、西谷は仏教的歴史観を円環的と捉えないのであろうか。円環的な時間概念は、「始めも終わりもない」という意味において無限性を含む[7]。しかし円環的時間は、円の「始め」に戻ったときは「終わり」に至るため、その回帰が無限に繰り返されない限り、真に無限なものとはならない。そして、等しいものが限りなく回帰することは、無意味な限りなさであり、「徒労」にすぎない。一方、仏教的な時間観でいう「無始爾来」は、このような無限の時間体系の中で、「一々の今」において同時的な時間運動が生じる事態を指している[8]。「一々の今」が限りなく連続することにおいて、時は直線的である。それとともに時間の運動が多層的・同時的に生じていることにおいて、時は円環的となる。したがって西谷にとって、仏教的時間をトインビーがいうように単に円環的と捉えたのでは、時の性質の一側面を理解したにすぎず誤りである。西谷は仏教的時間を「円環的かつ直線的」と理解することによって、時間の「底」に「無限の開け」あるいは「時間のもと[9]」という新たな次元を見出している。これによって時間は単に「始めも終わりもない」だけでなく、一々において新たな瞬間となる無限性をも獲得することになる。

しかし「劫」としての時間は、無始無終な時を場として「有る」ためには、不断に何かを為し続けなければならないという「負課性」や「負い目」から離れることができない[10]。西谷は「劫」について、「アイオーン」と同様の概念と捉えている。西谷にとっての「アイオーン」は、「世界と世界時間」の両方を含み、「今」の瞬間に「同時的」かつ「体系的」な時間がある、すなわち「時間の底に無限の開けを認めた」ことにその意義がある[11]。「アイオーン」はキリスト教神学における重要概念であり、有限あるいは無限の継続した時代について、その社会支配体制および時間的な連続を指す。キリスト教神学における「アイオーン」とは、「来るべき世」すなわち「神の国」とその支配を意味する概念でもある。[12] 劫およびアイオーンを「世界と世界時間」と捉え、単なる一瞬間でも時間的連続でもなく、「無限の開け」を持った永遠の相において理解する西谷の仕方は、ニヒリズムを超えようとする宗教哲学的要素が色濃く表れている。しかし、「劫」を「アイオーン」として捉え、そこに負課性を見出す西谷の理解は、極めて実存的な時間の性格を持っている。その点で、時の世の「悪」や現状の支配体制における労苦から解放されるよう、来るべき時代を期待するキリスト教神学のアイオーン理解とは異なることを指摘しておきたい。詳細については後述するが、西谷の「アイオーン」理解には、西谷とティリッヒにおける差異、すなわち「内在的に超越する」あるいは「超越が内在する」仕方の違いについて、また「個人の自覚」あるいは「共同体の救済」の力点の置き方についての違いが明確に現れている。

「円環的かつ直線的」な「時」は、無限・自由・新しさと同時に重荷・必然・刹那的といった二義的な無常性を持つ。西谷は自らの「時」観を、他の思想・宗教と比較することによって明確にしていく。例えば、西谷はニーチェのニヒリズムの批判精神を高く評価しつつも、そのニヒリズムが永遠回帰や、力への意志といった、全く内在的な「超人」へと克服された不徹底さを批判する。[13] 西谷の「時」理解からすれば、ニーチェのいう永遠回帰の時間は、無限に回帰するものの、時間を内在的に超越する「底」は有していない。すなわち「永劫回帰に裏づけられたその『瞬間』は、真の瞬間としての無底性」を持っていないため、瞬間の無底性がなく、よって新たなものの生起もみることはできない。[14] 永遠回帰では、時間の内在性以外の異なる次元は想定されない。またハイデガーのニヒリズムに関しても、西谷は「ハイデガーがニヒリズムを問題にするのは、そのいわゆる『有の歴史』の地平においてである」と指摘する。[15] それゆえ西谷からみれば、存在論の内にとどまってニヒリズムを超えようとするハイデガーの歴史・時間概念も真の無底性には至っていない。

他方、歴史を直線的に捉え、目標や方向性を措定する時間観、すなわち歴史の中に神の摂理や経綸を見出すキリスト教的歴史観と、その世俗型としての十八世紀の啓蒙主義に代表される進歩史観についても、西谷は批判的な記述を行っている。キリスト教的歴史観と進歩史観は、神中心であるか人間中心であるかの違いはあるものの、歴史の内に肯定的な目標を定める点で共通すると西谷はいう[16]。進歩史観では、歴史内在的な次元での目標や方向、中でも人間理性の無限の向上が期待される。それでは西谷はキリスト教的歴史観についても、歴史内在的であると理解したのだろうか。以下、ティリッヒとの比較の際重要となるキリスト教歴史観について、西谷による解釈の特徴を明らかにしていきたい。

4　西谷とキリスト教的歴史観

西谷は、キリスト教的歴史観の「問題点」として、「自己中心性（self-centeredness）」および歴史内在的な終末論を挙げている。西谷はキリスト教について以下のように位置づける。「神話的宗教における回帰性の立場では出て来なかったような自由の意識が、個としての自己存在の自覚と一つに出て来たといえる。また、そこで始めて『時』が回帰的でなくなり、人間の生の一歩一歩がドラマ的となり、一つ一つの瞬間が新しいもの、創造的なもの、そこから何か新しいものが出て来るようなものになって来たといえる」[17]。よって西谷は、新しいものの出現や一瞬の意味性といった観点から、古代宗教とは異なる「歴史性」の展開をみてとっている。西谷にとっての「歴史」とは、回帰性を突破し新しいもの、一回的なものを獲得することと理解できよう。

しかし西谷はキリスト教的歴史観の「自己中心性」を「問題」と捉えている[18]。西谷にとって「問題である」とは、「自己中心性」が真にニヒリズムを克服する妨げになる点、そして歴史内在的な目標や終末は、合理的科学的思考と相容れないと西谷が捉えているためである。西谷はキリスト教に関して、「ルサンチマンが、神を経由したセルフ・センタードネスという形をとって、出てくるというところがある」と鋭く批判を加えている[19]。キリスト教とルサンチマンとの親和性は、ニーチェやフォイエルバッハも指摘するところであると述べつつも、西谷はキリスト教が「自己中心性の根を『無意識』の力として残して」おり、「自己返照の未透徹」と解している[20]。その論拠は西谷によれば、歴史そのものが自己中心性の確立によって歴史としての意味を持ちうるため、歴史は本質的に「無明」であり「業の場」となること、そしてキリスト教はそのような歴史意識と切り離せないからである[21]。西谷自身はルサンチマンを否定する徹底したニヒリズムの立場を遂行しようとする。この点西谷は、宗教においては自己否定が徹底されない限り、ルサンチマンに結びつくという鋭敏な感覚を備えている。西谷はトインビーを引きつつ、仏教思想と西洋思想の比較における「仏教的思考の長所」として、人間および「あらゆる生きとし生けるもの」が持つ「自己中心性」を超える可能性を挙げている[22]。トインビーが指摘する、仏教史的思考における自己中心性を脱した状況については、西谷も「空の立場」や「無我」あるいは「心身脱落」といった言葉で類比している[23]。

西谷は自己中心性の問題性を、ルサンチマンに関してだけでなく、キリスト教の時間意識についても指摘している。すなわち創造から終末に至る時間の流れである。西谷は、キリストの受肉、最後の審判とキリストの再臨といった事柄は、「超歴史的なもの」であるにもかかわらず、一回的なる次元として、つまり歴史の中の事柄として表象される点に疑義を呈している[24]。「キリスト教は（中略）、神話的な『時』の回帰性を破り、『時』に歴史性を与えたが、同時に神話的な『終末』にも歴史性を与えることになり、その結果、終末は超歴史の次元から、キリスト再臨や最後の審判という一回的な歴史的事件として歴史の次元に現れ、歴史に切りをつけるものということになった。終末観の歴史性によって歴史の歴史性というものが貫徹されたともいえるが、然もそれは現実的な歴史そのものに終止符を打つような仕方においてであった[25]」。このような歴史観は、確かに彼が批判するように、キリスト教以外の思想・宗教における歴史観との共有可能性を低くするだろう。西谷は、超歴史的なものが実際の歴史の中に出現し、そこに人類の救済を見出すような救済史は、「他宗教との間の如何なる通約性も許さない性格」や「排他的絶対性」を帯びるため、その歴史観においてキリスト教は不寛容であり、自己中心性を免れないと批判するのである。このような西谷のキリスト教的歴史観理解には、「創造と終末の出来事」を歴史内的出来事（歴史的事実）として理解する点に大きな特徴がみられる。また「キリストの受肉」を「自己中心的」な歴史意識として挙げており、そこに「永遠が歴史の内に内在する」といった理解をとらない点も特徴的である。西谷は、以下に自身の歴史観についての主張ならびに他の思想・宗教への批判を述べている。「『時』のうちに『時』と『有』の始めや終わりを求めても得られない（中略）。『時』自体の始めも終わりも現在のもとに直下にある。無始無終なる『時』の始めも終わりも、本来そこに求めらるべきである。それ故にまた、『時』を果てしなく溯り或いは果てしなく追いつつ、『時』の（また有の）もとを求めるとすれば、そこにはいわば或るoptischな（光学的ないしは視覚的な）錯覚、次元に関しての錯乱が支配していることになる」[26]。したがって西谷は、「無始無終」の時のもとに開ける次元以外に、時の「始め」や「終わり」を歴史内に置くならば、そのような「歴史」は自己中心性を免れないと主張しているのである。しかし西谷のキリスト教の歴史意識についての理解は、キリストが「アルファでありオメガ」であること、また内在（人）にして超越（神）であるというキリスト教の伝統的神学理解を誤解しているのではないだろうか。それでは次に、このような批判的観点を踏まえ、西谷自身はどのような歴史観を提唱するのかを確認したい。

5　西谷の歴史観
――空としての歴史――

西谷自身の歴史観は、ニヒリズムの克服としての性格が特徴的である。ニヒリズムを徹底することによってそれを克服しようとする西谷においては、歴史における彼岸や背後世界は想定されない。「歴史といわれるものが、最後の超歴史的な根底までその歴史性を貫徹し得ながら、然もその貫徹において超歴史的なところから歴史としての終末を受けずに済むということが、いかにして可能なのか、むしろ超歴史的な根底までその歴史性を貫徹することによって、かえって歴史が歴史的であり得るということが、如何にして可能であるかということである」[27]。したがって西谷の歴史哲学では、救済史的な歴史プロセスや歴史の終末のような立場は相容れない。また西谷にとっては歴史内在的な終末も考え難いものであり、武藤一雄によれば、西谷のこのような終末論に対する批判的姿勢は、ブルトマンのような非神話化の立場と共通しつつも、ブルトマンよりも「はるかに徹底した『空』の立場において遂行さるべきもの」と捉えられている[28]。

　トインビーに代表されるように、従来、仏教的な「空」の立場は超歴史的あるいは非歴史的と考えられてきたが、西谷のいう「空としての歴史」は、歴史性そのものを捨象してはいない。西谷の提唱する「空の立場」の目的は歴史の見方をどのように変えうるかという問いに答えることにある[29]。**3**の冒頭で、西谷が「生死即涅槃の立場」[30]からは当然歴史ということが問題になるはずであったと述べていることを示した。西谷にとって、空は「絶対的な超越の場」であるものの、そこは西谷のいうキリスト教的歴史観で想定されるような彼岸ではなく、日々の生のいとなみの場である此岸に開かれる「場」であり[31]、しかも「空」は存在するものではなく「絶対に対象化され得ない立場」[32]である。そして「空」の場が開かれることは、「絶対的な死即生とも言うべき転換」を意味しているのである[33]。松丸壽雄は、この転換について「『生即死』として自己中心的な人格に死し、『死即生』として目的論的人格を此岸へと超越した『非 - 人格』として『死して甦る』ところに、死として自らを告知してきている虚無を突破して『生きる』が成立」するとし、ニヒリズムはこの場において克服されると捉えている[34]。空の立場においては、自己もまた空となる、すなわち自己中心性が否定され、自己は無となる。そしてこの無は単なる虚無では終わらない。「自己の根底に虚無が開かれ、然もその虚無が単なる虚無として、恰も自己の外にあるかのように観られるだけでなく、自己が空であるとして主体的に自身へ引き受けられ、主体の脱自的な超越の場となり、さらにそこから、空が自己であるという絶対此岸的な空の立場へ転ずるということである[35]」。

このように、西谷のいう「空の立場」は、一度自己に死して、再び自己に成ることによって自己超越する働きが生じる場を指している。したがって西谷にとって「空としての歴史」は、まさに「超歴史的な根底までその歴史性を貫徹することによって、かえって歴史が歴史的であり得る」ように、歴史においても歴史の「超越的内在」を志向するものである。しかしすでに述べたように、西谷のいう「空としての歴史」は、「アイオーン」を「劫」とする理解とアナロジカルであり、共同体性を欠いている。続いて、ティリッヒの歴史観を提示して比較しつつ、西谷の「空としての歴史」の特徴がより明らかになるよう、議論を進める。

6　ティリッヒの歴史観

ティリッヒの歴史観については、本書第5章および第6章において詳細に論じた。本節ではティリッヒの歴史観について、西谷の歴史観との比較に必要な範囲に絞って概観する。ティリッヒの時間論においては、「カイロス」概念が重要な位置を占める。カイロスは、計測可能な形式的時間である「クロノス」と区別される。ティリッヒのカイロス概念は、一九二六年以降、歴史哲学として本格的に構成されるようになった[36]。一九二六年の論文「カイロス――現代の精神状況に対する思索」においては、カイロスは「時間の中への永遠的なものの侵入」と捉えられている（Tillich [1926d], 175）。クロノスは前から後へと進む一連の時間の継続であり、クロノスそのものは意味を持たない。しかしカイロスは特定の瞬間における人間の自由な決断によって、単に連続する時間から「歴史」となる。このようなティリッヒのカイロス概念は、「終末論と歴史」（一九二七年）、「キリスト論と歴史解釈」（一九三〇年）といった論文で明確化されている。これらの議論によれば、「存在するもの」は自己の同一性に帰還する円環（発展から発展の限界を経て、自己に還る）を有し、発展という点では動的であるものの、円環の中では何ら新しいものが生み出されることはない（Tillich［1930a］, 190f.）。すなわち、存在するものが自己の固定性を突破し新しいものを生み出すという働きは、時間が一義的な方向性を持つという性質によってはじめて可能となる。特に人間という存在者は、所与の状況における自由の行使によって、新しいものを獲得しうる存在である。このような所与の状況と人間の自由の結合として措定されたカイロスは、単なる存在物の発展過程で生じたものではないという点で、「新しさ」を持つのである。このような新しさは、一回的な特定の瞬間において生じる（Tillich［1927］, 113）。このようにティリッヒの時間論（歴史論）は、歴史において新しいものが生起すると捉える点で、西谷と共通する思想背景を持つ。しかし時間が一義的な方向性を持つという位置づけは、西谷と異なっている。西谷はキリスト教的歴史観および進歩史観について、これらは歴史の内に肯定的な目標や方向性を定めることにとどまるため、ニヒリズムを克服するような「超越的内在」とはなり得ないと捉えている。

他方、ティリッヒは晩年の『組織神学』や「キリスト教と諸宗教との出会い」などの諸作では、仏教について「非歴史型歴史観」であると指摘している（Tillich［1963a］, 350-352）。すなわち仏教的な歴史観では、歴史の内にも上にも何ら目指すべき目標はなく、歴史とは、個々の存在が自らの人格的生の目標を知らずに生きる「場」である、ということを前提にしているとティリッヒは捉えている（*ibid*. 350）。同様の「非歴史型」の例としては、歴史的あるいは超歴史的な目標に向かうことなく、円環を描いて回帰するギリシア的歴史観、歴史を単なる出来事の一連として、そこに人間の生に対する意味を見出さない機械的歴史観が挙げられている。

また「非歴史型歴史観」とは異なり、歴史を積極的に意味あるものと捉える歴史観の事例も挙げられる（*ibid*., 352-356）。そのうちの一つである進歩史観は、現実には頓挫した無限の進歩を歴史の意味と目的とみなしている。またユートピアニズムも進歩史観の一種であるが、現状肯定ゆえに歴史に新しいものは生み出されない。したがってティリッヒにとって、これらの歴史観は歴史に意味を見出すものの適切な事例ではない。

ティリッヒの歴史哲学と西谷のそれで、最も大きな共通点は、「ニヒリズムを克服するもの」として歴史を捉え直そうと試みる点である。西谷におけるニヒリズムとその克服となる「空としての歴史」については前述したとおりである。ティリッヒのカイロス論も、歴史相対主義や歴史の無意味性を克服する試みであったことは明らかである。二十世紀初頭にかけての「思考の歴史化」は価値規範や理念の相対化を招いた。ティリッヒはトレルチの歴史に対する取り組みについて、次のように述べている。「トレルチの歴史主義の克服は、克服されている場を示してはいない。重要なのは、いつかある時代に行われる何ごとかではなく、あらゆる時代にすでに行われており、あらゆる時代が見出すことができ、見出さなければならない何ごとかである」(Tillich [1926d]. 172)。そこでティリッヒは、進歩史観やユートピアを待望する立場のように、先の時代に無意味性の克服を求めるのではなく、現在の歴史状況との関わりの中で、カイロスという視点から要請される当為を見出すことによって、あえて歴史性を引き受け、無意味性を克服しようとするのである。

さらにティリッヒは、西谷が厳しく批判した終末論的歴史観に依拠してニヒリズムを克服しようと試みる。一九二七年の論文「歴史と終末論」で、ティリッヒは終末とは、存在の円環を突破する新しいものの生起を担う「超越」であることを指摘している(Tillich [1927]. 111f.)。この論文では終末の超越的性格と新しいものの生起との連関が示されるにとどまっているが、後のティリッヒは「神の国」というキリスト教の象徴を頻繁に用いるようになる。この「神の国」の象徴の特性は、時間的な目標というだけでなく、政治的・社会的な空間をも意味する点にある。特にティリッヒは、一九三八年の論文「神の国と歴史」では、「神の国」という象徴を歴史内在的な「歴史の内における神の国」と、歴史超越的な「歴史を超えた神の国」との統合として提示する姿勢を明確にしている。これはやがて到来する「歴史を超えた神の国」としての終末と、歴史内的時間の中で、終末の先取りあるいは断片的成就としての「歴史の内における神の国」を共在させるもので、いわば現在的終末論と、将来的/歴史超越的終末論の両方の性質を有している。そしてこの「神の国」は、時間の内とそれを超えた地点という意味だけでなく、現実化した政治的・社会的共同体およびそれらの究極目標としての神の支配といった、空間的意味をも含有している。

さらにティリッヒにとって、時間を歴史的なものとするカイロスは、単なる人間の側の決断によって作り出されるものではなく、カイロスは「時間の中への永遠的なものの侵入」（Tillich［1926d］, 175）である。後に有名な概念となったティリッヒの「永遠の今（eternal now）」は、カイロス論に由来しているのである。「時間は『永遠の今』、すなわち存在そのものの顕れを通して経験されるのでなければ、実体的に現前しない、単にはかない暫時的無常性として経験される」（Tillich［1957a］, 68f.）とあるように、常に過ぎ去り続ける「今」における永遠の現在的次元が強調されている。同時にティリッヒは、終末は将来的／歴史超越的次元を失うことなく、現在的経験の事柄でもあることを述べている。「われわれは、今、永遠に直面している。しかしわれわれは前方へ向かう歴史の終わりを見ており、あらゆる時間的なものの終わりを見ている」（Tillich［1963c］, 396）。このようにティリッヒ自身は、終末論（永遠と時間の関わり）における現在的次元と将来的／歴史超越的次元の並立を主張している。

一方西谷もまた「時は一々の今において恒に新たなものとなる」と捉えている[37]。しかし、ここで西谷がいう「一々の今において恒に新たな時」は、創造的であると同時に移ろいゆく無常性を伴う「新しさ」である。そしてこのような「今」は、「無限な開けのうちで無始無終であるもの」であってはじめて成立する。西谷は、「無始無終なるものとしての『時』の開示は、現存の根底における無限な開けの開示と切り離せない。その無限な開けのうちでのみ『時』は無限に溯り且つ無限に開けゆくものとして、すなわち無始無終なるものとして、現われてくるのである」と述べる[38]。さらに西谷によれば、時間の始めと終わりは、時の内ではなく現存在そのもののうちに求められる。このような探求は、「時の本質への根源的な求め」であり、西谷の言によれば根源的な「もと」への探求である。すなわち西谷にとって、時間とは何か、時間の起源と行方はどこにあるのかといった問いは、時間そのものについて考えても答えられない。始めと終わりを持つ時間が探求されうるのは、「現存（現存在）」における無限の開け、いわばひたすら自己に内在的に沈潜していくことによって開かれる境地なのである。

7　ニヒリズムの克服としての歴史観とその行方

7－1　空間と存在

ここまで西谷とティリッヒの時間および歴史概念について、その特徴を確認してきた。両者の時間論は、当然ながら彼らの空間論と結びつけて評価しなくてはならない。カントのいうように、時間と空間はともにアプリオリな認識形式を形成しており、自己と世界を認識するにあたって両者の連携は不可欠だからである。それでは西谷の空間概念について、彼の自己理解あるいは世界理解がどのようなものかを概観していく。西谷の考えるキリスト教における時間と存在者との関係性理解には、西谷の宗教哲学の大きな特徴が示されている。「プラトニズムによって代表される形而上学やキリスト教は、『時』を超えて永遠不変に有るものを、時間的なるものの『もと』として考える。キリスト教の神は『時』そのものの『もと』ですらある。そこでは、この世界のものはその存在の根拠を自らのうちにもち得ず、その有はすべて彼岸の世界の超越的な有にもとづけられる。時間的なるものはすべてそれ自身としては意味も価値ももち得ず、超時間的なるものから初めて意味や価値を与えられてくる」(39)。このように西谷は、キリスト教の時間概念について、「神」を存在の根拠とみなした上で、この世の全ての有（存在および存在者）は彼岸に成立根拠を持つと捉えている。あくまで西谷にとっては、キリスト教も新プラトン主義も、超時間的・彼岸的な時間として存在者に関わるという特徴を持つものとして理解されている。

それでは西谷自身は、存在者が存在しうる根拠をどこにおくのだろうか。西谷が考える「自己」は、対象的なものとして認識されるにとどまらず、単に「在る」ものでもない。むしろ生成原理である。しかし、そのような「自己」を支える根底としての神は想定されない。西谷の「自己」理解では、むしろ「身心脱落＝自己ならざる自己」が生成したときに「空」の境地が出現し、自己のニヒリズムが克服される。同時に心身脱落の状態では、「自己」が束縛されている「苦と死の世界と同時にそのうちにある我々自身」から解放される。[40] 西谷の「空」は「空間性を欠いている」ということを意味するのではなく、「空」もまた空間的概念と切り離すことはできないのではないかと考えられる。なぜなら「空」とは、「無」を徹底したときに身心脱落した自己がいる「場所」であり、「開けの場所」であるからである。

存在の根拠を「自己」の内の「自己ならぬ自己」という空の場におく一方、西谷はデカルトのような「我考えるゆえに我在り」といった独我論的立場は、自己自身のうちに閉じこもった自己のあり方であるとの批判を加える。[41] 西谷は「自己ならぬ自己から自己ならぬ自己」[42]へといった徹底した自己への転換によって、真の自己となると捉える。「自己ならぬ自己」への転換は、「脱自」の働きである。脱自では自己意識の場がいっそう根源的な自己の場へ突破され、はじめてその真理性を確保することができる。西谷にとってこのような脱自は、単なる「自己意識」を突破しつつも、徹底的に自己そのものとなり、自己は徹底的に、今この場所、すなわち此岸のものとなるのである。

他方、ティリッヒにおける空間概念および存在概念はいかなるものであろうか。ティリッヒのいう「空間」とは、特定の場所の広がりにおいて特定の存在者が占める領域のことを指す（Tillich, [1959c], 32f.）。人間としての存在者もまた、個体としてある一定空間を占めるが、人間は完全な単独者として存在することがないため、「空間」は共同体や集団が支配する領域をも示す。ティリッヒは「空間」の概念に「土壌（soil）」の語を連関させ、「空間としての土壌」に相互隣接性や、血族および民族的集団、国家などの意味内容を付与している（*ibid*., 32）。ティリッヒによれば、空間は時間と優位性をめぐって抗争するが、人間においては最終的に時間の勝利が可能であること、そして空間支配下にある実存が悲劇的である（歴史内での実存の救済は生じない）ことが示されている（*ibid*., 30-39）（第6章**2**参照）。

ティリッヒの存在概念については、先行研究も含め長大な内容となるため、本研究では西谷との比較において有効な内容のみ取り上げる。ティリッヒの存在概念について注目するのは「自己」という存在者に関する部分にとどめたい。一九五一年の『組織神学』(第一巻)では、「自己」と「世界」に関して、自己がどのようなものであり世界をいかに認識するかといった観点において存在論が用いられる。また著作成立年代として近接し内容的にも近似する、一九五二年の『存在への勇気』では、自己は存在と非存在の混合であり、「非存在の脅かしにもかかわらず、自己が肯定される」ことにおいて存在しようという勇気を持つことが述べられている。この場合、「存在の根拠」となるのは神であり、神は「存在それ自体」でもある。自己は存在の根拠によって肯定されることを通して、非存在の脅威から、回復された自己を獲得するのである。

R・シャールマンは、ティリッヒのこのような自己のあり方について、「無を超えて回復された自己(restored self beyond nothingness)」であると述べ、その点で西谷のいう「無における無我(no self in nothingness)」と対比的であると指摘する。[43] 筆者自身は、シャールマンのこの見解は、ティリッヒの「非存在の脅威から回復された自己」概念については適切であるが、西谷の「無における無‐自己」概念については不正確と考える。というのも西谷はニヒリズムを「無」ではなく、無の徹底において内在的に超越する「空」への飛躍において克服しようと試みているからである。筆者のこの立場は、阿部正雄のシャールマン批判と共通するが、[44] 阿部はシャールマンの表現にある“in”と“beyond”の適切さについては指摘しきれていない。またシャールマンが西谷のいう「空」について、「無」を「上方へ超える(beyond)」働きではなく、「無の内にある(in)」(ないしは「場である」)と表現した点は的確であろう。西谷の「空」は徹底的に此岸の事柄であり、無の内へと内在しつつ超越する働きと捉えるべきだからである。

さらに、ティリッヒと西谷の違いについて、シャールマンや阿部が指摘していないポイントを強調しておきたい。西谷はキリスト教的歴史観における「終末」とは「超歴史の次元から、キリスト再臨や最後の審判という一回的な歴史的事件として歴史の次元に現れ、歴史に切りをつけるもの[45]」と捉えている。前述のとおり西谷は、キリスト教のこのような歴史観は、他の思想や宗教と相容れない不寛容な内容として批判する。しかしティリッヒの想定する終末論では、西谷のこのような批判はあたらない。というのもティリッヒは、創造や終末といったモチーフに関しては存在論を用いて記述し、歴史内のある特定の時間と場所で生じた（あるいは生じる）出来事としては捉えていないからである。[46] 例えば創造の出来事であれば、時間的要素は捨象され、「本質存在から実存存在への移行」といった存在論的事柄として記述されている。つまり「創造された善性（＝本質）が現実化して実存するに至った時間・空間上の一点があるわけではない以上、創造と堕落は一致する」（Tillich［1957a］, 44）。また終末はすなわち「時間の終わり」であるから、「時間の中の出来事」として捉えることはそもそも不可能である。ティリッヒにおいては創造も終末もまた、歴史・時間を超えた事柄、永遠の時間との接点として理解されている。歴史の終わりは、確かに西谷のいうように超歴史的な次元から歴史の中に一回的に突入するようにもみえるが、カイロスにおいて永遠は常に時間へと流入しており、「歴史の終わり」という出来事はすでに歴史の内の事柄ではないのである。ティリッヒは創造や堕罪、終末といった事柄を存在論的に記述することによって、それらを直線的な時間的連続から超越しつつも、特定の瞬間に垂直的に内在するものとして捉え直したのである。このようなティリッヒの姿勢には、ブルトマンのような創造論や終末論の非神話化・現在的終末論を踏まえつつも、待望される終末という観点をも確保しようという試みであったと考えることができよう。[47] ティリッヒにとっては、西谷の「空」のような徹底した此岸的救済だけでなく、此岸を超えたところからの救済が極めて重要であったのである。[48]

7－2　歴史観と社会倫理

それでは最後に、西谷とティリッヒの歴史観の違いによって、社会に対するアプローチや倫理的な行為の動機づけがどのように異なってくるか確認しておきたい。西谷自身は、「空」の立場は「徹底して歴史的」であると捉え、ニヒリズムを克服すると位置づけている。一方「劫」としての時間は、無始無終な時を場として「有る」ためには不断に何かを為し続けなければならないという「負課性」や「負い目」から離れることができない[49]。このような「劫」は「空」の立場によって克服されなければならないと西谷は捉え、「空としての歴史」という時間概念を提唱するのである。すなわち人間にとって脅威となるニヒリズムを克服するためには、「劫」の立場から「無我」あるいは「空」の立場への転換、換言すれば「自己中心的な意思の立場」から「無我的な三昧の立場」への転換が必要となる[50]。そのような転換において、人間の行為は、全て真に「負い目の償却」となり、かつ真に「負い目の負荷」となる、と西谷はいう[51]。

さらに西谷にとって空の立場は、自己を無にして空へと飛躍する点で宗教的なものと考えられる。西谷は論文「空と歴史」の後半において[52]、「人間であるそのままで、然も人間性を脱した有り方の場に立つ」という「無我の実存」あるいは「自他不二的な実存」へと至る[53]。無我の実存は、「自我がない」ので、自己中心性から脱している。この脱自己中心性は、「自己中心性は他者中心性と一つにのみ成立する」。他者中心性は自己中心性と一つにのみ成立し得る」といわれるように、「自利即利他」の境地を意味する[54]。このように無にされ、自己中心性を脱した自己においては、他者に対して為すべき行為を理性的に意思するものではなく、むしろ意思しないことによって倫理的行為が可能となる。すなわち、絶対的に無とされた自己はもはや他者とは異なる個を持たない。そこで西谷にとって他者に対する態度は以下のように表現される。「あらゆるもののうちに、生けるもののうちにも、山河大地のうちにも、自己自身を見、それらを己のごとく愛する立場でなければならぬ。その時の自己とは、絶対的に無にされた自己である[55]」。

西谷のこのような倫理観は、実際、彼の社会に対する態度にいかにその思想的背景が影響しているのかという観点から捉え直す必要があるだろう。西谷は、京都学派と国家主義とのつながりという問題で核となる思想家の一人である。国家主義および大東亜共栄圏構想を容認する態となった座談会「近代の超克」の目的は、藤田正勝によれば「総力戦」を支える「思想戦」を試みるために開催されたのではなく、[56]「自分たちの言葉で戦争を位置づけようとした試み[57]」であるという。藤田によれば、「座談会『近代の超克』は戦争を支える思想の形成を意図しながら、『思想喪失』をしかもたらしえなかったと言うことができる[58]」が、「思想喪失」に終わりつつも「近代の超克」は「マジナイ語」にはなりえたと捉える。すなわち「戦争を正当化する鍵がそこにあるという印象を、この『近代の超克』という言葉が作り出しえたと言うことができるであろう。それ自体は、その内容の充実に失敗した単なる形骸であったと言えるかもしれない。しかし逆にその抽象性の故に、アジアへの帝国主義的な侵略に起因する屈折と、帝国主義列強間の争覇という実体とを覆い隠すものとして機能しえた[59]」と捉えている。したがって西谷にとって「近代の超克」の意義は、当時の歴史的・社会的状況に立ちつつもそれを批判的に捉え、なすべき行為を導き出すということではなく、自身がどのように社会状況を認識し自覚的に捉えるかという点に主眼があったと思われる。

またJ・W・ハイジックは、「より政治的・社会的な視点からみれば自覚の問題は、日本の近代において目を引く主体性、文化的特性、倫理性、国家的性格、民主主義的正義といった問題の端女にすぎなくなるかもしれない。しかし、西谷の宗教的世界観に立てば、自覚を端女の地位にとどめおくことは彼の思想の全体像を歪めてしまうことになるであろう[60]」と述べ、西谷にとって社会的・倫理的問題よりも自覚の方が重要であったことを指摘している。さらにハイジックによれば、西谷は「天賦人権」のような絶対的個人主義を非難すると同時に、民族主義に訴えて個人の人権を飲み込む国家形成を目論むドイツの国家社会主義をも拒絶する。ハイジックは、西谷にとって「国民共同体乃至民族との関係は、根本に於いて、同一と差別の結びつきという矛盾的統一の関係」、「つまり国家は自分の絶対性を否定してはじめて真の国家となる。彼のことばで言えば国の中心は『超越的にして内在的』であるが、自己否定を含む『超越の面に国家の最も深い中心が存在する』のである」と指摘している[61]。すなわち、西谷においては個人と国家の関係は緊張・対立関係ではなく、また個人における空の立場と同様の事態を国家においても想定していることが明らかである。

このように西谷における個人と集団の関係は、「近代の超克」のような政治的な事柄に関しても「空」の自覚に収束する。西谷は、自己が自己自身になることは、「自己中心性」のような他との別ではなく、むしろ「自己が自己になることによって他者になる」道を開くという。「すべての他者が救われる場、むしろそこにおいて他者が自らは知らずにもともと既に救われてあり、そしてそれに気付くことによって現に救われるような場が、現存在の上に開かれる」(62)。ここには自己と他者との区別はなく、したがって自己と他者が形成する共同体も想定されないことになるだろう。「その場におけるまたその場としてのあり方に自らを信か《ま》す」(63)態度こそが、「共同体」のあり方となる。西谷が「近代の超克」をめぐって示した「共栄圏」への支持は、西谷にとっては思想的な必然であったように思われる。

他方、ティリッヒの歴史観において「カイロス」は、「歴史の内における神の国」の断片的成就および「歴史を超えた神の国」の最終的完成といった目標からみて、「今」何を為すべきかを判断する、決断の瞬間である。特に一九二〇年代から三〇年代におけるティリッヒの歴史哲学は、国家社会主義に対抗し、宗教社会主義を時代の要請として提唱する内容であった。ティリッヒの歴史哲学において、西谷と最も大きく異なる点は、自己と国家の関係性ではないかと考えられる。西谷の場合は、自己と国家は「矛盾的同一」にあり、ともに絶対性を脱することで真の自己や国家へと超越する。「空としての歴史」において、自己は理性的人格を超えた「自己ならぬ自己」から「自己ならぬ自己」へと転換する。さらに「空としての歴史」において、「国家ならぬ国家」から「国家ならぬ国家」へ、という転換や内在的超越も生じると理解すべきなのではないだろうか。「『自利利他』とか「自覚覚他」とかの精神が、国家の立場に現れたもの」(64)と西谷自身、「『近代の超克』私論」において述べるとおりである。

ティリッヒの歴史哲学の場合は、自己と国家の異質性は明白である。国家のような集団は、中心化する力の構造を有し、為政者はその集団の意思決定を行い、集団を体現する。個人もまた中心化する力を有するものとして存在し、人格が個人の意思決定を行い、個人を体現する。しかしティリッヒにとってこれらの構造はアナロジーにすぎない。個人の人格的中心はその人の中心であるが、集団における支配集団は、集団の共通利害を実現するものの、支配集団は集団の一握りの部分にとどまるからである。権力集団が中心そのものと拡大解釈されてしまうとき、集団のメンバーとしての個人は、その決定に抵抗できる余地がない（Tillich［1945］（1990），177）。集団の決断を行う為政者を、個人における人格的中心同様に、集団を体現する「中心」とみなすことは錯誤である。なぜなら個人と人格的中心は切り離して存在することはできないが、支配者集団の意思と集団の構成員の意思が一致しないことはありうる事態だからである（Tillich［1954］，625f.）。またティリッヒにとっての自己は「回復された自己」として、それまでの自己とは異なる自己への生成が想定され、そこで何をなすべきかが課題となる。しかし「回復された自己」はあくまで自己であり、「自己ならぬ自己」や「無我」ではない。「生の全ての次元の多次元的統一に従えば、空間を持たない時間はないし、結果的に歴史的空間を持たない歴史的時間はない」（Tillich［1963a］，322）。共同体における動態や歴史の動態についての記述は、個人の政治的行為についての記述である。また『組織神学』第三巻において、歴史の内における神の国は、政治的・社会的象徴としての神の国と捉えられ、歴史を超えた神の国は、永遠の生や世の終わりの象徴として想定されている。ティリッヒにとって「神の国」とは、歴史の終わりとしての終末に待望される共同体というだけではなく、歴史内で実現される政治・社会的共同体としての側面をも有するのである（*ibid.*, 358f.）。

8 結び

西谷とティリッヒの歴史哲学は、ニヒリズムの克服という共通の課題を有する一方で、両者の結論は大きく異なることが明らかとなった。西谷の「空としての歴史」は、人格神に依らない宗教哲学としての普遍性を有すると同時に、彼岸へ解決を求めずにニヒリズムを自己へと引き受けるという点に特徴を持つ。しかしこれらの特徴は、宗教的な抽象性や、「近代の超克」にみてとれるように、特定の国家のような此岸的・歴史内存在の全面的肯定へとつながる問題点も抱えている。西谷は「劫」としての時、つまり時が課す負い目を引き受けることから始まる倫理的行為を模索するのではなく、時の底へと内在的に超越しようと試みたのである。この超越において、他者との関係性や社会のあり方といった問題は一端エポケーされ、転換する。西谷は転換した自己こそが真に自己であり他者であるとみなすことによって、他への倫理的問題を捨象しているのである。

他方、ティリッヒのいう「カイロス」においても、そこで何を為すべきか明確ではない。実際、ティリッヒと宗教社会主義によって連帯したE・ヒルシュのように、ヒトラー政権による第三帝国の出現を「カイロス」として意識するケースもあった[65]。そこでティリッヒは諸カイロスの基準となる「唯一のカイロス」として、歴史内におけるキリストの出現を位置づけ、キリストの啓示を規範原理とするようカイロス論を変容させていったのである[66]（第5章**1**参照）。このように規範原理や基準を求めるならば、宗教哲学としての普遍性の度合いは減少することになるだろう。西谷とティリッヒは、歴史哲学において、特殊と普遍、内在と超越、此岸と彼岸といった両極を行き来しつつ、その統合を体現しようと試みた点において、ニヒリズムの克服だけでなく、このような知的格闘も共有していたと考えられるのである。

【比較研究4】

宗教と倫理の関わり

――ティリッヒとデリダの正義論、ロヴィンのキリスト教倫理を手がかりに――

1　はじめに

宗教と倫理はどのような関係にあるのかという問いは、古くて新しい問いであり、極めて広範な思想背景を有する問いでもある。特に近代以降の十九‐二十世紀には、カントやヘーゲルなどの哲学者、バルト、ブルンナー、ティリッヒなどの神学者、M・ウェーバーなどの宗教社会学者らによる、宗教と倫理に関する思索が隆盛した。近年でも、ポスト世俗化時代を背景に、Ch・テイラーやJ・ハーバーマス等による、公共圏と宗教の関わりについての研究が盛んである。これらは、思想的な立ち位置や時代が異なっていても、「宗教あるいは宗教思想と、社会との関係性」をテーマに論じているという点で、共通項を持っている。本研究では、論点を明確にするため、宗教と倫理の関係を考察するための予備的考察として、宗教あるいは宗教思想を「キリスト教における」と限定し、R・W・ロヴィンによるキリスト教思想と社会との関係性についての類型論を概観する。ロヴィンの類型論は現在の社会状況のみに着目しているが、キリスト教思想と社会との関係について論じる際には、過去から現在、さらに将来に至る時間軸への着目が重要なポイントであると考えられる。この筆者の見解について、ティリッヒのキリスト教思想を参照しつつ考察する。最後に、「これから到来するもの」を「法外さ（実現している法制度を超えるもの）」と捉えるデリダの思索と、ティリッヒ思想を比較し、「法外さ」という概念が、キリスト教思想と社会ないし宗教と倫理の関連を考える上で、有用な手がかりとなることを論証する。

2　ロヴィンによるキリスト教思想と社会の関係についての類型

キリスト教思想と社会との関係について考察するにあたり、まずキリスト教倫理学者であるロヴィンの議論をもとに、その概要を把握していきたい。ロヴィンは独自の思想体系を構築して提唱するのではなく、神学思想を思想史的・中立的にマッピングしている点で、宗教と倫理の関係を俯瞰的に考察するという本稿の目的に合致しており、従来の宗教と倫理の関係理解を把握する上で有用である。ロヴィンの著書『キリスト教倫理入門』は、二十世紀中盤のキリスト教思想における、社会の位置づけを類型的に捉えている。(1) この類型は、「キリスト教共同体が、現実の社会をどのように評価するか」という観点によって分類されている。ロヴィンは「キリスト教倫理」を説明する際、当然ながら「キリスト教倫理」が、キリスト者にどのような行為を具体的に選択すべきかを指示するものではないことを述べ、キリスト教倫理のあり方を一種の「立場（stance）」であると位置づけている。(2) よってキリスト教倫理の立場とは、「キリスト者の間で一般的に共有される、一連の信条から始まる道徳的問題についてのアプローチ」であり、一連の信条には、「神、そしてナザレのイエスに体現された神の現前が、いかに人間の生を再形成し、人間の歴史の方向性を指し示すかについての信条」が含まれることになる。(3) ロヴィンによれば、立場は、世界において（in the world）自らが占める場所と歴史について考える方法を提供する。そしてキリスト教思想を、社会の位置づけによって、①相乗効果（synergy）、②完結性（integrity）、③現実主義（realism）、④解放（liberation）の四つに分類する。以下、各類型を概観する。

①相乗効果（synergy）

「相乗効果」の立場を取るキリスト教思想は、キリスト教信仰と、人間の善についての社会における理解との間で何らかの共通性があるとみなし、宗教が社会とともに働く方法を模索する。ロヴィンがこの立場の代表的神学者として名前を挙げるのが、J・C・ムレイである。ムレイは二十世紀中盤、米国において社会と教会の両者の相互連関について思索したカトリックの神学者として知られる。ムレイは、カトリック信仰と米国の民主主義との「相乗効果」を説明するために、「公共的合意（public consensus）」なる概念を提唱した。[4] 人間は、理性を用いて自らの生活を良いものにしようと努めるため、社会のメンバー全員が同じ信仰を共有する必要はない。共有すべきなのは信仰ではなく、市民的な同意への関与である。また共通善に対して貢献するものは何か、そして共通善を維持するために必要な枠組みとは何か、理性を用いて議論することが必要である。ムレイによる「公共的合意」は、アメリカの民主主義と、伝統的な自然法概念の結合である。

ムレイにとって「公共的合意」は、単なる偶然の産物ではなく、人間が神の被造物であり、共通の目標に向かう人間性を持つがゆえに可能となる。また人間は、その人間性が必要とするもの（安全、家族、教育、仕事、共同体など）を理性によって知ることができる。キリスト者はこのような人間性を神の創造の一部と捉えるが、キリスト者以外の人々はそのように理解しないかもしれない（しかし「相乗効果」の機能そのものには影響しない）。ムレイの理解は、トマス・アクィナスの自然法理解をアメリカの民主主義とカトリック教会との関係に適用し、再解釈したものと言える。[5]

②完結性（integrity）

「完結性」の立場を取るキリスト教思想は、キリスト教を社会の目標や価値から切り離されたものであると考え、非キリスト教徒とは異なるキリスト者独自の生き方を維持することを提唱する。ロヴィンがこの立場の代表的神学者として名前を挙げるのが、S・ハワワースである。[6] ハワワースは、社会が分断され暴力的側面を持ったものと捉え、キリスト教会とキリスト者がこのような社会にどのように対峙するかを問うている。[7] 一般的に倫理学では、功利主義であれ分配的正義であれ、何らかの普遍的なルールを想定することで社会の抱える問題について思考する。しかしハワワースの主張する倫理は、社会的な問題の解決そのものを目指すのではなく、イエス・キリストを模範とする共同体を維持することに主眼を置く。ハワワースにとってキリスト者の政治的課題は、「世界を変えること」よりもむしろ「教会であること」にある。[8] そしてハワワースはムレイとは異なり、キリスト教会は、全ての人間が知り得る人間性ではなく、教会のみが知り得る「真実」に集中するべきだと述べる。

このようなハワワースの立場は、特定の時間・空間には依存しない。いかなる時代や政治体制であっても同じ結論に至る神学である。ハワワースを含む「完結性」型神学に対しロヴィンは、社会が「神の目的に対して不十分である」という判断と、「人間の目的に照らせば他の共同体よりもましである」という両方の見解を持たないとしたら、道徳的ジレンマに対する解決をみつけることができない、と批判する。[9] また、実社会は様々な宗教的背景を持った人々から構成されているため、「神の目的から見て不十分」であったとしても、妥協や選択をしなければ、社会に対する責任を回避することになってしまうとも指摘する。

③現実主義（realism）

ロヴィンは、「現実主義」の神学は、神と人間との関係の物語を、人類の歴史と社会についての重要な示唆と捉える点では、「完結性」の神学と共通すると指摘する。[10] しかし、「現実主義」の神学において、キリスト教の立ち位置を現実に合わせて歩み寄る点は、「完結性」型神学とは大きく異なる。ロヴィン自身は「現実主義」とは社会に対する「責任（responsibility）」を重視する立場であると捉えており、二十世紀以降多くの神学者や哲学者、文学者が、人間の理想を保持しつつも冷静な視点で現実の社会を捉えてきたリアリズム思潮の規定についてはやや曖昧である。ロヴィンが代表的神学者として名前を挙げるのが、ニーバー兄弟である。H・R・ニーバーは、自身の神学をバルトとトレルチの融合と称しており、ロヴィンのいう「完結性（integrity）」を保ちつつ、宗教の社会的・文化的機能を融合した(11)。またR・ニーバーは、神学者であると同時に政治学者として、冷戦期の米国の外交政策に大きな影響を与えた(12)。R・ニーバーの考えるキリスト教倫理は、当時の社会状況をよく反映しているが、R・ニーバー自身も歴史的な限界を免れた恒久的な答えを提供するような立論には懐疑的であった。このようなR・ニーバーの立場は、道徳的シニシズムを回避し、適切な政治判断に到達することを試みる点で現実的であり、社会に対する責任を果たしてはいる。しかし、現実の政治制度の中で、キリスト者にとって望ましい政策を提言する試みであるため、実際の政治や文化の内在的な限界に拘束されるという側面を持つ。また現実の社会制度の中に、宗教に由来する超越性を読み込んでしまう恐れもあるだろう。

R・ニーバーは、ムレイ同様「共通善」について考察するが、ムレイと異なるのはニーバーが、人間は罪ゆえに共通善のみに基づいて正義を実現できないことを強調する点である(13)。ロヴィンは、最良の選択肢ですら、神の視点からみれば道徳的に「不明瞭（ambiguous）」であるというニーバーの見解は、政治と適切な距離を取っていると評価している(14)。他方ハワワースは、ニーバーにおける神学と政治との密接な関わりが、キリスト者のアイデンティティーを喪失させ、「利用可能な政策オプション」の中から最良のものを選択するキリスト者と、キリスト者以外の人々との差異が見出せなくなる点を批判している(15)。

表　ロヴィンの類型の整理

	〈社会に対する見方〉	〈社会変革への態度〉
①相乗効果（synergy）	肯定的	現実を受容
②完全性（integrity）	否定的	社会が（自ら）変わるべき
③現実主義（realism）	否定的	現実を受容
④解放（liberation）	否定的	社会を（宗教が）変えるべき

④解放（liberation）

「解放」の立場を取るキリスト教思想は、キリスト教信仰が抑圧者の政治的、経済的、心理的力から被抑圧者を解放し、また、貧困層や社会の周辺に住む人々に対して「解放」のメッセージをもたらすと主張する。「解放」のキリスト教思想の系譜には、「ウーマニスト神学（Black Womanist ethics）」「民衆の神学」「解放の神学」などがあるが[16]、いずれも社会と既存のキリスト教に対する批判的視点を共有している。これらの神学は、貧困が自然発生的な不運や偶然ではなく、支配者による搾取と、支配者に富と権力を集中させる政治・経済システムに由来するのだと考える。このような批判的な見方は、これまでのキリスト教神学や聖書理解に対しても向けられる。すなわち従来の教会が持っている考え方や聖書理解が、女性や少数者の貧困を容認しているという批判である。また「解放」のキリスト教思想は、経済、政治、歴史などの社会理論を導入し、イエス自身が貧しく疎外されたものの一人であったという点に依拠しつつ、貧困者の視点から福音の本質を見出そうとする[17]。「完結性」の神学と同様、「解放」のキリスト教思想も受肉と贖いの信条に注目する。ただし「解放」のキリスト教思想では、受肉と贖いはキリスト者の社会に対する行為と経験に関連づけられており、ハワワースはこの点を批判的に捉える[18]。また、貧困者の経験から出発する「解放」のキリスト教思想に対し、「現実主義」の神学からは、自らの都合の良いように現実を歪める危険性が指摘される。つまり今日の被抑圧者の地位にあるものが、明日の抑圧者になる可能性は否定できない。

以上、ロヴィンの四つの類型について概観したが、筆者はこの類型を、「社会に対する見方」と、その結果として生じる「社会変革への態度」という二つのパースペクティヴから整理することが可能であると考える（表参照）。

ここから、ロヴィンの類型論について、その適用範囲と限界点を指摘しておきたい。この類型は、キリスト教思想が社会を位置づけ、社会変革に対して何らかの態度を示すことを指摘している。つまりそのキリスト教思想が、社会に対して何らかの態度を有する限り、この類型を適用できる可能性があり、その点ではこの類型は非常に広い適用範囲を持っている。もちろん類型論であるから、全てのキリスト教思想を網羅するわけではないことは当然であり、類型にあてはまらないキリスト教思想（つまりロヴィンの類型論では分類できない例外）や、複数の類型要素を含むキリスト教思想も存在する。例えば筆者の見解では、ロビン・ギルの神学は①から③までの立場を幅広く含んでいる[19]。例外の存在は、類型の改良が必要となるかもしれないが、キリスト教思想を社会とのかかわりにおいて類型化すること自体の本質的限界とはいえない。

一方、ロヴィンの類型論は対象となるキリスト教思想の「現在の社会状況に対する立場」のみに着目している。四つの類型は「現在の」社会をキリスト教思想がどう評価するか、という点で共通項があるが、「現在」という時の過去あるいは未来との関係性には着目しない。過去から照射される現在や、未来が到来する現在といった、終末論的視座は確認できない。ロヴィンの言葉によれば、各立場と社会との関係性は、「適応（accommodation）」や「批判（criticism）」「相互協力（mutual support）」であるというが[20]、社会における個人がどのように行為するべきかという倫理的な判断基準が各立場で示されるわけではない。このような問いは、キリスト教倫理は社会に対する立場であると捉えるロヴィンの類型論の射程外であるし、ロヴィンは個別の倫理的問題についての言及を避けている。さらに言えば、行為の判断基準は、個人に由来するものなのか、共同体に由来するものか、という一九八〇年代後半から九〇年代に興ったリベラリズムとコミュニタリアニズムの論争とも関わるが、個人と共同体との関係性もロヴィンの類型論では論じられていない。ロヴィンの議論は、一九六〇年代から八〇年代における宗教と倫理の関係についてはカヴァーしているが、今後の宗教と倫理の関係を考える上では不十分であると思われる。ロヴィンの議論を踏まえつつも、現代における宗教と倫理の関係を問い、われわれの問題状況に適するような理論を提示する必要があるだろう。

先述した問い、社会における個人の行為の判断基準がどのように成立するかという問題に対しては、極めて広範な議論が必要であり、その議論を歴史的経緯も含めて網羅的に論じることは本研究の範囲を大きく超える。しかしロヴィンの分類に応じる形で限定的に答えるならば、キリスト教思想において、社会に対する「肯定」や「否定」、「変革」の要請などは、「社会は本来このようなものであるべきだ」という創造論的・終末論的視点からの視点や目標がなければ、肯定も否定も、どのように社会を変革すべきかについても、不明なままにとどまるだろう。ロヴィンは、社会に対する批判や順応の神学的根拠を明確に示していないが、筆者は、キリスト教思想と社会との関係を考える上で、〈社会に対する見方〉の根拠が重要であり、社会における時間軸の射程や終末論のあり方がその根拠となると考える。また〈社会に対する見方〉そのものについても、ロヴィンは言及していないが、単なる「肯定」でも「否定」でもない「両義的」な捉え方についても考察する必要があると考える。というのもこの「両義性」は、単に「肯定」と「否定」という二つの類型要素の混合ではなく、「本質」とは何かという存在論的次元の問いを提起するからである。

次節では、このような「両義性」に関する思索として、ティリッヒのキリスト教思想を取り上げる。ティリッヒの考える「社会における両義性」とは何か、またティリッヒは何を根拠として「社会が両義的である」と判断するのだろうか。特にティリッヒの後期の著作から考察を進めていく。

3　ティリッヒ思想における宗教と社会との関係

3－1　社会における両義性

まずティリッヒの社会に対する立場を明らかにするため、ティリッヒが社会状況、あるいは社会状況に関する諸思想について論じたものを取り上げる。

ティリッヒは一九六五年の論文「〈地上の平和〉について」の中で、当時のローマ教皇ヨハネ二十三世による回勅〈地上の平和〉を契機に、社会の民主的な制度改革が実現したことを称賛しつつも、回勅で語られた言葉の有効性は、キリスト教的ヒューマニズム文化圏に限定されると批判的な見解を述べている。殊にティリッヒは、自らの思想的立場を「プロテスタント神学者であると同時に実存主義的哲学者として」語る存在であると認識し、人間の本性は、本質存在の善性と現実存在との間、つまり実存の状況下における葛藤（生の両義性）によって規定されると述べている（Tillich［1965］(1990). 178f.）。このような存在論的分析において、ティリッヒは、人間の本性における本質的要素と実存的要素の混合が葛藤を生み出し、その葛藤が「実存の問い」を提起する一方、その問いは人間における本質的要素に呼応する「神学の答え」によって答えられるという人間観を提示する。ティリッヒは存在の「両義性（ambiguity）」という概念に基づくことによって、最善の政策選択も、神の視点からみれば道徳的に「不明瞭（ambiguous）」であるといったR・ニーバーのような見解とは異なり、実際の人間存在や社会状況といった現実存在は、実存と本質両要素の混合であるために常に両義的（ambiguous）であると捉える見方をとる。「最善の意志のうちには悪の意志の要素があり、最悪の意志のうちには善の意志の要素がある」（*ibid.* 178）というティリッヒの立場は、「現実主義」を取るニーバーに比して、政治状況に対して悲観的である。しかしティリッヒの位置づけでは、実存において、本質的なものあるいは超越的なものの断片的な成就があるからこそ、人間はより完全な成就の可能性に気づき、それを追求することが可能になる。本質の完成は、歴史内における正義と平和の最終段階としては望み得ないが、「時間の特定の瞬間における悪の力に対して、部分的な勝利を希望することができる」（*ibid.* 181）のは、実存における本質、また内在における超越の要素が失われていないからである。

他にもティリッヒは両義的な人間観について、マルクス主義との比較によって立場を明らかにしようと試みている。ティリッヒによれば、マルクス思想における人間の「疎外」の概念は、本質的なあり方における人間存在を前提している（Tillich［1953］, 253）。マルクスのいう疎外は、ティリッヒが考えるキリスト教の「創造」概念と類似構造を持っている。ティリッヒの理解では、創造は本質的無垢から、創造的根底に矛盾する状況へと陥る堕落との存在論的一致と捉えられる。人間が実存においては疎外された状況にあると捉えられる点で、ティリッヒとマルクスは共通の立場をとる。

一方、ティリッヒによれば、キリスト教理解における「堕落」は普遍的であるが、マルクス主義の理解における「疎外」は時間的に制約される。すなわちティリッヒの「創造と堕落」は、特定の時間・空間の中で生じた歴史的生起ではなく、歴史を超えたものとして存在論的に位置づけられている。キリスト教でいう堕落とその克服である終末が歴史を超えたものである一方、マルクスは、プロレタリアート支配という歴史内のユートピアに、「本質への回帰」を見出している（*ibid.*, 258）。よってマルクス主義では、人間の本質を想定しつつも、時間に拘束され、本質を歴史内における具体的な形で実現することが目指される。

以上のように、キリスト教思想と社会との関係についてのティリッヒの立場では、いかなる社会も実存の条件下では疎外されているが、その本質を完全には喪失してはいない。よってティリッヒにとって社会とは「肯定でも否定でもなく、両義的」であることになる。

ティリッヒのいう本質の部分的成就は、歴史を超えた終末において完成するとされるため、「今現在、社会において何をなすべきか」という倫理的な一連の考えもまた、現在と未来における本質と実存をどのように評価するかにかかっており、またそれぞれのキリスト教思想の終末論的立ち位置によっても異なるだろう。キリスト教倫理を考察し、キリスト教思想が社会をどのように評価するかという類型の分類においては、終末論まで含めた時間的射程を用いることが必要であり、それにより新たな知見が開かれる可能性もあるのではないだろうか。というのも現実の社会状況についての立場の違いだけでなく、社会がいかなる起源と目標を想定し、何を望むのかといった「いまだ到来していないもの」という観点から考察することができるからである。

それでは次に、社会における「いまだ到来していないもの」に関して、特にティリッヒが宗教と倫理の関係について、また社会における法や正義に関して論じた著作をもとに論考していく。

3−2 ティリッヒにおける法と「法の外」

ティリッヒによる宗教と倫理についての思索は、前期思想ではカイロス論が中心となるが、後期では一九五四年の『愛、力、正義』や一九六三年の『道徳とそれを超えたもの』等の著作において論じられている。本研究では、比較考察する他の思想家と近接する時代に限定するため、ティリッヒの後期思想を取り上げる。まず、『愛・力・正義』では、法（law）と正義（justice）の関係が取り上げられている。ティリッヒの定義によれば、正義には一面として「比例的正義（proportional justice）」や「分配的正義（distributive justice）」のような、功績と報奨が計量的に結びつく形式があり、法律や法の執行の領域においては、これらの正義が規範となる（Tillich [1954], 612）。正義は、法において具体化されている一方で、正義は愛と力との存在論的な統合関係にある。つまり正義は、法制定や法執行を行う力と統合すれば「分配的正義」となり、愛との統合によっては、法の普遍性・一般性にとどまらず、個別の具体的状況に応答するものとなる。このような存在論的構造において、正義における「創造的正義（creative justice）」という、固定された比率で計算することができない動的な要素が明らかになる（*ibid.*, 613）。「創造的正義」は、「正義における創造的要素」である愛と統合されたものである（*ibid.*, 621）。そして「創造的正義」は、「恩寵による義認」の教義に象徴される罪人の赦し、すなわち正しくない者を正しいとする「不正義」や、比例的正義では受容されない者の受容を要求する内容を持つのである（*ibid.*, 622）。このようにティリッヒにおいては、正義は法に具体化されるのみならず、愛との統合によって法を超える側面を有することが、存在論を基礎として主張されている。

またティリッヒの一九六三年の著作『道徳とそれを超えるもの[21]』もまた、倫理の存在論的基礎づけを目指すものであった（Tillich [1963d], 654）。この論文においても、法（law）は「特定の時代に属しているものを全ての時代に課そうとする試み」であるのに対し、愛（love, *agápē*）は、永遠性・尊厳・無条件的妥当性を失うことなく、あらゆる個別の要求と、社会的状況の具体的要求に応じて自らを変容し得るとされる（*ibid.*, 697）。そしてティリッヒは、愛を道徳的行為（倫理的行為）の存在論的な起源・動機づけと捉えることによって、道徳がその無条件性を失うことなく、同時に単なる律法や強制ともならない道を模索している。

ティリッヒの法・正義の概念は、当時の思想状況への提言、すなわち分析哲学のように倫理学を論理学的・意味論的な問題に還元するのでもなく、規範倫理学の可能性をも否定するプラグマティズムともならない、新たな倫理のあり方を存在論的枠組みから提唱する目的から形成されたものである（*ibid.*, 653）。特にティリッヒはプラグマティズムについて、経験から規範を見出すことは困難であると指摘する（*ibid.*, 694f.）。つまりこの場合、倫理的行為の判断基準は、支配的社会集団によって維持されるコモン・センスや慣習に依存するからである。

また倫理的相対主義かあるいは絶対主義かという二者択一の問題に答えるためにティリッヒは、永遠的な原理である愛が、特定の状況において法として具体化されるという議論に加え、「カイロス」概念を導入する（*ibid.*, 697）。カイロスについてティリッヒは、新約聖書では「キリストの出現による時の成就」、そして「ドイツの宗教社会主義においては、特別な賜物あるいは特別な課題が、永遠から歴史の内へ突入してくる瞬間」（*ibid.*）として再解釈された、と述べている。カイロスとは、「新しいもの」や「永遠に意義あるもの」が、時間的な形態において自らを顕現する瞬間である（*ibid.*）。カイロスの意味を明らかにし、「所与のものへの批判と、到来するものへの希望」（*ibid.*）を表明することは、歴史に対する預言者的なあり方においてなされる。すなわち「変化する世界における倫理は、カイロスの倫理として理解されなければならない。変化する世界における倫理の要請への答えは、カイロスによって決定される。しかし愛のみがあらゆるカイロスにおいて出現することができ、法にはそれは不可能である」(*ibid.*)。またカイロスは、歴史的過去において準備されたものが成就する瞬間でもあるため、現実の法制度は単に解体されるのではなく、新たな創造の局面を迎える。例えば権利章典に具体化された自然法の原理は、特別な状況における愛の具現化として登場したが、それが永遠の法として律法主義的に適用されるならば、単なるイデオロギーとなるのである(*ibid.* 698)。

ここまでティリッヒにおける法および正義の概念について確認した。法は正義を具体化するが、正義は、愛という創造的要素によって、固定化される法を超え、個別に応答する創造的正義となる。また創造的正義(あるいは愛)は、カイロスにおいて「新たに到来するもの」に開かれることになる。ここでティリッヒがいう「法を超える正義」は、「法外である」とも言い換えることができよう。というのも、正義は創造的要素として愛を有し、ティリッヒの場合は「正しくない者を正しいとする」神の愛における、律法を超えた「法外さ」が示されているからである。

ティリッヒの思索から抽出された「法を超える正義」、「将来から到来するもの」という要素は、キリスト教思想と社会との関係を新たに捉え直す有効な手がかりとなるだろう。次節では、ティリッヒの思想とそれ以後の現代思想、中でもJ・デリダとの接近点を指摘しつつ、これら要素の有効性について論じる。

4 「法外さ」
——ティリッヒとデリダの比較——

一九六五年にティリッヒが没した後、形而上学の現前性を批判するデリダの脱構築に代表されるポストモダンが隆盛を迎えた。ティリッヒ思想の体系性や、存在論的概念およびロゴス中心の認識論は、二十世紀を代表する成果であるが、続くポストモダン思想に継続する遺産であったかどうかは疑わしいとみなす論者もいる。[22] 本章では、法を超える正義の「法外さ」について論じたデリダの『法の力』を参照しつつ、ティリッヒのいう「法を超える正義」がポストモダンへ架橋するものなのかどうかを確認していきたい。筆者の見解は、ティリッヒの創造的正義の概念は、デリダがいう法の脱構築としての正義の萌芽的先取りであり、彼らの思索の目標は一致していたというものである。[23] またこの点で、ティリッヒ思想と現代思想との接点が見出せると思われる。デリダ自身は、宗教と倫理の関係について、直接何らかの「答え」を提示してはいない。デリダの議論の目的は、宗教と倫理の関係ではなく、また何らかの「答え」を提示する仕方でもないからである。しかしここまで論じてきた、既存の社会や制度を「超える」という宗教が持つ機能をさらに考察するにあたって、デリダの脱構築論は示唆的であると考えられる。

デリダは一九九四年の著作『法の力』において、「法（droit）」と「正義（justice）」を対比させ、両者の差異について論じている。[24] デリダは、脱構築が正義を可能にするどころか、正義を脅かしたり、正義が可能であるための条件を崩壊させたりするのではないか、という想定される反論に対し、[25] むしろ「正義」は、脱構築として「不可能なものが経験される」ことにおいて成立すると述べる。正義とは、「現実存在していないけれども、また現前している／現にそこにあるわけでもない――いまだに現前していない、またはこれまで一度も現前したことがない――けれども、それでもやはり正義は存在するという場合において」経験されるとデリダはいう。[26] つまりデリダのいう「正義」は、法のように固定化された形式を持つがゆえに、形式が揺らげば即脅かされるような正義ではなく、「脱構築の可能性としての正義」を意味している。

他方、「法（droit）」は、執行可能性や適用可能性を持つ実定的なものであるが、それに従うことが必ずしも道徳的に「正しい行為」であるとはいえない。それはカントが述べたように、合法的に行為することと道徳的に行為することは同一ではなく、客観的な法に従って行為してもそれが必ずしも正義に適っているとはいえないからである[27]。このように単なる合法性を超えるものをカントは「道徳」と呼び、デリダは「正義」と呼んでいる。デリダは「法外さ」という概念について一般的に、「法に関連していない」こと（＝無法性）や、「法と矛盾している」こと（＝非合法性）を意味するとともに、「法を超えている」こと（＝超法規性）を含意する、と指摘している[28]。デリダが注目するのは「法を超えている[29]」という事態についてであり、それは厳密な法適用からの逸脱ではあるが、必ずしも不正義であるとは限らないと評価している。法が計算の働く場である一方、正義はそれを計算することが不可能なものである。ある行為が正義に適うか適わないかを決断するにあたって、規則（règle）が何の保証も与えることができない瞬間にこそ、正義が経験される[30]。

さらにデリダは、法を超えた正義を「到来する他なるもの」と捉えている。まず正義における「他者」という要素について、デリダは、レヴィナスのいう他者の「顔」との関係に触れ、レヴィナスにとって正義とは「まっすぐに顔を迎え入れること」と定義されると述べている[31]。デリダ自身も、正義には「開かれた部分」があり、開かれた部分とは他者の到来であるとして、次のようにいう。「他者がやって来ることなくして正義はない[32]。」他者とは、自己以外の他人を含め、自己の外側から思いがけない形で到来する他なるものを意味するだろう。そして正義は「これからやって来るという状態のまま」にあり、それ（正義）は「これから否応なくやって来るさまざまな出来事からなる次元そのものを開いて見せてくれる[33]」。この「到来する」という要素ゆえに、正義は法的・政治的な一概念にとどまらず、法や政治を変革したり基礎づけたりする道を切り開くものとなり得る。

ここまでデリダの「法」および「法外さ（法を超える正義）」について概観した。デリダがいう「正義」は、法に適った行為も含みつつ、法自体を超えるものとして働く。ティリッヒがいう「正義」もまた、「分配的正義」としては法の形式を取りつつ、「創造的正義」という法を超え出ていく性質を見出している。この両者の試みは、カントが提唱した、義務に適った「適法性」としての行為と、義務に基づいた「道徳性」としての行為を分ける取り組みと共通している。しかしティリッヒ思想がカント以上にデリダに近い点は、正義が存在するとされる、その仕方においてである。先述のように、デリダは正義のあり方について、「現実存在（exister）していないけれども、また現前している／現にそこにある（présent）わけでもない――いまだに現前していない、またはこれまで一度も現前したことがない――けれども、それでもやはり正義は存在する（il y a）」と述べていた。[34] この引用部分最後の「存在する（il y a）」というあり方は、現実において実存する仕方ではなく、経験的な次元でもない。[35] このように「現実存在するもの（現前するもの、現にそこにあるもの）」と「存在するもの」が区別される仕方は、ティリッヒがいう、実存在として経験される「実存」と、現実化していないが可能的に存在する「本質」が区別されるあり方と構造的に類似する。デリダが現前するものとしては経験できない、とみなす正義は、実存として存在しなくとも非存在とはならない点で、デリダもまた形而上学あるいは存在論に踏み込んでいる。[36]

さらに「他なるものが到来する」というデリダの正義の要素は、ティリッヒのカイロス論を想起させる。変化する世界における「カイロスの倫理」は、すでに実現している社会制度に対し、いまだ到来していないものを決定的な変化をもたらすものとして受け入れようとする態度だからである。

しかしデリダとティリッヒの差異も以下のとおり指摘できるだろう。デリダにおいては、ティリッヒのように、創造に始まり、歴史において準備されてきたものがある瞬間において成就するという、過去から現在に至る時間軸はみてとれない。そしてカイロスの最終的な成就である終末が想定されるわけではない。またデリダにおける正義は、ティリッヒが想定したように「愛」が前提されているわけでもない。さらにデリダの場合は、「人間が本来そのように創造された」ものとしての本質的要素は想定されていない。これらの点に大きな差異がみてとれる。

以上、デリダとティリッヒにおける法と正義をめぐる思想を取り上げ比較した。この比較において、時間軸の開始・終結地点については理解が異なるものの、いまだ到来していないものに他者（ティリッヒの場合は絶対他者）を見出すことや、現実存在を超える「法外さ」を見据えた思索の共通項が明らかになった。ここで確認したデリダとティリッヒの共通点と差異こそが、「キリスト教思想と社会の関係」ないし「宗教と倫理との関わり」を考える上で重要な示唆を与えるのではないだろうか。つまり、デリダがキリスト教思想の影響を受けていたことは完全に否定することはできないとしても、デリダとティリッヒの共通点、すなわち「いまだ到来していないもの」や「法外さ」は、宗教からみた社会との関係や、特定宗教の特殊性を捨象しても成立し得る宗教倫理の可能性を考察する上でも重要な概念となり得ると思われる。一方、デリダとティリッヒの差異、すなわちその思想における時間軸の特殊性（創造と終末についての理解）や、「到来するもの」における絶対他者は、キリスト教思想の特殊性を保持した宗教倫理、すなわち「キリスト教倫理」の成立可能性を担保するのかもしれない。

5　結び

本研究では、キリスト教思想における社会の位置づけについて、ロヴィンの類型論に依拠しつつ、それぞれの立場の違いを明確化した。ロヴィンの議論は有用だが、特定の時代における社会と宗教の現象学的な分析にとどまっているため、現代から将来を見据えた宗教と社会の関係を分類・考察する際には不十分であった。また、実存に対する本質存在のような、社会のあり方や個人の行為自体についての判断基準は不明確となっている。そこで、存在論および将来的／歴史超越的終末論の立場が明確な後期ティリッヒ思想を取り上げ、過去から現在を経て未来へと向かう時間軸および新たに到来してくるものという視点が、新たな社会的ヴィジョンを描く際の鍵となることを指摘した。そして現在の社会・法制度を超える「正義」について、ティリッヒおよびデリダの思想の共通点と差異を明らかにすることによって、両者に共通する「法外さ」や「他者」への視座が、今後の宗教と倫理のあり方について考察する上で、極めて示唆的であることが分かった。筆者自身、宗教とは法を含まないのではなく、法のみならずその外、つまり法外さを含有するものと考える。自然法のように法形成の過程において、宗教が機能する場合も想定される。しかし、特定の時間・空間において実現している法や倫理の枠組みからこぼれ落ちるものへの視座なくして、宗教は宗教たりえないと思われる。なぜなら宗教は、内在的な制度や具体化された形式を超える脱自性や超越性として、ティリッヒの言を借りれば、文化の「形式」を「内実」として充たす機能を果たすことが可能であり、またそのようにはたらくべきものだからである。事実、法や倫理は、先に宗教が指し示し個別的に実践していたものを、後から広く現実化・普遍化し、実効性あるものとして、その配慮の対象を弱者や人間以外のもの（自然や動植物）へと拡大してきたと捉えることもできる。

宗教の持つ脱自性や超越性は、「アガペー」や「大悲」などの概念に最もよく現れている。これらの概念は人間による倫理的行為の限界を示すと共に、人間がそれを打破し、無限なるものの「開かれ」に招かれている可能性を示している。そして宗教は、特定の時間・空間（とりわけ回帰性を持った空間）に束縛された法や倫理のもと、現れ出る社会状況の過誤や不十分さを、「預言者」として告発することができる。それは宗教が、この世の内にありつつも完全にはこの世のものではない「境界に立つもの」だからである。

註

序

（1） アブラハムの召命物語は、「時間が空間を凌ぐ形式」の歴史を示す例として、一九三三年の『社会主義的決断』、一九三九年の「われわれの時代の根本問題としての歴史」、一九五九年の『文化の神学』などにたびたび用いられている。Wilhelm & Marion Pauck, *Paul Tillich: His Life and Thought* (Harper & Row Publishers, 1989 (1976)), p. 138.

第1章

（1） 近代における人間の世界観において、超越的性格から内在的性格への転向は、哲学・神学・芸術・科学など多様な分野で確認できる。

（2） 本書では、ティリッヒ思想の発展史について、芦名定道（『ティリッヒと弁証神学の挑戦』創文社、一九九五年、一六六－一七一頁、『ティリッヒと現代宗教論』北樹出版、一九九四年、三九－四八頁）の研究による分類に依拠する。芦名の研究によれば、前期ティリッヒ思想＝第一次世界大戦～一九三三年、中期ティリッヒ思想＝一九三三年～第二次世界大戦、後期ティリッヒ思想＝一九四六年～一九六〇年、晩年期＝一九六〇年～一九六五年とみなされる。さらに芦名によれば、前期ティリッヒ思想は二五年を境に前期IとIIに分けられる。また後期と晩年期については、『組織神学』（一九五一－一九六三年）全三巻に一貫性を見出すという芦名ならびに筆者の立場から、連続性があるものとして扱う。しかし一九六三年の『組織神学』第三巻を含め、晩年期のティリッヒが、世界諸宗教との出会い等において新たな思索の方向性を見出していたという要素は付加される。

（3） 後期ティリッヒの主著『組織神学』（一九五一－一九六三年）は、第一巻（第一部「理性と啓示」、第二部「存在と神」）・第二巻（第三部「実存とキリスト」）・第三巻（第四部「生と霊」、第五部「歴史と神の国」）から成る。伝統的な組織神学の構成でいえば、第一巻は神論、第二巻はキリスト論、第三巻は聖霊論である。そしてそれぞれの部において、実存の問いに対して神学が答えとなるという形で相関の構造を取る。

（4） Kenneth Hammilton, *The System and the Gospel: A Critique of Paul Tillich* (Macmillan, 1963)

（5） Reinhold Niebuhr, "Biblical Thought and Ontological Speculation in Tillich's Theology", in: Charles W. Kegley and Robert W. Bretall (eds.), *The Theology of Paul Tillich* (Macmillan, 1952)

（6） David H. Kelsey, *The Fabric of Paul Tillich's Theology* (Yale University Press, 1967)

（7） Adrian Thatcher, *The Ontology of Paul Tillich* (Oxford University Press, 1979)

（8） 藤倉恒雄『ティリッヒの「組織神学」研究』（新教出版社、一九八八年）。

（9） Langdon Gilkey, *Gilkey on Tillich* (Wipt and Stock Publishers, 2000 (1990))

（10） Sturm Wittschier, *Paul Tillich: Seine Pneuma-Theologie. Ein Beitrag zum Problem Gott und Mensch* (Glock und Lutz, 1975)

（11） Gunther Wenz, *Subjekt und Sein: Die Entwicklung der Theologie Paul Tillichs* (Chr. Kaiser, 1979)

（12） 芦名定道『ティリッヒと弁証神学の挑戦』（創文社、一九九五年）。

（13） 大木英夫「『新しい時間』と『新しい存在』――バルトとティリッヒ比較研究ノート」（『パウル・ティリッヒ研究2』組織神学研究所編、二〇〇〇年）一二五頁－一六六頁。高橋義文「ティリッヒの歴史神学の一側面」（『パウル・ティリッヒ研究』組織神学研究所編、一九九九年）八四頁－一〇九頁。相澤一「ティリッヒ『組織神学』の基礎構造――存在論、キリスト論、歴史論」（聖学院大学大学院博士論文、二〇〇四年）。

（14） 芦名定道はティリッヒの思想構造、思想の発展史、思想の形成背景に至るまで入念に分析し、ティリッヒ研究における建設的な議論の展開を担った。他にも石川明人、今井尚生、岩城聡、川桐信彦、近藤剛らの研究がある。

（15） 芦名定道『ティリッヒと現代宗教論』（北樹出版、一九九四年）。芦名定道『ティリッヒと弁証神学の挑戦』（創文社、一九九五年）。石川明人『ティリッヒの宗教芸術論』（北海道大学出版局、二〇〇七年）。今井尚生「P・ティリッヒにおける『カイロス』と認識の形而上学――歴史相対主義の克服」（『基督教学研究』第一五号、一九九六年）。今井尚生「価値および意味と宗教の問題――トレルチおよびティリッヒの思想を手掛かりとして」（『基督教学研究』第一八号、一九九八年）。岩城聡「ティリッヒの社会主義と民族問題」（『ティリッヒ研究』第九号、二〇〇五年）。「ティリッヒの宗教社会主義――その現代的意義についての一考察」（『ティリッヒ研究』第七号、二〇〇三年）。「ティリッヒ・ヒルシュ論争が明らかにしたもの――ティリッヒ神学と宗教社会主義が直面した課題」（『ティリッヒ研究』第三号、二〇〇一年）。「現代芸術の宗教的次元」（『ティリッヒ研究』第五号、二〇〇二年）。川桐信彦「芸術神学序説――ティリッヒにおける状況と芸術」（『ティリッヒ研究』第六号、二〇〇三年）。近藤剛『初期ティリッヒ思想研究』（京都大学課程博士論文、二〇〇八年）。芦名の一九九四年の研究、石川の二〇〇七年の研究は、後期ティリッヒ思想も対象に含まれている。

（16） Jean Richard, "Tillich's Eschatology of the late American Period（1945-1965）", in: Gert Hummel（ed.）, *New Creation or Eternal Now / Neue Schöpfung oder Ewiges Jetzt: Is there an Eschatology in Paul Tillich's Work? / Hat Paul Tillich eine Eschtologie?*（Walter de Gruyter, 1991）

（17） Hans Schwarz, "Der Strenwert der Eschatologie in der Theolgie Paul Tillichs", in: Gert Hummel（ed.）, *op. cit.*

（18） G. O. Mazur, "Eschatology as the Symbol for the Experience of Faith in the Thought of Paul Tillich", in: Gert Hummel（ed.）, *op. cit.*

（19） Victor Nuovo, "Is Eternity the Proper End of History?", in: Gert Hummel（ed.）, *op. cit.*

（20） Wolfhart Pannenberg, *Gründzuge der Christologie,* Aufl. 7.（Gütersloher Verlagshaus, 1993）, S. 405.

（21） Ingeborg Henel, "Paul Tillichs Begriff der Essentifikation und seine Bedeutung für Ethik", in: *Die Neue Zeitschrift für systematische Theologie und Religionsphilosophie,* Bd. 10.（Thormann & Goetsch, 1968）, S. 1-17.

（22） Ted Peters, "Eschatology: Eternal Now or Cosmic Future?", in: Raymond F. Bulman & Frederick J. Parrella（eds.）, *Religion in the New Millennium: Theology in the Spirit of Paul Tillich*（Mercer University Press, 2001）, pp. 319-327.

（23） Eberhard Rolinck, *Geschichte und Reiche Gottes: Philosophie und Theologie der Geschichte bei Paul Tillich*（Ferdinand Schoningh, 1976）, S. 290-296.

（24） Langdon Gilkey, *Gilkey on Tillich*（Wipt and Stock Publishers, 2000（1990））

（25） Jack S. Boozer, "Being and History in Paul Tillich's Theology", in: Gert Hummel（ed.）, *God and Being / Gott und Sein: The Problem of Ontology in the Philosophical Theology of Paul Tillich / Das Problem der Ontologie in der philosophischen Theologie Paul Tillichs*, TBT 47 (Walter de Gruyter, 1989), pp. 129–146.

(26) Raymond F. Bulman, "Tillich's Eschatology of the late American Period (1945–1965)", in: Gert Hummel (ed.), *op. cit.*

(27) Werner Schüßler, "Existentielle Wahrheit- ein Grundthema des Denkens von Karl Jaspers und Paul Tillich", in: Gert Hummel (ed.), *Truth and History-A Dialogue with Paul Tillich* (Walter de Gruyter, 1998)

(28) Erdmann Sturm, "Geshichte und Geshichtsphilosophie bei P. Tillich und K. Löwith", in: Gert Hummel (ed.), *op. cit.*

(29) Charles Winquist, "Untimely History", in: Gert Hummel (ed.), *op. cit.*

(30) Danz Christinan, "Jesus Christus als Mitte der Geschichte, Die geschichtsphilosophischen Grundlagen von Paul Tillichs Christologie", in: Peter Haigis, Gert Hummel and Doris Lax (hg./ed.), *Christus Jesus — Mitte der Geschichte!? / Christ Jesus — the Center of History!? Beitraege des X. Internationalen Paul Tillich-Symposions Frankfurt/Main 2004 Proceedings of the X. International Paul Tillich-Symposion Frankfurt/Main 2004,* Tillich-Studien 13 (Lit Verlag, 2007)

(31) Martin Leiner, "Jesus Christus und das Reich Gottes", in: Peter Haigis, Gert Hummel, Doris Lax (hg./ed.), *op. cit.*

(32) Jack S. Boozer, "Being and History in Paul Tillich's Theology", in: Gert Hummel and (ed.), *God and Being / Gott und Sein: The Problem of Ontology in the Philosophical Theology of Paul Tillich / Das Problem der Ontologie in der philosophischen Theologie Paul Tillichs* (Walter de Gruyter, 1989)

(33) Eberhard Rolinck, *Geschichte und Reiche Gottes: Philosophie und Theologie der Geschichte bei Paul Tillich* (Ferdinand Schoningh, 1976)

(34) Christinan Danz, "Jesus Christus als Mitte der Geschichte, Die geschichtsphilosophischen Grundlagen von Paul Tillichs Christologie", in: Peter Haigis, Gert Hummel, Doris Lax (hg./ed.), *Christus Jesus — Mitte der Geschichte!? / Christ Jesus — the Center of History!? Beitraege des X. Internationalen Paul Tillich-Symposions Frankfurt/Main*

2004 Proceedings of the X. International Paul Tillich-Symposion Frankfurt/Main 2004, Tillich-Studien 13 (Lit Verlag, 2007)

(35) ここでは代表的な研究を列挙しておく。Renate Breipohl, *Religiöser Sozialismus und bürgerliches Geschichts-bewußtsein zur Zeit der Weimarer Republik* (Theologischer Verlag, 1971). Karin Schäfer, *Die Theologie des Politischen bei Paul Tillich unter besonderer Berücksichtigung der Zeit von 1933 bis 1945* (Lang, 1988). A. James Reimer, *The Emanuel Hirsch and Paul Tillich Debate: A Study in the Political Ramifications of Theology* (The Edwin Mellen Press, 1989). Robert P. Ericksen, *Theologians Under Hitler: Gerhard Kittel, Paul Althaus and Emanuel Hirsch* (Yale University Press, 1985). Jean Richard, "The Question of Nationalism", in: Raymond F. Bulman and Frederick J. Parrella (eds.), *Religion in the New Millennium: Theology in the Spirit of Paul Tillich* (Mercer University Press, 2001). 芦名定道「ティリッヒ・ヒルシュ論争が明らかにしたもの——ティリッヒ神学と宗教社会主義が直面した課題」(『ティリッヒ研究』第三号、二〇〇一年)。芦名定道「ティリッヒと宗教社会主義」(『ティリッヒ研究』第七号、二〇〇三年)。芦名定道「ティリッヒの宗教社会主義——その現代的意義についての一考察」(『ティリッヒ研究』第一一号、二〇〇七年)。岩城聡「ティリッヒの社会主義と民族問題」(『ティリッヒ研究』第九号、二〇〇五年)。中でもライマー、シェーファー、岩城などは、ティリッヒの渡米後から第二次世界大戦終結時までのティリッヒ思想(中期ティリッヒ)も研究対象として議論を行っている。

(36) Brian Donnelly, *The Socialist Émigré: Marxism and the Later Tillich* (Mercer University Press, 2003)

(37) Ronald H. Stone, *Paul Tillich's Radical Social Thought* (John Knox Press, 1980)

(38) Mark L. Taylor, "Tillich's Ethics: Between Politics and Ontology", in: Russell Re Manning (ed.), *The Cambridge Companion to Paul Tillich* (Cambridge University Press, 2009)

(39) Brian Donnelly, *op. cit.*, p. 88f.

(40) Ronald H. Stone, *op. cit.*, p. 73.

(41) 相澤一『ティリッヒ「組織神学」の基礎構造——存在論、キリスト論、歴史論』(聖学院大学大学院博士論文、二〇〇四年)。

（42） Konrad Glöckner, *Personsein als Telos der Schöpfung*（Lit Verlag, 2004）
（43） Christian Danz, *Religion als Freiheitsbewusstsein*（Walter de Gruyter, 2000）
（44） Alexander C. Irwin, *Eros towards the World*（Wipf and Stock Publishers, 1991）
（45） Ronald H. Stone, *op. cit.*
（46） Kodzo Tita Pongo, *Expectation as Fulfillment: A Study in Paul Tillich's Theology of Justice*（University Press of America, 1996）
（47） Wolf R. Wrege, *Die Rechtstheologie Paul Tillichs*（J. C. B. Mohr, 1996）
（48） 土肥真俊『ティリッヒ』（日本基督教団出版局、一九六〇年）。
（49） 近藤勝彦「パウル・ティリッヒの神学における政治の問題――特にその『組織神学』第三巻をめぐって」（『神学』第五一号、一九八九年）。近藤勝彦『歴史の神学の行方――ティリッヒ、バルト、パネンベルク、ファン・リューラー』（教文館、一九九三年）。
（50） 芦名定道『ティリッヒと現代宗教論』（北樹出版、一九九四年）六三－六六頁。
（51） 芦名定道『ティリッヒと現代宗教論』（北樹出版、一九九四年）。芦名定道「P・ティリッヒの宗教思想研究」（京都大学博士学位論文、一九九四年）。芦名定道『ティリッヒと弁証神学の挑戦』（創文社、一九九五年）。
（52） 岩城聡「ティリッヒにおける宗教社会主義の神学的意義――ティリッヒ・ヒルシュ論争をめぐって」（『基督教学研究』第二二号、二〇〇二年）。岩城聡「ティリッヒの宗教社会主義――その現代的意義についての一考察」（『ティリッヒ研究』第七号、二〇〇三年）二一－二八頁。
（53） John P. Clayton, *The Concept of Correlation: Paul Tillich and the Possibility of a Mediating Theology*（Walter de Gruyter, 1980）. 芦名定道『ティリッヒと現代宗教論』（北樹出版、一九九四年）六三－六六頁。芦名定道『ティリッヒと弁証神学の挑戦』（創文社、一九九五年）。
（54） Ronald H. Stone, *Paul Tillich's Radical Social Thought*（John Knox Press, 1980）, p. 37.
（55） Wilhelm & Marion Pauck, *Paul Tillich: His Life & Thought*（Harper & Row Publishers, 1989（1976））. Eduard Heimann, "Tillich's Doctrine of Religious Socialism", in: Charles Kegley（ed.）, *The Theology of Paul Tillich*

（Macmillan, 1982（1952））, p. 324. 相澤一『ティリッヒ「組織神学」の基礎構造――存在論、キリスト論、歴史論』（聖学院大学大学院博士論文、二〇〇四年）など。

（56） Wilhelm & Marion Pauck, *op. cit.*, p. 41.

（57） 芦名定道『ティリッヒと現代宗教論』（北樹出版、一九九四年）。Renate Breipohl, *Religiöser Sozialismus und bürgerliche Geschichtbewußtsein zur Zeit der Weimarer Republik*（Theologischer Verlag, 1971）. John P. Clayton, *The Concept of Correlation: Paul Tillich and the Possibility of a Mediating Theology*（Walter de Gruyter, 1980）

（58） 芦名定道『ティリッヒと現代宗教論』（北樹出版、一九九四年）六八－六九頁。Raymond F. Bulman, "Tillich's Eschatology of the late American Period（1945–1965）", in: Gert Hummel（ed.）, *New Creation or Eternal Now / Neue Schöpfung oder Ewiges Jetzt: Is there an Eschatology in Paul Tillich's Work? / Hat Paul Tillich eine Eschtologie?*, TBT 54（Walter de Gruyter, 1991）, p. 138f. Hannelore Jahr, "Vom Kairos zur heiligen Leere: Tillichs eschatologische Deutung der Gegenwart", in: Gert Hummel（ed.）, *op. cit.*, p. 22.

（59） 近年の研究の動向においてしばしば取り上げられるようになった「初期ティリッヒ」思想（第一次世界大戦まで）は、初期『組織神学』（一九一三－一九一四年）の成立など興味深い点も多いが、本書ではティリッヒの政治思想や歴史哲学が本格的に形成された時期に限って、前期・中期ティリッヒを参照し、後期ティリッヒ思想をより明確につかむという目的に主眼をおいて把握していく。

（60） 詳細については巻末の参考文献表を参照のこと。Tillich［1922a］, Tillich［1926d］, Tillich［1926e］, Tillich［1927］, Tillich［1930a］, Tillich［1933a］, Tillich［1933b］, Tillich［1934a］, Tillich［1938］, Tillich［1939b］(1948), Tillich［1948b］, Tillich［1951］, Tillich［1957a］, Tillich［1958a］, Tillich［1959c］, Tillich［1963a］, Tillich［1963c］

（61） 「近代」の語の示す内容については第２章での課題であるが、ティリッヒの定義によれば、ルネサンス以降から一九一〇年頃までを指す（Tillich［1939a］, p. 226）。またティリッヒは近代が完全に実現した時代として、十七世紀の市民革命を特に強調している（Tillich［1945］（1990）, 111–119）。

（62） とりわけ本書では以下の代表的な研究を参照した。

John P. Clayton, *The Concept of Correlation: Paul Tillich and the Possibility of a Mediating Theology*（Walter de

Gruyter, 1980)
Adrian Thatcher, *The Ontology of Paul Tillich* (Oxford University Press, 1980)
Gert Hummel (ed.), *Being Versus Word in Paul Tillich's Theology? / Sein versus Wort in Paul Tillich? Proceedings of the VII. International Paul Tillich Symposium held in Frankfurt/Main 1998 / Beiträge des VII. Internationalen Paul-Tillich-Symposions in Frankfurt/Main 1998*, TBT 101 (Walter de Gruyter, 1999)
Gert Hummel (ed.), *God and Being / Gott und Sein: The Problem of Ontology in the Philosophical Theology of Paul Tillich / Das Problem der Ontologie in der philosophischen Theologie Paul Tillichs*, TBT 47 (Walter de Gruyter, 1989)
芦名定道『ティリッヒと現代宗教論』（北樹出版、一九九四年）。
芦名定道『ティリッヒと弁証神学の挑戦』（創文社、一九九五年）。
茂洋「ティリッヒの『存在それ自体』理解」組織神学研究所編『パウル・ティリッヒ研究２』（聖学院大学出版会、二〇〇〇年）。
茂洋『ティリッヒ神学における存在と生の理解』（新教出版社、二〇〇四年）。
藤倉恒雄『ティリッヒの「組織神学」研究』（新教出版社、一九八八年）。

（63）芦名定道『ティリッヒと現代宗教論』（北樹出版、一九九四年）六三－六六頁。芦名定道『ティリッヒと弁証神学の挑戦』（創文社、一九九五年）二五二頁以下。

（64）クレイトンによれば、ティリッヒの用いる「相関」の語にはいくつかの使われ方があり、「相関」に唯一つの定義を与えることは困難とされている。クレイトンによるティリッヒ「相関」概念の分類に従えば、存在論的に用いられる場合（神と世界の相関、自己と世界の相関）・認識論的に用いられる場合（主観と客観との相関）・啓示相関（キリストとしてのイエスの啓示と、キリストとしてのイエスの受容との相関）・「相関の方法」でいわれるもの（「状況」（situation／Situation）と「使信」（message／Botschaft）の相関、哲学と神学の相関）の四種類が挙げられる（John Clayton, *The Concept of Correlation: Paul Tillich and the Possibility of a Mediating Theology* (Walter de Gruyter, 1980), pp. 79–83. まず二つのものの間に「相関関係」が成立するには、両項の相互独立性が保たれていなければならない。さらに

「相関する」の語に、単に両者が「関係する」だけでなく相呼応して変化するという意味合いが含まれる以上、両項の相互依存性がなければ「相関」と呼ぶことはできない。神学の方法論としての「相関の方法」では、「状況」と「使信」の相関、あるいは哲学と神学の相関がその具体的内容である。ティリッヒによれば、「相関の方法」は、「身の程知らずな（self-defy）弁証神学のように問題から解答を導出しようとはしないし、また身の程知らずな宣教神学のように、問題に関連させないで答えを作り上げようとはしない」（Tillich［1951］, 8）。「問いから答えが導き出されるのではない」という記述に注目するならば、人間の状況の分析から使信が表現するところの啓示の内容を引き出すことはできない。すなわち答えは問いから演繹されるのではなく、啓示として与えられるのである。この点において、問いと答えの相互独立性は想定されている。一方で、答えは問いと相互依存的に関連する。ティリッヒによれば、「答えの内実が問いの内実を決定」しているのであり、このことは状況の分析から答えを引き出すことはできないという事態を指す。一方で「問いの形式は答えの形式を決定」している。いかに啓示の内容といえども、それが表現し理解されるための形式を必要とするのであり、そこで採択される形式は問いの形式に対応することになる。よって答えは、問いが問題となる状況の提供する概念的手段を用いて答えられることになる。例えば、問いの形式が存在論的概念をとる（存在の構造について問う）ならば、答えも存在論的形式（「存在自体」としての神）をとる。問い方に適応した答え方がなされるという点において、問いと答えの相互依存性を確認することができるのである。

(65) 相関の方法において、「問いの内実が答えの内実に決定される」ということから、「問い」に「答え」がすでに含まれているのではないか、問い自体に答えが先取りされているのではないか、という疑問も生じるだろう。また問いと答えを遂行する哲学と神学の相関について見てみると、哲学の問いに神学が一方的に答える関係、すなわち神学の優位にあるようにも思われる。この疑問については、「相関の方法」が、問いの適切な答えとして宗教的象徴を解釈するという弁証神学の遂行における論理構造である以上、すでにキリスト教使信が神学者にとっての究極的な関心であり、その神学者の事物についての理解は「神学的円環」の形をとっている。この円環構造は、単なる開き直り的なものではなく、神学的円環の外部との共通根拠が保たれていれば、円環内部にあろうとも論理的正当性は失われない、とティリッヒは捉える。しかし、哲学と神学の共通根拠（common ground）はあっても、そこで両者が衝突したり、逆に総合されたりするような共通基盤（common basis）はない、というのがティリッヒの見解である（Tillich［1951］, 27）。神学者が存在論的諸概念を用いるならば、彼は哲学の領域において、哲学者として、元来の哲学者と論議するのである。哲学も神学も、それぞれ自分の土俵に相手を招き入れて論議を行うことになる。すなわち、ここで必要とされるのは「共通根拠」である。これは自分の外の領域にある者とも共有することができる根拠である。しかし哲学と神学とが直接対決するような共通基盤はない。

（66） John P. Clayton, *The Concept of Correlation: Paul Tillich and the Possibility of a Mediating Theology* (Walter de Gruyter, 1980), pp. 169-175. Pauli Annala, *Transparency of Time: The Structure of Time-Consciousness in the Theology of Paul Tillich* (Luther-Agricola-Society, 1982), pp. 35-53. 芦名定道『ティリッヒと弁証神学の挑戦』（創文社、一九九五年）二五二–二六二頁。

（67） cf. Pauli Annala, *Transparency of Time: The Structure of Time-Consciousness in the Theology of Paul Tillich* (Luther-Agricola-Society, 1982), p. 42.

（68） ティリッヒがいう存在の基礎構造を構成する両極的諸要素は三つであり、それぞれ①個別化–参与、②動態–形式、③自由–運命の両極構造を取る（Tillich［1951］, 164f.）。

（69） ティリッヒは、時間・空間・因果・実体の四つのカテゴリ（範疇）によって存在の基礎構造を記述し、人間が実在を認識する形式に伴う有限性（同時に実在の有限性）を表している。

（70） それは、ティリッヒのこのような記述からも明らかであろう。「組織神学は、存在論的議論それ自体に踏み込むことはできないし、またすべきではない。しかし神学は、それらの中心的概念を神学的意義という観点からは考察することができるし、またしなければならない」（Tillich［1951］, 164）。

（71） またティリッヒは、一九五五年の「聖書の宗教と究極的実在への探求」において、聖書の人格神と存在論は矛盾しないという論証を行い、この論点から存在論を構築している。ティリッヒによれば、人格的な神と存在論が共に成り立つのは、存在に参与しつつ非存在にも参与するゆえに、究極的存在とは何かを問う哲学者と、存在と意味の根底となるものに無制約的に関心を抱く信仰者とは、どちらも構造的には存在論的問いを問うているからである。「究極的実在の問題を問う人と、信仰の状態にある人とは、彼らの関心の無制約的性格という点では同じである」（Tillich［1955a］, 378）。

（72） ティリッヒは二十世紀の論理実証主義（logical positivism）についても、形而上学の否定という点、および哲学を論理学的計算に還元したという点で、新カント学派同様に位置づけ、批判している。

(73) Langdon Gilkey, *Gilkey on Tillich* (Wipt and Stock Publishers, 2000 (1990)), p. 82.

(74) Martin Heidegger, *Sein und Zeit*, 17. Aufl. (Max Niemeyer Verlag, Tübingen, 1993 (1927)), S. 17–19. 芦名定道『ティリッヒと弁証神学の挑戦』(創文社、一九九五年)二五二-二六二頁。

(75) Gunther Wenz, "Tillichs Kritik des Supranaturalismus", in: Gert Hummel (ed.), *God and Being/ Gott und Sein: The Problem of Ontology in the Philosphical Theology of Paul Tillich/ Das Problem der Ontologie in der philosophiscen Theologie Paul Tillichs* (Walter de Gruyter, 1989)

(76) Werner Schüßler, "Power and the Human Conidition: Philosophical-Theological Reflections on the Nature of Power according to Tillich, Jaspers, and Rahner", in: *Religion und Politik*, Christian Danz, Werner Schüßler, Sturm Erdmann (hrsg.), Internationales Jahrbuch für die Tillich-Forschung, Bd. 4, 1. Aufl. (LIT Verlag, 2009), p. 112f. Ronald. H. Stone, *Politics and Faith: Reinhold Niebuhr and Paul Tillich at Union Seminary in New York* (Mercer University Press, 2012), Ch. 9.

(77) John P. Clayton, *The Concept of Correlation: Paul Tillich and the Possibility of a Mediating Theology* (Walter de Gruyter, 1980), pp. 169–175. Pauli Annala, *Transparency of Time: The Structure of Time-Consciousness in the Theology of Paul Tillich* (Luther-Agricola-Society, 1982), pp. 35-53. 芦名定道『ティリッヒと弁証神学の挑戦』(創文社、一九九五年)二五二-二六二頁。

(78) Tillich [1951], 168.

第2章

(1)「近代とはどのような時代であるか」を定義する主な研究としては、社会学の領域でのA・ギデンズや政治哲学の領域でのJ・ハーバーマスやCh・テイラー、哲学領域でのJ・リオタール、科学哲学の分野でのS・トゥールミンらの研究がある。国内の研究においても、筆者の関心である近代とキリスト教の関係性についての研究に限るならば、近代における霊性の喪失を問題と捉える金子晴勇(『近代人の宿命とキリスト教――世俗化の人間学的考察』聖学院大学出版局、二〇〇一年）や、近代とキリスト教特に自然神学との関わりを解明する芦名定道（『自然神学再考——近代世界とキリスト教』二〇〇七年、晃洋書房）の研究が挙げられる。

（2） Anthony Giddens, *The Consequences of Modernity* (Stanford University Press, 1990). Stephen Edelston Toulmin, *Cosmopolis, the Hidden Agenda of Modernity* (Free Press, 1990)

（3） Boss, Lax and Richard (eds.), *Mutations religieuses de la modernité tardive: actes du XIVe Colloque International Paul Tillich, Marseille, 2001*, Tillich-Studien 7 (Lit Verlag, 2002)

（4） *ibid.*, pp. 33-42. André Gounelle, *Le kairos: critique et reconstruction de I'dée moderne progrés.*

（5） Peter Haigis, "Welche Vernunft braucht der Glaube?", in: Christian Danz, Werner Schüßler und Erdmann Sturm (hrsg.), *Internationales Jahrbuch für die Tillich- Forschung 1/2005: Wie viel Vernunft braucht der Glaube?* (LIT Verlag, 2005), S. 37-63.

（6） Renate Breipohl, *Religiöser Sozialismus und bürgerliches Geschichtsbewußtsein zur Zeit der Weimarer Republik* (Theologischer Verlag, 1971)

（7） Robert P. Ericksen, *Theologians Under Hitler: Gerhard Kittel, Paul Althaus and Emanuel Hirsh* (Yale University Press, 1985), pp. 1-27.

（8） Russell Re Manning, *Theology at the End of Culture: Paul Tillich's Theology of Culture and Art* (Peeters, 2005), pp. 173-176.

（9） 芦名定道『ティリッヒと弁証神学の挑戦』（創文社、一九九五年）二五–四〇頁。

（10） Raymond F. Bulman and Frederick J. Parrella (eds.), *Religion in the New Millenium: Theology in the Spirit of Paul Tillich* (Mercer University Press, 2001) 所収の下記論文 Jean Richard, "The Question of Nationalism". Peter Slater, "The Relevance of Tillich's Concept of Creative Justice in the New Millennium". José Míguez Bonino, "Rereading Tillich in Latin America: From Religious Socialism to the Exile".

（11） ニュートンと近代自然科学の諸問題については、芦名定道『自然神学再考』（晃洋書房、二〇〇七年）に詳しい。

（12） Henri Bergson, *Essai sur les données immédiates de la conscience* (Félix Alcan, 1889). Martin Heidegger, *Sein und Zeit*, 17. Aufl.（Max Niemeyer Verlag, 1993（1927））. Rudolf K. Bultmann, *History and Eschatology: The Presence of Eternity*（The Giford Lectures, 1955, Harper & Brothers, 1957）

（13） ティリッヒとハイデガー両者の時間論におけるカント批判という共通項を指摘した先行研究は、以下に示す文献などがある。Pauli Annala, *Transparency of Time: The Structure of Time-Consciousness in the Theology of Paul Tillich*（Luther-Agricola-Society, 1982）. 芦名定道「P・ティリッヒの時間論」（『基督教学研究』第九号、一九八六年）一一五－一三〇頁。

（14） 本書における筆者の見解は、存在としての神に関する議論、すなわち『組織神学』第一巻・第二巻の存在論において抽象化された現実が扱われ、そして第三巻で扱われる霊としての神の働きが、実存にとっての時間（歴史）・空間（共同体）の成立を可能にし、歴史的現実について語りうるようになるというものである。この論点は、第3章・第4章でもその論拠をあげて検討していく。

（15） ティリッヒの一九三三年の講演「居住と空間と時間」によれば、空間の第一のメルクマールは並立（Nebeneinander）であるとされる。つまりあるものが一つの空間を充たしたら、別のものは別の空間を充たし、二つの空間は並立することになる。無機的な存在者も空間を充たす力を持ち、空間を創り出す生あるものと捉えられている。また生物を例に考えてみれば、細胞によって他の環境や他の個体と明確に区別され、その生物が占める空間は生ある限り、他によって侵食されないということが容易に理解できる。同様に、無機物から人間の集団に至るまで、生あるものはその個物の固有の空間を有することになる（Tillich［1933b］, 152f.）。

（16） ティリッヒは、生または実在についていかに記述しうるかという試みにあたって、『組織神学』第三巻では「次元」のメタファーを選択する（この「次元」という語は、「深みの次元」など人間における宗教的なものを表現する際にも用いられてきた（Tillich［1958b］）。またティリッヒはマルクス主義の「水平的思惟」に対し、キリスト教は「垂直的思惟」に基づくと主張するが（Tillich［1953］, 260-262）、「垂直的思惟」は、「深みの次元」とも表現されている（Tillich［1935b］, 480）。本来、人間は遭遇する様々な事物の多様性を、何らかの秩序に従って統一的に認識しようとする知の働きを持つ。この秩序には「層」や「等級」などの概念があるが、「層」のメタファーでは、ある領域において、ある特質は全く現れ出ない。というのも、各「層」の関係は、干渉また対立するからである。生また実在は、自然と人間、宗教と文化、精神と身体など、幾つかの次元によって記述されるが、それら次元は互いに衝突したり支配したりされたりといった関係ではない。ある次元が優勢である領域でも、他の次元も可能的には存在する。このような実在理解また生理解を、ティリッヒは「生の多次元的統一」と呼ぶ（Tillich［1963a］, 12-15）。ティリッヒが「垂直的思惟」を「深みの次元」と言い表しているのは、のちに生を多次元的統一と解釈し、人間だけでなく自然も含めた生の有りようを表現しようとした試みの端緒であろう。

(17)『組織神学』第三巻以前のティリッヒ思想においても、空間に束縛された歴史を持たない民／特定の空間を持たない時間の民という区別がなされているが（Tillich［1933a］, 296-304, Tillich［1959c］, 38-39）、空間を持たない時間の民とは、民族を結合するエロースや究極的関心としての特定の空間を持たず、民族の歴史によって結合を維持する民のことである。よって空間なき民も、ある空間において現存するが、空間を固有のものとして保持しないということがティリッヒの言わんとする内容である。

(18)「時間と空間の抗争」が所収された『文化の神学』（一九五九年）は、ティリッヒ自身が序文に記しているように、自身は組織神学の教師であり続けたにもかかわらず、彼の関心の中心に常に宗教と文化の問題があったがゆえに執筆されたものである（Tillich［1959c］, v）。一九五九年は、『組織神学』第一巻（一九五一年）・第二巻（一九五七年）の刊行後であり、ティリッヒは同書の序文で、自身の著作のほとんどは、『組織神学』第一巻・第二巻も含め、世俗文化とキリスト教とを関連づける方法を規定することを試みるものだと述べている（*ibid.*）。このような背景から、『文化の神学』の内容は、『組織神学』第三巻への橋渡しとして大きな意味を持つと考えられる。

(19) 地縁血縁としての空間の性格については、一九二〇年代の宗教社会主義に関する著作をはじめ、一九三三年『社会主義的決断』、「居住と空間と時間」、一九五九年の『文化の神学』などでたびたび繰り返される。

(20) アブラハムの召命物語は、「時間が空間を凌ぐ形式」の歴史を示す例として、一九三三年の『社会主義的決断』、一九三九年の「我々の時代の根本問題としての歴史」、一九五九年の『文化の神学』などにおいてたびたび用いられている。

(21) ティリッヒのアブラハムに関する議論は、ヘーゲルの多神教／一神教の相違の位置づけに影響を受けて形成されている。Die junge Hegel und das Schicksal Deutschlands: in GW.XII.（cf. 芦名定道「前期ティリッヒとヘーゲル」組織神学研究所編『パウル・ティリッヒ研究』一九九九年、一七八－一九八頁。岩波哲男『ヘーゲル宗教哲学の研究』創文社、一九八四年、五九三‐六二六頁）。また、一九三三年の『社会主義的決断』の議論においても、ヘーゲルの多神教／一神教議論における時間と空間の関わりや、国家・民族と宗教の密接な関係性についての議論を下敷きにしつつ、ティリッヒが「預言者精神」を宗教社会主義の原理として、民族宗教を超えようとする点に関しては、ヘーゲルとの違いが見られる。

(22) 芦名定道は、時間の優位をティリッヒの歴史理解の基本とするならば、「存在論的神学者」という従来のティリッヒへの評価の妥当性が問題になると指摘している（「前期ティリッヒとヘーゲル」組織神学研究所編『パウル・ティリッヒ研究』一九九九年、一九七頁）。本書の立場は、後期ティリッヒ思想の『組織神学』においては歴史論と存在論が相互に連関するというものであるが、一九五九年の「時間と空間の抗争」においては一見、歴史論（時間論）が「存在論」を凌駕するようにも思われる。この整合性については、ティリッヒの存在論の捉え方を検討しなければならない。とりわけ後期ティリッヒ思想では、『組織神学』第一巻（一九五一年）・第二巻（一九五七年）における時間を超えたもの（創造と堕落、終末など）についての記述や、『存在への勇気』（一九五二年）、『愛・力・正義』（一九五四年）における共同体の構造分析（共同体の時間における変容や推移は問わない）、「聖書の宗教と究極的実在の探求」（一九五五年）において人格主義（聖書の記述）と存在論の非人格主義が自らを表現するため他方を必要とすることなど、歴史的時間において表現できない事柄について存在論を適用していると考えられる。また、時間と空間の抗争において「空間」の指す内容（自然・地縁・血縁など）を後期ティリッヒ思想の存在論の内容と同一とみなしてよいかということも問題となる。後期ティリッヒ思想、特に『組織神学』において存在論は、主に空間的広がりを持ち得ないもの（創造と堕落、新しい存在など）に関して適用されているからである。この点で、ティリッヒの存在論概念にはやや不明確な、解釈の可能性の幅がある。ティリッヒの存在論概念全体の解釈は、本書の目的を超えるため、筆者は『組織神学』に関しては、歴史論と存在論が相互連関している点を指摘するにとどめて述べておきたい。

(23) Tillich [1945]（1990）, 112-115に「理性」の意味する内容の分析が明快になされている。

(24) 芦名定道『宗教学のエッセンス――宗教・呪術・科学』（北樹出版、一九九三年）二五‐二八頁。中野実『シリーズ21世紀の宗教学1　宗教と政治』（新評社、一九九八年）一六五頁。

(25) フランス革命後の一七八九年より、暦の変更や「自由」への献児式が定められたこと、「自由」の祭壇の前での誓約を拒んだ聖職者の処罰などが行われたことなどが記録されている。フスト・ゴンサレス『キリスト教史　下巻　宗教改革から現代まで』（石田学・岩橋常久訳、新教出版社、二〇〇三年）。
（26） David F. Strauss, *Das Leben Jesu*（Wissenschaftliche Buchgesellschaft, 1969（1835））
（27） Albert Schweitzer, *Geschichte der Leben-Jesu-Forschung*（Mohr, 1906）
（28） cf. Alister E. McGrath, *Historical Theology: An Introduction to the History of Christian Thought*（Wiley-Blackwell, 1998）. Gerhard Sauter, *What dare We Hope?: Reconsidering Eschatology*（Trinity Press International, 1999）, 水垣渉・小高毅編『キリスト論論争史』（日本キリスト教団出版局、二〇〇三年）。
（29） Friedrich Schleiermacher, *Über die Religion: Reden an die gebildeten unter ihren Verächtern*（Felix Meiner Verlag, 2004（1799））
（30） しかしティリッヒは自身の『キリスト教思想史』の中で、シュライアーマッハーが絶対依存の「感情」という語を用いたことに関しての批判を述べている（Tillich［HCT］, 392）。というのも「感情」の語によって、宗教が心理学的領域にとどまるものと誤解される事態が生じたからである。ティリッヒ自身は、「絶対依存の感情」について、「主観と客観を超えるものについての直接的な意識」と言い換えている（*ibid.*）。
（31） Albrecht Ritschl, *Die christliche Lehre von der Rechtfertigung und Versöhnung*（Olms, 1978（1870））
（32） Adolf Harnack, *Lehrbuch der Dogmengeschichte*（Mohr, Tübingen, 1990（1886-1890））
（33） Martin Kähler, *Der sogenannte historische Jesus und der geschichtliche, biblische Christus*（Chr. Kaiser, 1961（1892））
（34） ティリッヒによれば、ケーラーは「宗教において、いかに主観は客観へと到達しうるか」という問いに基づいて自身の神学を構成した（Tillich［HCT］, 509）。この問いは、ティリッヒの『組織神学』第二巻におけるキリスト論でも主要なテーマである。
（35） Ernst Troeltsch, *Der Historismus und seine Probleme: Erstes Buch, Das logische Problem der Geschichtsphilosophie*（Walter de Gruyter, 2008（1922））
（36） Robert P. Ericksen, *Theologians Under Hitler: Gerhard Kittel, Paul Althaus and Emanuel Hirsh*（Yale University Press, 1985）, pp. 1-27.

（37） *ibid.*, p. 13.

（38） Karl Barth, *Der Römerbrief: Unveränderter Nachdruck der ersten Auflage von 1919* (EVZ-Verlag, 1919)

（39） ブルトマンの現在的終末論に基づく歴史解釈は、コリングウッドの歴史解釈とも共通する。コリングウッドにとってもあらゆる現在の瞬間は終末論的な瞬間であり、歴史と終末論が同一のものと捉えられている。Rudolf K. Bultmann, *History and Eschatology: The Presence of Eternity, The Gifford Lectures 1955* (Harper & Brothers, 1957), p. 120f. Robin G. Collingwood, *The Idea of History* (Oxford Clarendon Press, 1951 (1946)), pp. 1–20, pp. 282–302.

（40） Robert P. Ericksen, *Theologians Under Hitler: Gerhard Kittel, Paul Althaus and Emanuel Hirsch* (Yale University Press, 1985), p. 22.

（41） Stanley Hauerwas and William H. Willimon, *Resident Aliens: Life in the Christian Colony* (Abingdon Press, 1989), p. 20.

（42） *ibid.*, p. 24.

（43） 芦名定道は「キリスト教政治思想の可能性」（『キリスト教と近代化の諸相　２００７年度「近代／ポスト近代とキリスト教」研究会研究報告論集』）において、ティリッヒの近代観を簡潔にまとめている。ティリッヒが近代について、「ブルジョア階層の革命（十七 - 十八世紀）、勝利（十九世紀）、崩壊・変容（二十世紀）」という三つの段階を区別したことから（Tillich［1945］(1990), 112–118）、ティリッヒの関心は「革命とその勝利の中から形成された十八世紀以降の近代がどのように崩壊・変容し――啓蒙主義の成立とその内的な葛藤、そして諸伝統の総合の試みとその挫折――、また現代の錯綜した動向の中に、どのような新しい精神状況の萌芽を見いだしうるか」という点にあったことが分かる（同論集、五頁）。「ティリッヒの世代はトレルチの世代以上に、近代世界の崩壊（第一次世界大戦と革命）の実感の中で、近代以降の（その意味では、ポスト近代の）精神的動向に関心を払っていたのである」（同論集、五頁）。また小柳敦史は「トレルチの時代診断と『歴史主義』の接点――事実性の重視と理念への志向を総合する試み」（『キリスト教思想と国家・政治論　２００８年度「近代／ポスト近代とキリスト教」研究会研究報告論集』）において、トレルチの考える近代の課題を提示している。トレルチは「合理的な発想や制度が人間の非合理的な性質を圧迫することに警戒心を抱いていた」と同時に「人格、そして人格が持つ自由に目が向けられたこと」が近代のもたらした恩恵とみなしており、人格と自由、合理性と非合理性を保持しつつ守ることがトレルチの考える近代の課題であった（同論集、五八頁）。トレルチが言うこのような近代の課題は、啓蒙主義に基づく自律的理性が人間に自由をもたらしたと同時に、「深みの次元」を失わせたという、ティリッヒが考える近代の課題と問題意識を共有するものだと思われる。

（44）ティリッヒが「ブルジョア」の語で指す意味は、生産手段所有者としてプロレタリアートと比較対照される特定の階級にとどまらない。本来、フランス語を語源とする「ブルジョア」は、市民（Bürgertum）全体を指す。一九二〇年代前半にティリッヒが提唱した宗教社会主義の文脈においても、ティリッヒの定義する「ブルジョア精神の担い手」は、内的自律を体現する知識人（ワイマール共和国では教養市民層と呼ばれるグループである）、官僚、サラリーマン、都市の労働者層、商工業者、企業投資家などを広く含んでいる（Tillich［1933a］, 326）。彼らに共通する精神構造は、自律や自由主義である。このような「ブルジョア」理解は、バルトなどとも共通する一般的なものである。D・シェロング『バルトと近代市民社会』（尾形隆文訳、教文館、一九八六年）二八三―三七三頁を参照。

（45）例として、十九世紀末に隆盛した諸思想、例えばヘーゲルの調和的理性や本質哲学への異議から出発するキェルケゴールの実存哲学、ニーチェの生の哲学、マルクスの経済的・社会的下部構造の分析に基づく人間の疎外についての理解などをあげることができよう。また二十世紀に至り、シュペングラーが文明は循環するという観点から西洋近代文明の没落を宣言して西欧世界を震撼させ、ツヴァイクが第一次世界大戦以前の状況を「昨日の世界」と呼んで、社会秩序の大きな変化を指摘したことなどはよく知られている。

（46）ワイマール共和国における市民層の変化については、以下の文献などに詳しい。野田宣雄『ドイツ教養市民層の歴史』（講談社学術文庫、一九九七年）。野田宣雄『教養市民層からナチズムへ――比較宗教社会史の試み』（名古屋大学出版局、一九八八年）。蔭山宏『ワイマール文化とファシズム』（みすず書房、一九八六年）。Kurt. Sontheimer. *Antidemokratisches Denken in der Weimarer Republik: Die politischen Ideen des deutschen Nationalismus zwischen 1918 und 1933* (Nymphenburger. 1968)

（47）野田宣雄『教養市民層からナチズムへ――比較宗教社会史の試み』（名古屋大学出版局、一九八八年）。蔭山宏『ワイマール文化とファシズム』（みすず書房、一九八六年）。

（48）聖なるものの喪失が、近代人の霊性における貧困を招いたと指摘する研究もある。金子晴勇『ヨーロッパの思想文化』（教文館、一九九九年）。

（49） 「世界内在性」・「対象化」・「変革」の三つの原理は、本来の意味では宗教的性格を持っていた。スピノザによる、世界に内在する神の汎神論的立場や、ライプニッツによる、世界を認識する小宇宙としての人間という観点などをティリッヒは例としてあげている。これらの原理は発展過程（＝市民革命以後の近代化）において、反宗教的になっていったとティリッヒは指摘している（Tillich［1959a］, 304-307）。

（50） 一九一九年－一九三三年の宗教社会主義の文脈で扱われるものに加え、巻末の参考文献表中の、一九三五年、一九四二年、一九四四年、一九五三年の諸論文ではマルクス思想とキリスト教との連関、あるいはマルクス思想と哲学との連関について主に議論されている。

（51） マルクスの場合は、人間の本来あるべき本質とはどのようなものであるかについて、具体的に示されていない。目標として実際の社会状況であるプロレタリアート独裁が提示されているが、これは人間の本質を表現しているわけではない。一方ティリッヒにおいて、人間の本質的可能性としての創造の善と、そこから堕落して現実化する実存との区別は明確である（Tillich［1953］, 254f.）。

（52） Karl Marx, *Ökonomisch-philosophische Manuskripte*（Felix Meiner Verlag, 2005（1844））

（53） ティリッヒは、マルクスのいう私有財産制について、原始共産制から始まる人間の発展段階の極限段階として成就であるとみなすと同時に、堕落の原因でもあるとみなしている。このような堕落理解（創造と堕落の同時性）はティリッヒに特徴的である（Tillich［1953］, 255-260）。

（54） Wilhelm & Mallion Pauck, *Paul Tillich: His Life & Thought*（Harper & Row, 1989（1976））, p. 67f.

（55） 本書で後述するが、ティリッヒのアメリカ亡命以後も、一九三〇年代においては宗教社会主義の枠組みをその思索に確認することができる。cf. Tillich［1934a］, Tillich［1935］, Tillich［1938］.

■第3章

（1） 前期ティリッヒ思想（第一世界大戦～一九三三年）は、ティリッヒがワイマール共和国体制の下で展開した思想であり、前期Ⅰ（～一九二五年、文化の神学、意味の形而上学が中心）と前期Ⅱ（中期への以降期、一九二六年～一九三三年）に区分される（芦名定道『ティリッヒと現代宗教論』北樹出版、一九九四年、四一頁）。本書は後期ティリッヒ思想を中心に検討するのが目的であるため、前期ティリッヒ思想における思想段階の差異については、本書の目的と関係する限りについて触れるのみにとどめる。

（2） James L. Adams, *Paul Tillich's Philosophy of Culture, Science & Religion* (Harper & Row, 1965). John R. Stumme, *Socialism in Theological Perspective: A Study of Paul Tillich 1918~1933* (Scholars Press, 1978)

（3） Ronald H. Stone, *Paul Tillich's Radical Social Thought* (John Knox Press, 1980)

（4） James A. Reimer, *The Emanuel Hirsch and Paul Tillich Debate: A Study in the Political Ramifications of Theology* (The Edwin Mellen Press, 1989)

（5） Renate Breipohl, *Religiöser Sozialismus und bürgerliches Geschichtsbewußtsein zur Zeit der Weimarer Republik* (Theologischer Verlag, 1971)

（6） Brian Donnelly, *The Sosialist Émigré: Marxism and the Later Tilich* (Mercer University Press, 2003)

（7） Jean Richard, "The Question of Nationalism", in: Raymond F. Bulman and Frederick J. Parrella (eds.), *Religion in the New Millennium: Theology in the Spirit of Paul Tillich* (Mercer University Press, 2001), pp. 35-43.

（8） José M. Bonino, "From Religious Socialism to the Exile", in: Raymond F. Bulman and Frederick J. Parrella (ed.), *Religion in the New Millennium: Theology in the Spirit of Paul Tillich* (Mercer University Press, 2001), pp. 19-33.

（9） 芦名定道「ティリッヒと宗教社会主義」（『ティリッヒ研究』第一一号、二〇〇七年）。岩城聡「ティリッヒの社会主義と民族問題」（『ティリッヒ研究』第九号、二〇〇五年）。岩城聡「ティリッヒの宗教社会主義——その現代的意義についての一考察」（『ティリッヒ研究』第七号、二〇〇三年）。岩城聡「ティリッヒにおける宗教社会主義の神学的意義——ティリッヒ・ヒルシュ論争をめぐって」（『基督教学研究』二二号、二〇〇二年）。

（10） John C. Cooper, *The "Spiritual Presence" in the Theology of Paul Tillich* (Mercer University Press, 1997)

（11） Mary A. Stenger and Ronald H. Stone, *Dialogues of Paul Tillich* (Mercer University Press, 2002)

（12） Brian Donnelly, *op. cit.* John C. Cooper, *op. cit.*

（13） Thomas F. O'Meara, "Tillich and Catholic Substance", in: James Luther Adams, Wilhelm Pauck and Roger Lincoln

Shinn (eds.), *The Thought of Paul Tillich* (Harper & Row, 1985)

(14) ストーンやテイラーは、一九二三年の『諸学の体系』において登場する「エートスについての学としての倫理」が、後のティリッヒ思想の中でどのように発展していったかに注目している。Ronald H. Stone, *Paul Tillich's Radical Thought* (John Knox Press, 1980). Mark L. Taylor, "Tillich's Ethics: Between Politics and Ontology", in: Russell Re Manning (ed.), *The Cambridge Companion of Paul Tillich* (Cambridge University Press, 2009), pp. 189-207.

(15) このような本書の立場は、後期ティリッヒ思想においても維持された宗教社会主義の要素を強調するストーンやドネリーに近い。

(16) Wilhelm & Marion Pauck, *Paul Tillich: His Life & Thought* (Harper & Row, 1976), pp. 40-94.

(17) 例えば、人間の「疎外」状況を指摘した初期マルクスの思索や(『経済的・哲学的草稿』)、テンニースの『ゲマインシャフトとゲゼルシャフト』などにおける思索に、ティリッヒと同様の問題提起をみてとることができる。

(18) 二十世紀初頭に隆盛した、自然への回帰というロマン主義的傾向を持つ活動を指す。代表的なものでは、ワンダーフォーゲルなど、自然の中にあって自然との神秘的合一をはかることを目指した若者たちの活動のことをいう。

(19) Artur Rosenberg, *Demokratie und Sozialismus* (De Lange, 1938).(足利末男訳『近代政治史――民主主義と社会主義』、みすず書房、一九六八年)

(20) またティリッヒは、「存在論は歴史哲学によって破られる限りにおいて正当である。抽象的な、歴史と何ら関わりのない『基礎的存在論』は排除される」(Tillich [1933a], 300) と述べているが、存在論と歴史論のこのような関わり方(存在論を補完する歴史論)は、後期ティリッヒの『組織神学』第一巻・第二巻(存在論)/第三巻(歴史論・共同体論)の関係においても維持されている。しかしティリッヒが『組織神学』第三巻に、人間の歴史的次元における共同体の空間概念を導入し、時間概念と併せて、歴史と共同体を構成している点は『社会主義的決断』とは異なっている。これらの論点については、本書のその他の箇所でも言及する。

(21) 『組織神学』(一九五一―一九六三年) において正義の概念は、他の人格を、自己と同じ人格として扱うことが要請されるという、より広範な概念として結実した。また『社会主義的決断』において主張された具体的な正義の要請は、学としての倫理の位置づけに基づいて行われている。ティリッヒは一九二三年の『諸学の体系』において、学として倫理（エートス）を位置づける試みを行っていた。『諸学の体系』の中で、エートスは「意味を付与する方向性を追及する役割」として、形而上学と並ぶ位置におかれる。形而上学は、理論的領域において、形式を担う科学と、内容を担う芸術の二つの機能に対し、無制約的なものに開かれている。エートスは、実践的領域において、形式を表現する法と、内容を表す共同体との機能に対応し、無制約的なものを示す機能を担う（Tillich［1923a］. 114f. Tillich［1923b］. 241-245）。エートスは単なる科学の一領域ではなく、ロジックや経験科学から演繹されることはできない。エートスについて問うことは、「すなわち無制約的なものに向けられた行為についての問い」（Tillich［1926a］. 71）である。したがって『諸学の体系』で展開された学の位置づけに基づく前期ティリッヒ（一九一九－一九三三年）における共同体の倫理の問題は、無制約的なものを表現するエートスの探求という性格を持つ。一九三二年の「プロテスタンティズムと政治的ロマン主義」では、エートスの役割について以下のように記述されている。「到来する正義への預言者的待望が、意識を太古の聖なる始源への方向から引き離す。超越という要因は残る。しかしそれはどこからという超越ではなく、どこへという超越である。神話は残る。しかしそれはエートスによって破られている」（Tillich［1932］. 210）。エートスの学としての倫理は、超越的象徴によって自身を表現し、「無制約的な共同体」は具体的には実現しない。しかしエートスの学としての倫理は、いかなる特定の共同体の実現ともはなれて、共同体の内容そのものについて分析することができる学なのである。また、エートスについては、後期ティリッヒ思想では記述がみられない。cf. Mark L. Taylor, "Tillich's Ethics: between Politics and Ontology", in: Russell Re Manning (ed.), *The Cambridge Companion to Paul Tillich* (Cambridge University Press, 2009). p. 194.

(22) ここで提起されるであろう問い、すなわち第二次大戦後のティリッヒ思想において、宗教社会主義へのスタンスが変化したか否かという問題について、筆者の考えでは、ティリッヒの基本的思考方法は変化していないと思われる。しかし宗教が、強力に起源神話を利用した集団、すなわちナチスドイツに対し批判原理として有効に働きえなかったということに対して、後期ティリッヒ思想では、宗教社会主義の批判原理をより強固にした継承を行っていると考えられる。ティリッヒは第二次世界大戦中、アメリカにあってユダヤ人問題への言及や、ラジオ放送「アメリカの声」での講演（一九四二－一九四四年、*An Meine Deutschen Freunde*. 1973, GWIII, Evangelisches Verlagswerk, Stuttgart に編纂）など、政治に関わる問題を積極的に論じている。ストーンの研究によれば、ティリッヒが実際の政治問題に関わらなくなった理由として、アメリカの社会状況への宗教社会主義の適用が困難であること、キリスト教的使信と社会秩序の関係を論じることよりも人間の状況の心理学的側面へ傾倒したこと、『組織神学』の完成が急務となり、政治的次元の問題は「神の国」ヴィジョンへと収斂させて表現しているなどの理由が挙げられる。Ronald H. Stone, *Paul Tillich's Radical Social Thought* (John Knox Press, 1980) この問題は本書第5章で詳しく扱うが、本書の立場としては、ティリッヒが共同体の問題への関心を持続させていると捉え、ストーンのいう「キリスト教使信と社会秩序の問題よりも、個人の状況(実存的不安)が関心事となった」という点については、賛同できない。

(23) cf. Ronald H. Stone, *Paul Tillich's Radical Social Thought* (John Knox Press, 1980), p. 117, p. 120, p. 124.

(24) 宗教社会主義においても、暴力とは異なる力による秩序は肯定される。

(25) 宗教社会主義がたどった帰結について、ティリッヒはアメリカ亡命後の一九四九年に「宗教社会主義を超えて」という小論を書いている。この中でティリッヒは、宗教社会主義のコンセプトの価値自体は疑わないと述べる。しかし政治状況については、カイロス意識に代わって、早急な政治的解決策を求めないことによって創造的な待望に至る「聖なる空虚」を見出している(Tillich [1949], 528f.)。このような観点の変化は、具体的な政治活動へのティリッヒ自身の期待が減少したことによる。また実存主義哲学が隆盛する当時の思想状況に照らして、自身の宗教社会主義は最終的に「実存的に歴史を解釈する」ことを試みると述べる。このような記述から、ティリッヒにとって政治の問題は、実存的解釈による歴史の問題へと解消されているようにも思われる。ティリッヒが後期、歴史の解釈の問題へ向かっていたのはこのような背景があると考えられる。ティリッヒの初期アメリカ時代の思想については現在も研究が進んでおり、ティリッヒの亡命直後の思索に焦点を当てた論文集がグロイター社の叢書 *Tillich Research* で二〇一七年に刊行されており、今後の発展が期待される。Christian Danz and Werner Schüßler (hrsg.), *Paul Tillich im Exil*, Tillich Research 12 (de Gruyter, 2017)

(26) ストーンによれば、共同体や国家において、「存在する力を形成するために闘争する存在者」というモデルは、ティリッヒの神学にリアリズムを与えた。Ronald H. Stone, *Paul Tillich's radical social thought* (John Knox Press, 1980), p. 116. さらに政治状況におけるリアリズムの問題に関連して、ティリッヒが、第二次世界大戦後のアメリカで宗教社会主義を提唱しなくなった理由として、東西冷戦の状況を挙げることができる。冷戦期のアメリカにおいて、社会主義を主張することは困難であったであろうし、またその重要性も薄れたと思われる。

(27) ティリッヒのいう生の多次元的統一の観点に基づけば、「生」は人間の生だけではなく、無機的次元から有機的次元のみが現実化し、その他の次元が潜在的であるような無機物や動植物の生も含まれる。しかし人格的‐社会的次元としての精神の次元が現実化しているのは、完全な中心性を持った人間という存在においてのみである。ティリッヒが生の概念を検討する際、その主要な対象は、精神と歴史の担い手である人間の生である（Tillich［1963a］, 11–30）。

(28) 実際にティリッヒ自身は、「われわれが生と呼ぶプロセスの中で、これらの要素を通してのみ、可能性は現実化するのである」と記述し、厳密には自己同一・自己変化・自己回帰を三つの「運動」と呼んでいない（Tillich［1963a］, 30、傍点筆者）。しかし自己同一・自己変化・自己回帰＝三つの「運動」とみなす理解も存在する。cf. Frederick J. Parrella, "Tillich's Theology of the Concrete Spirit", in: *The Cambridge Companion to Paul Tillich* (Cambridge University Press, 2009), p. 76f. 筆者もまた、生の「運動」は自己同一・自己変化・自己回帰の三つの「要素」を内包しつつ生じるものであると捉えている。ティリッヒの記述においても、生の「運動」が、円環的・水平的・垂直的方向の三方向の動きを持つものと捉えられているからである。しかし生の「要素」・「運動」・「機能」の各語の分類、関係については、ティリッヒの記述自体にもやや曖昧な点が残る。

(29) 「円環的運動」は中心性を保ちつつ、変化を経て中心性を再確立する。「水平的運動」は新しいものへと向かって進む。そして「垂直的運動」は有限な生である自己を超えようとする生の運動である。

(30) 生の運動を引き起こすのは生そのものの性質であり、その外からのいかなる原因でもない。したがって、機能とは「生」そのものが、その機能を有しているという性質を示す働きに他ならない。

(31) 自己統合による生の円環的運動において、自己同一の要素と自己変化の要素は同時に生じていると考えられる。そうでなければ、生が自らの中心性を維持しつつ新たなものを獲得することは不可能だからである。生の水平的運動においても、自己同一と自己変化の両者は共に働いている（effective）が、それは自己変化の優勢のもとにおいてである（Tillich［1963a］, 31）。

(32) ここで疑問となるのは、結果的に生が自己から自己へと回帰してしまうならば、「自己超越」の機能はどこで発揮されるのかという点であろう。ティリッヒは自己同一から出て、変化を経て自己同一へと返ってくる自己統合の機能そのものも、「一種の内在的自己超越」であるとみなしている（Tillich［1963a］, 31）。というのも、そこでは生がそれまでの自己を「超えて」新たなものを獲得しようと運動しているからである。しかしこの「超える」運動は水平方向のうちにとどまっている。ティリッヒのいう「自己超越」は、生が垂直方向へと自らを超えるものである。生は、生自らによって有限な生としての自己を超える、とティリッヒは主張する。ティリッヒが「生は、自己自身の諸機能の中の一つにおいては、真に自己を超越することができない」と記述しているように、生の機能によって有限な生そのものを超えることはできないはずである。しかしティリッヒは、自己超越の機能が自らをそこにおいて表現する「宗教」を、精神の単なる一つの機能ではないものの、精神の特殊な「機能」であるとして、自己統合・自己創造とは異なる意味づけを与えている。宗教において、生は自己を超えたものを指し示す。とはいえ自己超越においては、超越されるべき有限な現実や具体的存在を伴わなければ、自己超越自体成立しない。自己超越とは、「何ものかが超越されるが、同時に超越されない」ものであり、「生の自己超越としての宗教は、宗教を必要とし、そして宗教を否定することを必要とする」（Tillich［1963a］, 96–98）ものである。このような自己超越について、ティリッヒは、「生の自己超越がいかにして自らを示すかという問いに、経験主義的な言葉で答えることはできない」と述べている（Tillich［1963a］, 87）。一方、自己統合と自己創造をめぐる内在的な超越ならば、経験的に答えることができるという。この点において「自己超越」は、自己統合・自己創造とは異なる働きを含んでいる。自己超越については「人間の意識の鏡」を通して、経験的な観察とは異なる仕方で「有限なものの無限なものに対する関係」を意識することによってしか知られえない（*ibid.*）。このように、ティリッヒの考える「自己超越」の機能とは、無限なものと自らの生との関わりを意識しうる人間の生において、明確に自覚されたものとなるということがいえる。

（33） 霊的現臨の下では、「いかなるものも、単なるものではない」（Tillich［1963a］, 258）ゆえに、技術や道具もまた、単なる手段でも事物でもなく、エロースの対象となりうる。

（34） ティリッヒの考える個人と共同体は、個別化と参与の両極のもとにある生の自己統合の機能が働いた結果、同時発生的に生じたものであると捉えることができる。「人間は共同体の中での他の人格達との出会いにおいて人格となる。精神の次元の下での自己統合の過程は、人格と共同体とを実現する」（Tillich［1963a］, 308）。そしてティリッヒの考える共同体と個人の関係は、個が確立した人間が他者に参与するものと捉えられる。よって個が確立すればするほど、共同体に参与するようになり、共同体の成立には個の確立が前提条件とされる。このような考え方は、個人が共同体に取り込まれ、同調が求められるばかりの共同体のあり方とは少なからず異なっている。

(35) さらにティリッヒの共同体の認識において留意すべき点は、共同体と個人はともに、生の自己統合が機能した結果ではあるものの、共同体に対して個人の人格におけるような完全な中心性は成立しないということである(Tillich [1963a], 41, 308-313)。共同体の「中心」は、構成員を統率する内的方向に中心化された力と、他の共同体と競合する中で共同体そのものを維持する外的方向に中心化された力を持つ(Tillich [1963a], 308)。しかし中心を形成するこれらの力は、実際には共同体を代表する権力者あるいは権力者集団によって行使される。共同体の中心を作り出すのは権力機構であり、生の自己統合の機能によって成立する個人の中心性とは構造的に異なる。

(36) Sturm Wittschier, *Paul Tillich-Seine Pneuma-Theologie: Ein Beitrag zum Problem Gott und Mensch* (Glock und Lutz Verlag, 1975)

(37) Gunter Wenz, *Subjekt und Sein: Die Entwicklung der Theologie Paul Tillichs* (Chr. Kaiser, 1979)

(38) Ronald H. Stone, *Politics and Faith: Reinhold Niebuhr and Paul Tillich at Union Seminary in New York* (Mercer University Press, 2012), Ch. 9.

(39) Guy B. Hammond, "Tillich on Divine Power and Ultimate Meaning of History", Marc Dumas, Martin Leiner and Jean richard (eds.), in: *Paul Tillich- interprète de l'histoire*, (LIT Verlag, 2013), p. 46f.

(40) John C. Cooper, *The "Spiritual Presence" in the Theology of Paul Tillich* (Mercer University Press, 1997)

(41) Brian Donnelly, *The Socialist Émigré: Marxism and the Later Tillich* (Mercer University Press, 2003)

(42) Pan-Chiu Lai, *Towards a Trinitarian Theology of Religions: a Study of Paul Tillich's Thought* (Kok Pharos Publishing House, 1994)

(43) 茂洋『ティリッヒ神学における存在と生の理解』(新教出版社、二〇〇四年)。

(44) 矢澤励太「パウル・ティリッヒにおける聖霊論——その神論との対応関係を巡って」(『神学』第六五号、二〇〇三年)一八五-二〇四頁。

(45) 『組織神学』第三巻において、「神の霊(divine Spirit)」と「神(God)」が同じ意味合いで用いられている箇所が散見される。この点については、ライの研究にも指摘されている。Pan-Chiu Lai, *Towards a Trinitarian Theology of Religions: a Study of Paul Tillich's Thought* (Kok Pharos Publishing House, 1994), p. 115.

(46) 「追い出される」という含意について、人の霊は自己を超越していくという意味の"out"であり、依然として人間の精神であるが、神の霊が迫ることによって、自らを越え出て行くことが示されている。Tillich [1963a], 111f.

(47) もちろん、「究極的関心」が、無限かつ究極的なものにではなく、有限な対象に向けられることはありうる。しかし有限な対象（富、成功、イデオロギー等）に、ひたすらに関わりを持ったとしても、主観客観構造を超えることはできない。有限な対象は、客観的に認識し、分析することができるからである。Tillich [1957], 236f.

(48) J・クーパーによれば、パウロが考える「霊的現臨としての霊」の概念においては、復活のキリストに重点がおかれている。例として、「神は霊である」といったパウロ書簡の記述と、「神の経綸においては、霊は子に従うが、本質において子は霊である」など、パウロの影響を受けたティリッヒの記述（Tillich [1963], 148）が挙げられている。またクーパーは、ティリッヒが「キリストの出来事」を、「イエスは人であって、霊によって完全に満たされていた、新しい存在の担い手」として「存在論化（ontologization）」している、と批判している。しかし筆者の見解では、パウロが書簡を読む人々に向けて語ったように、ティリッヒもまた、伝統的なキリスト教のあり方に懐疑を抱く人々に対して、存在論、実存主義など、当時理解されやすかった言葉を用いて自身の神学を展開し、キリスト教の弁証を行ったのではないかと考えられる。ゆえにティリッヒの思想が「聖書的でなく存在論的である」ことを理由とした批判については肯定できない。J. C. Cooper, *The "Spiritual Presence" in the Theology of Paul Tillich: Tillich's Use of St. Paul* (Mercer University Press, 1997)

(49) ティリッヒは「言葉は、秘跡の素材の完全な沈黙の内に隠されている」と記述している（Tillich [1963a], 121）。

(50) 例えば、人間は、無機的次元（物理学的法則・因果関係）・有機的次元（生物としてのヒト）・心理学的次元（潜在意識・自分自身を内的に知覚する）・精神の次元（人格的中心を持った自己）・歴史的次元（社会的・共同体的な人格、過去から未来に向かう時間的な経過を意識する人格）を有し、それら各次元が互いに衝突することなく統合されている存在である、といった様態を表すティリッヒの表現である。

(51) 例としては、「贖宥状」などは退けられる（Tillich [HCT], 227-274）。

(52) 執行者と受け手との間には、人格的出会いが生じる。すなわち霊的現臨の顕示は、共同体を要求するとも言えよう。そもそも言葉というものが他者と共有されることを前提としていることからも、霊的現臨が共同体に対して起こることへの、ティリッヒの目配せを感じさせる（Tillich［1963a］, 122）。

(53) プロテスタント教会が用いる語については、カトリック教会の伝統的用語を回避するものの、どの語を用いるかについては一貫していないともティリッヒは指摘している。

(54) 「霊は神の一部ではない」というこの箇所においても、ティリッヒが三一論を基盤としていることが推察される。

(55) Tillich［1963b］, 305f. Pan-Chiu Lai, *Towards a Trinitarian Theology of Religions: a Study of Paul Tillich's Thought* (Kok Pharos Publishing House, 1994), p. 127, p. 170f. 以降、Lai［1994］と略記。ライの研究によれば、ティリッヒは、霊の経綸について universal（普遍的）、hidden（隠されている）、self-negation（自らを隠す）、revolutionary（新しく変える）、unpredictable（予測できない）という特徴をあげている。霊は教会の基盤であるが、自由であり普遍的であるがゆえに、キリスト教会に限定されるものではない。ティリッヒは、『組織神学』執筆後より、聖霊概念を中心に据えた神学を構想し、宗教的多元性の状況に対して、より自らの神学に普遍性を持たせることを目指していた（Tillich［1966］）。

(56) Lai［1994］, p. 118.

(57) *ibid.*

(58) 例えば、第二次世界大戦中の「ドイツ的キリスト者」の例を挙げることもできよう。

(59) 人間の精神の機能は、道徳的自己創造・文化的自己創造・宗教的自己創造の三機能として定義される。

(60) 芦名定道『ティリッヒと現代宗教論』（北樹出版、一九九四年）七三－八六頁。

(61) ティリッヒは霊的現臨の適切な例として、ペンテコステを示している（Tillich［1963a］, 150-152）。

(62) 潜在的霊的共同体の例として、ティリッヒは共産主義を挙げている。共産主義も目的論的には、すなわちキリストに対立していようとも、無意識にキリストへと駆り立てられているというテロスを持つという点では（= teleologically）、霊的共同体に関係づけられているからである（Tillich［1963a］, 155）。

(63) Brian Donnelly, *The Socialist Émigré: Marxism and the Later Tillich* (Mercer University Press, 2003), p. 88f.

(64) Schüßler Werner, "Tillich's Life and Work" in: Russell Re Manning (ed.), *The Cambridge Companion to Paul Tillich* (Cambridge University Press, 2009), p. 14.

(65) ティリッヒが多用するアブラハムの召命物語の例において、アブラハムに率いられて父祖の土地を離れたユダヤ民族は、特定の空間を持たない。起源としての空間を喪失したかわりに、ユダヤ民族は一神教的神の民となり、時間の民となったとされる（Tillich [1959c], 8, 35-38）。

(66) 共同体を結びつける信仰について、ティリッヒは形式的には「究極的関心」と定義すると同時に、実質的には三つの要素として定義する。第一に霊的現臨によって捉えられるという「受動性要素」、第二に神の霊と人の霊との無限の隔たりにもかかわらず、神の霊に受け容れられていることを受け容れる「逆説的要素」、第三に両義的でない生の超越的統合に参与するという「期待の要素」である。この三つの要素は、それぞれ「再生（regeneration）」・「義認（justification）」・「聖化（sanctification）」に対応する（Tillich [1963a], 133f.）。一方、霊的現臨の顕現としての愛は、エロース、フィリア、リビドーなどいくつかの性質を持ちつつも、「アガペー」としての性質において一致する。アガペーは、先に述べた信仰の三要素とパラレルな形で、第一に無条件で愛の対象を受け容れる「受動的」性質、第二にその対象が疎外され歪曲された状態にあったとしても、にもかかわらず受け容れる「逆説的」性質、第三に相手の変革を待望する「期待」の性質を持っている。これら三要素は、信仰同様、それぞれ「再生」・「義認」・「聖化」を表している。これら信仰・愛の要素について、『組織神学』第三巻において特徴的なのは「聖化」である。「再生」「義認」は、『組織神学』第二巻で主に取り上げられているが、「聖化」についてはあまり強調されてこなかった。この点から、ティリッヒが聖霊論を記述する上で強調したかったのは、「聖化」の部分ではないかと推察できる。「聖化」の要素は、受け容れられることによって新たに変わりうる可能性・創造性を体現しており、霊の創造性を強調するティリッヒの議論に合致するからである。

(67) cf. Pan-Chiu Lai, *Towards a Trinitarian Theology of Religions: a Study of Paul Tillich's Thought* (Kok Pharos Publishing House, 1994), pp. 127-130.

(68) キリスト以前の霊的共同体、旧約の民の共同体は「潜在的霊的共同体」である。

(69) 以上の記述から読み取ることができるのは、「キリストが霊である」という観点に基づくティリッヒの聖霊キリスト論であろう。聖霊キリスト論の性格として、まずキリストとしてのイエスには、神の霊が疎外の状況下にありつつも歪曲されず現臨しており、キリストは神の霊であることが強調されている。さらに、イエスの出現を中心にその前後を包括する歴史全体において（啓示史と救済史）、イエスに現臨する神の霊が働いていることが強調される。

（70）キリスト教会の特殊性と普遍性という問題は、『組織神学』第三巻においてティリッヒが明確にしていく諸宗教への目配せに大きく影響されている。

（71）『組織神学』第三巻第四部では、神の霊の衝迫に対する人間の反応としての信仰と、人間の力によらない愛に取り込まれる具体的な様相が描かれた。人間の反応から説明される霊の議論は、「下から」出発して超越の探求へと向かうティリッヒに特徴的な聖霊論である。

（72）Frederick J. Parrella, "Tillich's Theology of Concrete Spirit", in: *The Cambridge Companion to Paul Tillich*（Cambridge University Press, 2009）. Langdon Gilkey, *Gilkey on Tillich*（Wipf and Stock Publischers, 2000）

（73）森田雄三郎『キリスト教の近代性』（創文社、一九七二年）四九三－五〇八頁。cf. 芦名定道『ティリッヒと弁証神学の挑戦』（創文社、一九九五年）二四〇頁。

第4章

（1）集団と集団との抗争や連帯など、集団間の動態については、時間概念が導入される歴史的次元において成立する事柄であるから、本章の課題ではない。本書では第5章、第6章で扱うことになる。

（2）Christian Danz, *Religion als Freiheitsbewußtsein: Eine Studie zur Theologie als Theorie der Konstitutionsbedingungen individueller Subjectivität bei Paul Tillich*（Walter de Gruyter, 2000）. Konrad Glöckner, *Personsein als Telos der Schöpfung: Eine Darstellung der Theologie Paul Tillichs aus der Perspektive seines Verständnisses des Menschen als Person*, Tillich-Studien 15（LIT Verlag, 2004）

（3）Eberhard Amelung, "Life and Selfhood in Tillich's Theology", in: John J. Carey（ed.）, *Kairos and Logos: Studies in the Roots and Implications of Tillich's Theology*（Mercer University Press, 1984（1978））

（4）Bonnie J. Miller-McLemore, *Death, Sin, and the Moral Life*（Scholars Press, 1988）, pp. 122-154.

(5) Langdon Gilkey, *Gilkey on Tillich* (Wipt and Stock Publishers, 2000 (1990)), pp. 134-137.

(6) Terry D. Cooper, *Paul Tillich and Psychology: Historic and Contemporary Explorations in Theology, Psychotherapy, and Ethics* (Mercer University Press, 2006)

(7) Kodzo Tita Pongo, *Expectation as Fulfillment: A Study in Paul Tillich's Theory of Justice* (University Press of America, 1996). Wolf R. Wrege, *Die Rechtstheologie Paul Tillichs* (J. C. B. Mohr, 1996)

(8) Alexander C. Irwin, *Eros toward the World: Paul Tillich and the Theology of the Erotic* (Fortress Press, 1991), pp. 61-104.

(9) 今井尚生「価値および意味と宗教の問題――トレルチおよびティリッヒの思想を手掛かりとして」(『基督教学研究』第一八号、一九九八年)。

(10) Stanley Hauerwas and William H. Willimon, *Resident Aliens: Life in the Christian Colony* (Abingdon Press, 1989). David Fergusson, *Community, Liberalism and Christian Ethics* (New Studies in Christian Ethics) (Cambridge University Press, 1999) (『共同体のキリスト教的基礎』関川泰寛訳、教文館、二〇〇二年)。Alasdair C. MacIntyre, *After Virtue: A Study in Moral Theory* (University of Notre Dame Press, 1981)

(11) Wilhelm & Marion Pauck, *Paul Tillich, His Life and Thought* (Harper & Row, 1976), p. 229.

(12) 本書第3章で前述したが、ティリッヒの一九二三年の著作『諸学の体系』(Tillich [1923a]) では、学としての倫理(エートス)に関する位置づけが試みられていた。

(13) 個物や生物の成立要件は、外界と区別されて自身の同一性や恒常性を保持することだからである。

(14) Konrad Glöckner, *Personsein als Telos der Schöpfung* (Lit Verlag, 2004), S. 107.

(15) グレックナーによれば、ティリッヒは、同一と相違の統一性 (Einheit) として、有限な自由 (Endlicher Freiheit) の構造を、道徳的行為の記述に関しても一貫して適用している。自由と同じ構造とはすなわち、自由が運命との両極において、与えられた前提であると同時に、実現すべき課題であるということを意味する。中心性もまた、道徳的行為の前提にして目的であり、同時に両者は区別される。ティリッヒにとっての生は、道徳的行為をとおして、精神の自己超越的次元において――有限な自由として、そして有限な自由において――現実化するものと捉えられている。Konrad

Glöckner, *Personsein als Telos der Schöpfung*（LIT Verlag, 2004）, S. 107–108.

（16） Christian, Danz, *Religion als Freiheitsbewußtsein*（Walter de Gruyter, 2000）, S. 3.

（17） ティリッヒの道徳に関する議論は、ロッツェなどの価値論に対する批判から生み出されたものである。

（18） ティリッヒとカントの道徳に関する共通の試みとその差異については、本書補論の比較研究1「ティリッヒとカント——道徳と宗教の間」を参照されたい。

（19） Immanuel Kant, *Grundlegung zur Metaphysik der Sitten*（Suhrkamp, 2000（1785））, BA12, 13, S. 25.

（20） Immanuel Kant, *Kritik der praktischen Vernunft*（Suhrkamp, 2000（1788））, A156, S. 210. 平田俊博は、『実践理性批判』においては、道徳法則に関して「神聖な（heilig）」という語が多用される点に注目している。「（『実践理性批判』では）尊厳なのは道徳法則だけであって、人格の価値もそこに由来するのがはっきりする（V 147）。この書では、尊厳に代えて神聖という表現が多く用いられているが、当然「道徳法則は神聖」（V 87）だとされる」（平田俊博『柔らかなカント哲学　増補改訂版』晃洋書房、二〇〇一年（初版一九九六年）、一五一頁）。

（21） ティリッヒは、カントの実践理性に基づく道徳法則を自然法（natural law）と位置づけている（Tillich［1963d］, 33）。

（22） アガペーは「人間の本性とそれについての表現」であるが、実際にこのようなアガペーがいかに可能になるのかについては、ティリッヒの聖霊論とともに議論する必要がある（本書第3章**3**、**4**で言及した）。

（23） ティリッヒが、形式としての道徳的命法と具体的状況を結びつける理由は、以下の通りである。「形式は常にそこからそれが抽象されたものの形跡を保っている。このような状況の下では、そこから形式が抽象された内容を名指し、道徳的諸原理を、そこにおいて根本的な純粋形式が具体的内容と結びついているような仕方で表現するほうが、いっそう現実的である」（Tillich［1963a］, 46f.）。

（24） Immanuel Kant, *Grundlegung zur Metaphysik der Sitten*（Suhrkamp, 2000（1785））, BA12-14, S. 25f. カント研究者の松井富美男は、カントにおける行為と善意志の関係をこう述べている。「善意志を含まない行為はその他の点で優れていてもよいとはいわれない。『行為がよい』といわれるためには必ず善意志を含まなくてはならない。善意志自身は達成されるべき目的や結果との関連においてではなくそれ自身だけで評価される」（松井富美男『カント倫理学の研究——義務論体系としての『道徳形而上学』の再解釈』渓水社、二〇〇五年、三一頁)。

(25) Immanuel Kant, *op. cit.*, BA12-14, S. 25f.

(26) アガペーとは、「有限な精神が両義的でない生の超越的統合に脱自的に参与する」事態であるから、『組織神学』体系において、生の両義性の「問い」に対し、「霊」の働きによって可能となる「答え」の領域である (Tillich [1963a], 135)。

(27) ティリッヒはカントについての講義で以下のように述べ、カントに脱自的経験という領域が想定されていないことを指摘している。「今やわれわれはカントにおいて表現されている、ある宗教的類型があることを見出しうる。彼は、脱自的な意味合いでの人間の精神 (spirit = 霊) における神の霊の現臨の余地を認めない。(中略) 祈りは、もし誰かが祈っている最中に、彼をびっくりさせてわれに返らせるならば、恥ずかしく思わずにいられないような、一つの脱自的な経験である。これがカントの根本的な感情であった」(Tillich [HCT], 364f.)。

(28) 「恩寵 (grace)」については本節の中で後述する。

(29) Victor L. Nuovo, "An Essay on the Principles of Theology", in: John J. Carey (ed.), *Kairos and Logos Studies in Roots and Implications of Tillich's Theology* (Mercer University Press, 1978, new edition 1984), p. 40f.

(30) ここでティリッヒがいう「恩寵 (grace)」の語には、一般恩寵と特別恩寵の両方が含まれている (Tillich [1963d], 61)。

(31) 「赦し」とは、「受け容れえないものが受容された」状態を指し、「成就」とは、聖霊による賜物として、有限な人間的愛を超えるアガペーが可能となる事態を指している (Tillich [1963d], 63f.)。

(32) 人間が命令を「受け取らない自由」がないかどうかについて、ティリッヒは明言していない。しかしティリッヒの思考に照らして考えれば、神の恩寵は常に絶えることがないゆえに、アガペーにおいて道徳的行為への促しも常に生じている (= 道徳の実践あるいは成就)。また人間の生における本質と実存の混合という構造ゆえに、人間の本質に由来する道徳的命令は常に生じている (= 道徳の内容を構成する道徳の起源)。そして、人間にとっては、汝としての他者に出会うことにより、道徳的命令が現前してくることになる (= 道徳の形式)。

(33) cf. 今井尚生「価値および意味と宗教の問題——トレルチおよびティリッヒの思想を手掛かりとして」(『基督教学研究』第一八号、一九九八年) 一九五 - 一九六頁。

(34) この中心化された力は、内的また外的な二方向に向かっており、一つは集団内に対して、諸個人を集団に統合しておくことを目指すものであり、もう一つは他の同様の中心化された力を持つ集団との競合の中で、力を維持することを目指すものである。内的力については、集団内での法付与・執行・強制を行いうる権力が必須であり、外的力には、他集団との関わりにおいて自らを維持しうる軍事力・経済力等の手段が必須となる（Tillich［1954］, 627）。

(35) 本書第3章で前述したが、共同体は「エロース的連帯」によって維持されるもので、エロース的愛は、価値体現者に体現されている価値を求めて価値体現者と合一すること、また自然や文化が生み出すいろいろな形態との合一をさすものである（Tillich［1954］, 598）。

(36) 権力集団が、代表者としてではなく、集団全体の意志決定の中心そのものとみなされるとき、集団の構成員たる個人は、それに抵抗できる余地がないことになり、専制政治の到来を招いてしまう（Tillich［1945］（1990）, 177）。

(37) 全体主義国家において、強力な支配者集団が力によって国家を統合したとしても、国家の構成員が承認を与えるならば（「何も抵抗をしない」ことによって）、構成員にも支配者集団の罪過について間接的に責任が生じるということも、ティリッヒは正確に指摘する（Tillich［1954］, 625f.）。

(38) 本書第3章**1**を参照のこと。

(39) Kodzo Tita Pongo, *Expectation as Fulfillment: A Study in Paul Tillich's Theory of Justice* (University Press of America, 1996)

(40) *ibid.*, pp. 91–108.

(41) 本質としての正義の構造に関する記述は、『愛・力・正義』の主題的内容である。ここでティリッヒは、正義とは「力と力の出会いの中で、存在の力がそれ自身を現実化していく形式（form）」と定義する（Tillich［1954］, 609, 614）。実際の状況では、愛・力・正義はそれぞれ分立し、互いに対立し合う。愛なき正義は不公正であり、力なき正義は実行力を持たない。しかし正義は、存在論として存在の本質を分析するならば、本質的には「神的根底」において愛・力と結合されているとティリッヒは主張する。

(42) ティリッヒの正義論の可能性とデリダの言う「法を超えた正義（la justice au-delà du droit）」の比較については、本書補論の比較研究4「宗教と倫理の関わり――ティリッヒとデリダの正義論、ロヴィンのキリスト教倫理を手がかりに」を参照されたい。

（43）実際に社会集団の自己創造が行われ、正義が表現される過程で、完全な正義はありえない。正義には相反する二つの側面が混在する（両義性）。ティリッヒは『組織神学』第三巻において「正義の両義性」を四つ挙げている（Tillich [1963a], 79f.）。正義の両義性①：「包括と排斥」の両義性。共通項を持つ人々を包括し、その他を排除することで、社会集団の結合が保持される。この結合は「正義」であるが、集団の「境界線上」の人々や反逆者を受容すれば集団の維持が脅かされる。しかし彼らを排斥するならば、集団の成長を促す包括性に反する。正義の両義性②：「競争と平等」の両義性。平等な（自由な）競争は、平等な結果を生まない。所与の差異に対しても全て平等の原理を適用した場合、それぞれの力に適切な結果は得られない。正義の両義性③：リーダーシップ（指導性）の両義性。「指導者」は、集団の正義のみでなく、自分自身の存在の正義や自身の階層、指導者集団の正義や利益をも代表する。よって集団の創造性が発揮される一方、集団の創造性の破壊も生じる。正義の両義性④：「法の形式」の両義性。法の形式は、人間が全て法の前で平等であることを示すが、法は各個人の具体的状況の特殊性に対して、完全に適切ではない。

（44）Michael Walzer, *Thick and Thin: Moral Argument at Home and Abroad* (University of Notre Dame Press, 1994)

第5章

（1）本書で何度か言及したが、カイロスは形式的時間であるクロノスと分けられる。カイロスは「正しい時」の意味を持ち、先行する歴史において準備された具体的内容が成就する特定の瞬間のことを指す。

（2）近藤勝彦「パウル・ティリッヒの神学における政治の問題——特にその『組織神学』第三巻をめぐって」（『神学』五一号、一九八九年）。

（3）相澤一「ティリッヒ『組織神学』の基礎構造——存在論、キリスト論、歴史論」（聖学院大学大学院博士論文、二〇〇四年）二六一－二七四頁。

（4）Wilhelm & Marion Pauck, *Paul Tillich: His Life and Thought* (Harper & Row Publishers, 1989 (1976)), p. 205f.

（5）Eduard Heimann, "Tillich's Doctrine of Religious Socialism", in: Charles W. Kegley (ed.), *The Theology of Paul Tillich* (Macmillan, 1964 (1952)), p. 324.

(6) Raymond F. Bulman, "Tillich's Eschatology of the late American Period (1945–1965)", in: Gert Hummel (ed.), *New Creation or Eternal Now / Neue Schöpfung oder Ewiges Jetzt: Is there an Eschatology in Paul Tillich's Work? / Hat Paul Tillich eine Eschtologie?* (Walter de Gruyter, 1991), p. 137f.

(7) Hannelore Jahr, "Vom Kairos zur heiligen Leere. Tillichs eschatologische Deutung der Gegenwart", in: Gert Hummel (ed.), *op. cit.*, p. 3f.

(8) 岩城聡「ティリッヒにおける宗教社会主義の神学的意義――ティリッヒ・ヒルシュ論争をめぐって」(『基督教学研究』第二二号、二〇〇二年) 一二〇頁。後期ティリッヒ思想についての岩城の展望（岩城の論文は中期ティリッヒ思想に限定されたものである）では、前期ティリッヒの宗教社会主義は、後期ティリッヒの相関の神学へと継承され、神学的・哲学的により深められた、とティリッヒの政治的態度の変化が積極的に捉えられている。

(9) 相澤一「ティリッヒ『組織神学』の基礎構造――存在論、キリスト論、歴史論」(聖学院大学大学院博士論文、二〇〇四年)。

(10) Jean Richard, "The Roots of Tillich's Eschatology in his Religious-Socialist Philosophy of History", in: Gert Hummel (ed.), *op. cit.*

(11) 近藤勝彦「パウル・ティリッヒの神学における政治の問題――特にその『組織神学』第三巻をめぐって」(『神学』第五一号、一九八九年)。Wilhelm & Marion Pauck, *Paul Tillich: His Life and Thought* (Harper & Row Publishers, 1976 (1989)). Eduard Heimann, "Tillich's Doctrine of Religious Socialism", in: Charles W. Kegley (ed.), *The Theology of Paul Tillich* (Macmillan, 1964 (1952))

(12) Renate Breipohl, *Religiöser Sozialismus und bürgerliches Geschichtsbewußtsein zur Zeit der Weimarer Republik* (Theologischer Verlag, 1971), S. 167–172.

(13) John P. Clayton, *The Concept of Correlation: Paul Tillich and the Possibility of a Mediating Theology* (Walter de Gruyter, 1980)

(14) 芦名定道『P．ティリッヒの宗教思想研究』(京都大学大学院博士論文、一九九四年)。芦名定道『ティリッヒと現代宗教論』(北樹出版、一九九四年) 三九－四八頁、六二－六八頁。芦名定道「P．ティリッヒの時間論」(『基督教学研究』第九号、一九八六年）。

（15） 今井尚生「P・ティリッヒにおける『カイロス』と認識の形而上学――歴史相対主義の克服」（『基督教学研究』第一五号、一九九六年）。今井尚生「価値および意味と宗教の問題――トレルチおよびティリッヒの思想を手掛かりとして」（『基督教学研究』第一八号、一九九八年）。

（16） James A. Reimer, *The Emanuel Hirsch and Paul Tillich Debate: A Study in the Political Ramifications of Theology* （The Edwin Mellen Press, 1989）

（17） 岩城聡「ティリッヒ・ヒルシュ論争が明らかにしたもの――ティリッヒ神学と宗教社会主義が直面した課題」（『ティリッヒ研究』第三号、二〇〇一年）。

（18） 芦名定道『ティリッヒと現代宗教論』（北樹出版、一九九四年）六二－六三頁。Renate Breipohl, *Religiöser Sozialismus und bürgerliches Geschichtsbewußtsein zur Zeit der Weimarer Republik* （Theologischer Verlag, 1971）, S. 161-172.

（19） 前期ティリッヒのカイロス論としては、一九二二年の論文「カイロス」が挙げられるが、本書は後期ティリッヒ思想の歴史論を明らかにするのが目標であるので、歴史哲学として構成された一九二六年以降の論文を参照する。

（20） John P. Clayton, *The Concept of Correlation: Paul Tillich and the Possibility of a Mediating Theology* （Walter de Gruyter, 1980）, p. 206.

（21） 芦名定道『P. ティリッヒの宗教思想研究』（京都大学大学院博士論文、一九九四年）。芦名定道「P. ティリッヒの時間論」（『基督教学研究』第九号、一九八六年）。

（22） 「宗教社会主義の立場」とは、本書第3章**1**で言及したように、待望と要請の一致としてのカイロスの位置づけや、宗教の預言者的原理としての位置づけを指す。

（23） エリクセンによれば、ティリッヒとヒルシュはカイロスを中心とした神学の上で、大きな違いはなかったとされる。Robert P. Ericksen, *Theologians Under Hitler: Gerhard Kittel, Paul Althaus and Emanuel Hirsh* （Yale University Press, 1985）, p. 183f. 他方、ライマーの立場は、ティリッヒとヒルシュの神学上の相違が、彼らの異なる道を選択する結果となったというものである。

（24） Tillich［1934a］34f. またティリッヒ－ヒルシュ論争に関する論文では、以下のものが参考になる。岩城聡「ティリッヒにおける宗教社会主義の神学的意義」（『基督教学研究』第二二号、二〇〇二年）一一五－一二五頁。James A. Reimer, *The Emanuel Hirsch and Paul Tillich Debate-A Study in the Political Ramifications of Theology*（The Edwin Mellen Press, 1989）

（25） ライマーは、一九一九年～一九二〇年代のティリッヒ思想における神の国は、内在的性格が強いものであったと指摘している（A. James Reimer, "The Kingdom of God in the Thought of Emanuel Hirsch and Paul Tillich", in: Gert Hummel（ed.）, *New Creation or Eternal Now / Neue Schöpfung oder Ewiges Jetzt: Is there an Eschatology in Paul Tillich's Work? / Hat Paul Tillich eine Eschtologie?*（Walter de Gruyter, 1991）, pp. 47-50）。またライマーは、一九三四－三五年頃におけるティリッヒの神の国理解は、内在的であるにもかかわらず神の国を実現する担い手としての教会について考慮されていないことを指摘している（*ibid.* ただしライマーのこの論文では、一九三八年以降、歴史超越的な性格をも備えるようになったことについては言及されていない）。

（26） 芦名定道「P．ティリッヒの時間論」（『基督教学研究』第九号、一九八六年）一一九－一二〇頁によれば、同論文ではカイロス論が主たる内容であるゆえでもあろうが、「歴史と神の国」における変化としてのカイロスの二極性については端的に指摘しているが、神の国の二重性については言及がされていない。

（27） Ronald H. Stone, *Paul Tillich's Radical Social Thought*（John Knox Press, 1980）, p. 252. 芦名定道『ティリッヒと現代宗教論』（北樹出版、一九九四年）六八頁。

（28） 芦名定道「P．ティリッヒの時間論」（『基督教学研究』第九号、一九八六年）。Jean Richard, "The Roots of Tillich's Eschatology in his Religious-Socialist Philosophy of History", in: Gert Hummel（ed.）, *op. cit.*

（29） Wilhelm & Marion Pauck *Paul Tillich: His Life and Thought*（Harper & Row Publishers, 1976）, p. 137f.

（30） Raymond F. Bulman "Tillich's Eschatology of the late American Period（1945-1965）", in: Gert Hummel（ed.）, *op. cit.*

（31） Hannelore Jahr, "Vom Kairos zur heiligen Leere. Tillichs eschatologische Deutung der Gegenwart", in: Gert Hummel（ed.）, *op. cit.*, p. 3f., p. 22.

（32）このようなティリッヒの歴史意識は、歴史学的な共通認識であろうが、キリスト教信仰においてゲシヒテとしてのキリストの出来事を受容する仕方も示す内容も持っている。cf. 熊野義孝『熊野義孝全集5　終末論・キリスト論・教会論』（新教出版社、一九七九年）二一二頁。「もちろん、普通には現在において自分たちと何らの交渉を持たぬ事物を、もはや歴史的なものと呼ぶことがまれではないが、しかし、事実はかえって現在に対してなんらかの影響を与えるものこそ歴史的なものであると考えられる」。

（33）生の概念が本質－実存構造に対して第三項を加える形になり、一貫性を壊していると指摘するサッチャー（Adrian Thatcher, *The Ontology of Paul Tillich* (Oxford University Press, 1979), pp. 153-157）、藤倉恒雄（『ティリッヒの「組織神学」研究』新教出版社、一九八八年、二二〇－二二三頁）の主張に対し、聖霊論（霊的現臨）を中心原理として組織神学全巻に一貫性を見出すヴィットシアーの研究や（Sturm Wittschier, *Paul Tillich-Seine Pneuma-Theologie: Ein Beitrag zum Problem Gott und Mensch* (Glock und Lutz, 1975), S. 103ff.）、第一巻・第二巻の本質－実存構造は、第三巻の生－本質－実存構造に組み込まれるとみなして、全巻を一貫して整合させる芦名定道（『ティリッヒと弁証神学の挑戦』創文社、一九九五年、一五三頁以下）の研究がある。

（34）cf. 今井尚生「ティリッヒの生の次元論における精神的次元の現実化」（『ティリッヒ研究』第三号、二〇〇一年）三頁。

（35）Reinhold Niebuhr, "Biblical Thought and Ontological Speculation in Tillich's Theology", in: Charles W. Kegley (ed.), *The Theology of Paul Tillich* (Macmillan, 1964 (1952)), p. 216f. Nels F. S. Ferré, "Tillich's View of Church", in: Charles W. Kegley (ed.), *op. cit.*, p. 248f. 藤倉恒雄『ティリッヒの「組織神学」研究』（新教出版社、一九八八年）二二五－二二六頁。

（36）土居真俊『ティリッヒ』〈人と思想シリーズ〉（日本基督教団出版局、一九六〇年）一九九頁。

（37）Langdon Gilkey, *Gilkey on Tillich* (Wipf and Stock Publishers, 2000 (1990)), p. 145f. Jack S. Boozer, "Being and History in Paul Tillich's Theology", in: Gert Hummel (ed.), *God and Being / Gott und Sein: The Problem of Ontology in the Philosophical Theology of Paul Tillich / Das Problem der Ontologie in der philosophischen Theologie Paul Tillichs* (Walter de Gruyter, 1989), pp. 132-143.

(38) Jack S. Boozer, "Being and History in Paul Tillich's Theology", in: Gert Hummel (ed.), *op. cit.* p. 135. 不変的な真理や価値など（ロゴス）が、歴史の具体性（カイロス）において現れるという真理の動的理解は、ティリッヒの一九二六年の論文「カイロスとロゴス」の主題であった（Tillich［1926e］）。「カイロスとロゴス」は、ティリッヒの一九二〇年代のカイロス論が歴史哲学として結実したものである。今井尚生によれば、ティリッヒは歴史相対主義の問題に対し、真理が真か偽かという懐疑に陥るのではなく、自由と運命の結合による動的真理の問題として捉え、トレルチが試みた真理の動的理解の「歴史化」をいっそう徹底したと位置づけられる。とりわけ今井は、ティリッヒが認識を精神的な行為として捉え、動的真理思想と歴史的行為の結びつきを主張したことに、ティリッヒの歴史哲学における最大の特徴を見出している。今井尚生「P・ティリッヒにおける『カイロス』と認識の形而上学――歴史相対主義の克服」（『基督教学研究』第一五号、一九九六年）。

(39) 本質と実存の一致点が特定の領域を占めるものではないことは、ティリッヒが考える創造と堕落の一致において見て取ることができる。「創造された善性（＝本質）が現実化して実存するに至った時間・空間上の一点があるわけではない以上、創造と堕落は一致する」（Tillich［1957a］, 44）。

(40) 「実存」概念について、ティリッヒの説明によれば、「実存する（to exist）」とは、非存在あるいは無の外に立つことを意味し（Tillich［1957a］, 20f.）、それゆえに事物は存在を獲得する、すなわち実在するようになる。他方ティリッヒは、『組織神学』第三巻において時間・空間における現実の生は、本質と実存の混合であるとも述べている。ここから、アクチュアルなものは実存なのか、あるいは生なのかという疑問が生じてくる。筆者の見解では、ティリッヒは「実存」の語を二重の意味に用いている。一つは「非存在の外に立つ」ことによって存在を獲得した実存（本質からの疎外）であり、本質から堕落して実存の条件下に入る、すなわち存在するようになる。したがってアクチュアルである。もう一つは、動物や人間の生など、アクチュアルな例が提示される「生」において本質的要素と混合した「実存」の要素であり、生を構成する要素として、生の内においてアクチュアルたりえる。しかし最初の「実存」の用法では、時間的・空間的スパンは考慮されていない。ティリッヒの実存概念の多義性については、藤倉恒雄『ティリッヒの「組織神学」研究』（新教出版社、一九八八年）二一三－二二二頁でも指摘されている。また、拙論「ティリッヒとヤスパース――『実存』と『宗教』概念について」（『ティリッヒ研究』第五号、二〇〇二年）を参照されたい。

（41）ティリッヒは、本質と実存の関係について、『組織神学』第一巻の中で、以下のように端的に述べている。「経験においてまた分析において、存在は本質存在と実存存在の二重性（duality）を示す」（Tillich [1951], 165）。そしてティリッヒの組織神学の展開において、実存に伴う有限性は、非存在の衝撃として、神への問いに向かうのである（Tillich [1951], 164f., 186–192）。

（42）「人間の歴史」の第一条件は、志向性という点において精神の自己統合の機能に基づき、第二、第三の条件は、所与の状況から自由に創造するという点で、自己創造の機能に基づく。第四の条件は、本質的可能性に向かって自己を超えるという点において、自己超越の機能に由来すると考えられる。

（43）岩城聡による後期ティリッヒ思想における政治的態度の変化についての積極的評価は筆者に近い。中期ティリッヒ思想研究を中心とした岩城の研究の展望に加え、筆者はさらに、実際の後期ティリッヒ思想の詳細をみてとることによって、岩城の見解を裏づけることができたと考える。

（44）"The Ethical Problem of the Berlin Situation"（1961）, "Boundaries"（1962）, "On 'Peace on Earth'"（1965）, "The Right to Hope"（1965）, in: Ronald H. Stone（ed.）, *The Theology of Peace*（John Knox Press, Westminster, 1990）

（45）確かにティリッヒは第二次世界大戦以後、宗教社会主義のような具体的政治活動を行わなくなっている。しかし宗教社会主義の失敗が、政治的活動の中止を招いたわけではなく、政治的活動に具体的プログラムがなくなったと考えるべきだろう（cf. Ronald H. Stone, *Paul Tillich's Radical Social Thought*（John Knox Press, 1980））。実際ティリッヒは、宗教社会主義時代を回顧する小論を依頼された際、「宗教社会主義を超えて」というタイトルが依頼者から与えられたことに関して、自説を述べている。「しかし預言者的使信が正しいとすれば、宗教社会主義は『超えられる』ことはない。」（"Autobiographical Reflections", in: Charles W. Kegley（ed.）, *The Theology of Paul Tillich*, Macmillan, 1964（1952）, p. 12f.）

第6章

（1）ティリッヒの『組織神学』は、実存の問いに対し、神学が答えるという形で構成される。したがって、ティリッヒが「歴史的実存（historical existence）」という語を用いる時（Tillich [1963a], 302, 309）、「歴史において実存の問いを問う存在」あるいは「歴史における、問いそのものである実存」のことを意味している。実存とは問いを問う存在であるが、問いそのものでもある。

（2） Wilhelm & Marion Pauck, *Paul Tillich: His Life & Thought* (Harper & Row, 1989 (1976)), p. 223f. Ronald H. Stone, *Paul Tillich's Radical Social Thought* (John Knox Press, 1980), p. 113f.

（3） ティリッヒは「近代」について、ルネサンスに始まり、一九一〇年頃に終結したと捉えている（Tillich [1939a], 226）。

（4） 両義性については、近年の研究でも頻繁に取り上げられるテーマとなっている。Marc Dumas, Jean Richard and Bryan Wagoner (hrsg.), *Les ambiguïtés de la vie selon Paul Tillich: Travaux issus du XXIe Colloque international de l'Association Paul Tillich d'expression française*, Tillich Research 9, (de Gruyter, 2017)

（5） ティリッヒと他の思想家の歴史観については、本書補論の比較研究3を参照されたい。ティリッヒの歴史観と西谷啓治の「空としての歴史」を比較考量することで、「時間」概念が優勢なティリッヒの歴史観と、「空間」優位の「空としての歴史」の違いが明らかとなった。両者はニヒリズムの克服という共通の課題に取り組みつつ、その帰結は大きく異なっていた。

（6） ティリッヒは「神の国」を仏教の「涅槃（ニルヴァーナ）」と比較し、神の国は社会的・政治的象徴であるが、ニルヴァーナは存在論的象徴であると捉え、両者の歴史観の違いを強調している（Tillich [1963b]）。ライの見解では、社会的文脈が含まれるという点で、ニルヴァーナよりも「浄土（Pure Land）」と神の国とを比較する方が適切であると指摘されている。Pan-Chiu Lai, "Kingdom of God in Tillich and Pure Land in Mahayana Buddhism", in: Christian Danz Werner Schüßler and Erdmann Sturm (hrsg.), *Religionstheologie und interreligiöser Dialog, Internationales Jahrbuch für die Tillich-Forschung Bd.* 5 (LIT Verlag, 2010)

（7） Charles Winquist, Untimely History", in: *Truth and History-A Dialogue with Paul Tillich* (Walter de Gruyter, 1998), p. 69.

（8） Karl Löwith, "Weltgeschichte und Heilsgeschehen", in: *Sämtliche Schriften 2.* (J. B. Metzlersche Verlagsbuchhandlung, 1983 (1953)). ドイツ語版の序文を参照のこと。一九四九年の英語版にはこの記述はない。

（9） Karl Löwith, *Meaning in History* (The University of Chicago Press, 1949), p. 1. Karl Löwith, “Weltgeschichte und Heilsgeschehen”, in: *Sämtliche Schriften 2* (J. B. Metzlersche Verlagsbuchhandlung, 1983 (1953)), S. 11.

（10） Karl Löwith, *op. cit.*, p. 5.

（11） *ibid.*, p. 5.

（12） Erdmann Sturm, “Geschichte und Geshichtsphilosophie bei P. Tillich und K. Löwith”, in: Gert Hummel (ed.), *Truth and History — a Dialogue with Paul Tillich / Wahrheit und Geschichte — ein Dialog mit Paul Tillich. Proceedings of the VI. International Paul Tillich Symposium held in Frankfurt/Main 1996 / Beiträge des VI., Internationalen Paul-Tillich-Symposions in Frankfurt/Main 1996*, TBT 95 (Walter de Gruyter, 1998), p. 243.

（13） *ibid.*, p. 253.

（14） *ibid.*, p. 244.

（15） Karl Jaspers, *Vom Ursprung und Ziel der Geschichte* (R. Piper & Co. Verlag, 1949), S. 17.

（16） *ibid.*, S. 324.

（17） Werner Schüßler, “Existentielle Wahrheit- ein Grundthema des Denkens von Karl Jaspers und Paul Tillich”, in: Gert Hummel (ed.), *op. cit.*, pp. 255–267.

（18） *ibid.*, p. 255.

（19） 笠井恵二『二十世紀キリスト教の歴史観』（新教出版社、一九九五年）二四二－二四五頁。

（20） 近藤勝彦「パウル・ティリッヒの神学における政治の問題――特にその『組織神学』第三巻をめぐって」（『神学』第五一号、一九八九年）。

（21） ティリッヒは、キリストの出現を中心に歴史を二分する「準備」と「受容」をともに教会に結び付けているが、キリストの復活信仰において原始教会が形成された経緯を考慮するならば、この区分には明快でない点が残る。この区分に従えば、キリスト以前の「教会」（＝旧約の民）は、キリストの出現を見ていないという点で「潜在的」教会と捉えられることになる。

（22） 復活、新天新地、不死などの象徴が列挙されている（Tillich [1938], 121f.）。

(23) 本書第5章でも言及した。歴史解釈と歴史における行為の連関についての思索は、ティリッヒの歴史論において、前期から晩年期に至るまで一貫している。

(24) この時期のティリッヒにおける、神の国の内在性については、以下の文献を参照のこと。James A. Reimer, "The Kingdom of God in the Thought of Emanuel Hirsch and Paul Tillich", in: Gert Hummel (ed.), *New Creation or Eternal Now / Neue Schöpfung oder Ewiges Jetzt: Is there an Eschatology in Paul Tillich's Work? / Hat Paul Tillich eine Eschtologie?* (Walter de Gruyter, New York, 1991), pp. 44-50. James A. Reimer, *The Emanuel Hirsch and Paul Tillich Debate: the Political Ramifications of Theology* (The Edwin Mellen Press, 1989). Tillich [1934a]. Tillich [1935a].

(25) Martin Leiner, "Jesus Christus und das Reich Gottes", in: Peter Haigis, Gert Hummel and Doris Lax (hg./ed.), *Christus Jesus — Mitte der Geschichte!? / Christ Jesus — the Center of History!? Beitraege des X. Internationalen Paul Tillich-Symposions Frankfurt/Main 2004 Proceedings of the X. International Paul Tillich-Symposion Frankfurt/Main 2004, Tillich-Studien 13* (LIT Verlag, 2007), S. 155f.

(26) cf. Raymond F. Bulman, "Tillich's Eschatology of the late American Period (1945-1965)", in: Gert Hummel (ed.), *op. cit.*, p. 139.

(27) *ibid.*, p. 140.

(28) 『組織神学』第三巻では、キリストは「偉大なカイロス」であり、「神の国の中心的顕現の突入を受容する点まで歴史が成熟した瞬間」(Tillich [1963a], 369) として、他の相対的な諸カイロス (カイロイ) と区別される。この「偉大なカイロス」の特異性は、一九三八年の「神の国と歴史」における唯一のカイロスと特殊的カイロスの区別における、「唯一のカイロス」の特異性と一貫している。

(29) Martin Leiner, "Jesus Christus und das Reich Gottes", in: Peter Haigis, Gert Hummel and Doris Lax (hg./ed.), *op. cit.*

(30) *ibid.*, p. 163f.

(31) *ibid.*, p. 156, p. 164. cf. Wolfhart Pannenberg, *Grundfragen systematischer Theologie* (Vandenhoeck und Ruprecht,

1967), S. 28f. パネンベルクにとって歴史とは、キリストにおいてすでに啓示されている将来へと向かう、未来的次元としての歴史と理解される。

（32） *ibid.* cf. Christian Danz, *Religion als Freiheitsbewußtsein: eine Studie zur Theologie als Theorie der Konstitutionsbedingungen individueller Subjektivität bei Paul Tillich* (Walter de Gruyter, 2000)

（33） 清水正「ティリッヒのキリスト論における新存在の概念とその問題点」組織神学研究所編『パウル・ティリッヒ研究』（聖学院大学出版会、一九九九年）一三三－一四〇頁。Langdon Gilkey: *Gilkey on Tillich* (2000), pp. 138-157.

（34） Wolfhart Pannenberg, *Grundfragen systematischer Theologie* (Vandenhoeck und Ruprecht, 1967), S. 27. パネンベルクのいう「物語られること」の重要性を考慮するならば、時間・空間概念が付加される『組織神学』第三巻では、存在論におけるキリスト論とは異なった、歴史におけるキリストについての語り方の可能性（公生涯から十字架・復活に至る具体的ゲシヒテ）もあったといえる。

（35） ティリッヒは時間を超えた神の国あるいは永遠について表現する際、この聖句を一貫して好んで用いる。永遠についての表現は、時間概念を超えた事柄であるから、筆者が指摘してきたティリッヒの議論の枠組みに従えば、存在論的表現にならざるを得ない。Tillich [1938], 116. "God shall be all in all." Tillich [1963a], 403. "God is everything in and to everything." Tillich [1965b] (1990), 190. "God shall be all in all."

（36） ティリッヒと同時代の思想家達の死をめぐる思索については、本書補論の比較研究2「死、その由来とその向こう――ティリッヒ、モルトマン、ハイデガー、ジャンケレヴィッチ」を参照されたい。

（37） ティリッヒのいう創造と堕罪の間に、クロノスとしての時間的関係はない。ティリッヒの創造論においては、創造と堕罪は一致している。堕罪は、時間内のある時点に起こった出来事ではなく、人間の状態の普遍的象徴として示されている。R・ニーバーは、ティリッヒのいう創造と堕罪の一致について、神の創造における歴史的出来事のドラマチックな有り様を存在論的に還元していると批判する。Reinhold Niebuhr, "Biblical Thought and Ontological Speculation in Tillich's Theology", in: Charles W. Kegley and Robert W. Bretall (eds.), *The Theology of Paul Tillich* (Macmillan, 1964 (1952)). 筆者は、ニーバーのこの指摘は、ティリッヒが『組織神学』を第一巻・第二巻のみで完結させ、歴史論を扱わなかったときにはじめて妥当する批判だと考える。また一九九九年にギルキーが日本で予定していた講演原稿によれば、ティリッヒはニーバーとの対話において、「もし創造と堕落の間にいかなる時間もないとすれば、それらを何らかの仕方で同一視するしかないのです。（中略）原初的な神話がそこでもはや意味を為さない、空間と時間と世界についての一つの理解として存在論が必要なのです」と述べたという。ラングドン・ギルキー「パウル・ティリッヒと新正統主義」『パウル・ティリッヒ二』（西谷幸介訳、組織神学研究所編、二〇〇〇年）一四－一五頁。

（38） J. Moltmann, *Das Kommen Gottes- Christoliche Eschatologie*（2005（1995））, S. 67.

（39） *ibid.*, S. 96, S. 105–112.

（40） *ibid.*, S. 111.

（41） バルトは、イエスが十字架の死によって罪を償い、神の義を示したことによって、人間は身体においても魂においても永遠の滅亡から救われると説く。バルトによれば、神のさばきと恩寵は、人間の死を「罪の消滅と永遠の生命への入り口」にすぎないものへ変える。つまり「罪のさばきの結果としての死」は、自然的・物理的な死へと解放され、止揚されるのである。このような考え方では、死そのものは被造物としての人間の本性に由来することになる。Karl Barth, *Die kirchliche Dogmatik, III.* Band 2. Teil, 2.（EVZ-VerlagZürich, 1948）. Erich Schmalenberg, Der Sinn des Todes, in: *Neue Zeitschrift für Systematische Theologie und Religionsphilosophie*, Bd. 14 no. 2.（Walter de Gruyter, 1972）, S. 235f.

（42） しかしモルトマンが、破壊された生は「さらに続く生の空間」であり、「永遠の命」とは理不尽な生を終えた人々に「生を生きるための空間と力と時間を与える」ものであるとみなす点は、この世の生と永遠の命との連続的継続を感じさせる。しかし一方で、此岸において経験できる生と、彼岸の生とは結びつけられうるのか、生ののちの空間・時間とはいかなるものであるのかといった疑問を呈することができよう。*ibid.*, S. 139.

（43） 「空間は、『永遠のここ』としての、存在そのものの力の現前なくしては、空間的偶然性として経験される。人は、自らの有限性に含まれる『空間に共にいること（spatial beside each other）』に抵抗しそして打ち負かされ、究極的な根無し草の絶望に投げ込まれるのである」（Tillich［1957a］, 69）とあるように、空間概念も永遠の生に含有されている。

（44） Horst G. Pöhlmann, *Abriss der Dogmatik: Ein Kompendium*（Gütersloher Verlagshaus, 1997）, S. 305f.

（45） Ted Peters, "Eschatology: Eternal Now or Cosmic Future?", in: Raymond F. Bulman and Frederick J. Parrella (eds.), *Religion in the New Millennium: Theology in the Spirit of Paul Tillich* (Mercer University Press, 2001), pp. 319–327. 近藤勝彦「パウル・ティリッヒの神学における政治の問題――特にその『組織神学』第三巻をめぐって」(『神学』第五一号、一九八九年)六二頁。近藤勝彦『歴史の神学の行方――ティリッヒ、バルト、パネンベルク、ファン・リューラー』(教文館、一九九三年)三〇–三三頁。

(46) Gert Hummel (ed.), *New Creation or Eternal Now / Neue Schöpfung oder Ewiges Jetzt: Is there an Eschatology in Paul Tillich's Work? / Hat Paul Tillich eine Eschtologie?* (Walter de Gruyter, 1991) 所収の下記論文を参照。Jean Richard, "Tillich's Eschatology of the late American Period (1945–1965)", pp. 26–43. Hans Schwarz, "Der Strenwert der Eschatologie in der Theolgie Paul Tillichs", pp. 219–226. G. O. Mazur, "Eschatology as the Symbol for the Experience of Faith in the Thought of Paul Tillich", pp. 227–233.

(47) Victor Nuovo, "Is Eternity the Proper End of History?", in: Gert Hummel (ed.), *op. cit.* 一九六〇年代後半以降は、パネンベルク、モルトマンらによって、黙示文学的終末論の未来的次元を評価しなおす傾向が、終末論に関する思惟の主流となった。ティリッヒには、待望され到来する神の国を表現する試みは少なく、黙示文学的終末論の側面は薄い。cf. 芦名定道・小原克博『キリスト教と現代』(世界思想社、二〇〇一年)三九頁以下。

(48) Raymond F. Bulman, "Tillich's Eschatology of the late American Period (1945–1965)", in: Gert Hummel (ed.), *op. cit.*

(49) John Macquarrie, *Christian Hope* (Mowbray, 1978), p. 86ff.

(50) ティリッヒの一九六〇年代における諸宗教への姿勢は、以下の文献に詳しい。Tillich [1960] (1962), Tillich [1963b], Tillich [1965a] (1966).

(51) Gerhard Sauter, *What Dare We Hope?: Reconsidering Eschatology* (Trinity Press International, 1999), p. 115.

(52) Wolfhart Pannenberg, *Gründzuge der Christoligie* (Gütersloher Verlagshaus, Aufl. 7, 1993 (1964)) Jürgen Moltmann, *Das Kommen Gottes: Christliche Eschatologie* (Gütersloher Verlagshaus, 1995)

(53) Ingeborg Henel, "Paul Tillichs Begriff der Essentifikation und seine Bedeutung für Ethik", in: *Die Neue Zeitschrift für systematische Theologie und Religionsphilosophie*, Bd. 10. (Thormann & Goetsch, 1968), S. 1–17, S. 5, S. 10.

(54) Jack S. Boozer, "Being and History in Paul Tillich's Theology", in: Gert Hummel (ed.), *God and Being / Gott und Sein: The Problem of Ontology in the Philosophical Theology of Paul Tillich / Das Problem der Ontologie in der philosophischen Theologie Paul Tillichs* (Walter de Gruyter, 1989), p. 144f.

(55) Jürgen Moltmann, *Das Kommen Gottes: Christoliche Eschatologie* (Gütersloher Verlagshaus, 2. Aufl. 2005 (1995)), S. 139. モルトマンは、ティリッヒやバルトなどのいう「自然的死」という考えは、繁栄した社会の生命を保障された市民に当てはまるだけであって、飢餓や暴力などによって「不自然」で理不尽な短い生を終える人々の生には意味がないことになってしまう、と指摘している。モルトマンによれば、「永遠の命」とは、破壊された生が「さらに続く生の空間」であり、理不尽な生を終えた人々に「生を生きるための空間と力と時間を与える」ものである。しかしながらこのようなモルトマンの見解には、不条理への配慮があることは認められるが、この世の生と永遠の命との連続的継続もみてとれる。

■第7章

(1) 一九二〇年代から一九六〇年代を中心に、時間／空間あるいは歴史／共同体へのティリッヒの言及は続けられていた。cf. Tillich [1922a], Tillich [1926d], Tillich [1926e], Tillich [1927], Tillich [1930a], Tillich [1933a], Tillich [1933b], Tillich [1934a], Tillich [1938], Tillich [1939a], Tillich [1939b], Tillich [1945] (1990), Tillich [1948b], Tillich [1958b], Tillich [1959a], Tillich [1959c], Tillich [1963a], Tillich [1963c] 等。

(2) ティリッヒは、時間あるいは空間のいずれかが「優位 (predominance)」であると記述するとき、第一に、時間・空間における一方は、その領域における生を規定し性格づけるものであること（生の意味づけの要素となること）を指示している。第二に、認識の形式としての計測可能な時間・空間（両者が結合した状態でのみ現実化）の実在可能性について指示する。これらの二要素は区別されるが、同時に出現してもいる。

(3) ティリッヒは、「生の多次元的統一」（無機的次元‐有機的次元‐心理学的次元‐精神の次元‐歴史的次元は、互いに対立することなく、ある次元が優勢である領域でも、他の次元も可能的には存在する）の観点に基づき、時間と空間の関係を以下のように捉える。他の次元の現実化を前提として成立する歴史的次元においては、時間が空間に優越する。

逆に無機的なもの（鉱物など）においては、空間が歴史に優越する。歴史の空間においては、無機的なものの領域・空間も含まれる。また歴史の時間においては、無機的なものの時間は現実化して含まれる。しかし無機的なものの時間においては、歴史的な時間は可能性にとどまる（Tillich［1963a］, 318f.）。

（4）R・H・ストーンは、ティリッヒの論文集『平和の神学』の序文において、ティリッヒがその人生の最後の年、希望について講演や説教を行うことが多かったと指摘しており、一九六五年当時「希望」についての思索が、ティリッヒにとって重要な関心事になっていたことがうかがえる。Tillich［1965b］（1990）, 23.

（5）論文「希望する権利」は、ハーヴァード大学記念教会で行われた説教が原型となっている。

（6）cf. Tillich［1963b］

（7）父祖の土地を離れたアブラハムが率いるイスラエルの民を指す。このイスラエルの民は特定の空間を失ったが、民族の歴史という特定の時間において生きる者となった（Tillich［1959c］, 35-39）。ティリッヒは、祖国ドイツを後にした自分自身と、アブラハムの召命とを重ね合わせて捉えていた。cf. Wilhelm & Marion Pauck, *Paul Tillich: His Life and Thought*（Harper & Row Publishers, 1989）, p. 138.

【比較研究１】

（1）後期ロールズは『政治的リベラリズム』（一九九三年）において、リベラリズムそれ自体としては、個人の人生についての多様な意義や価値規範を含む「道徳（moral）」や宗教のような「包括的な教義（comprehensive doctrines）」ではないことを明言している。包括的でないリベラリズムとは、様々な善が競合する中での「重なり合う合意（overlapping consensus）」であり、この合意から、政治的構想が形成される。後期ロールズが新たに提示した「リベラリズム」は、世界解釈としての信念や価値をそれ自体としては提供しない「限定的リベラリズム」である。ロールズは「重なり合う合意」を形成する可能性として、宗教と世俗的理性のどちらに偏ることなく、両者の合意を形成する「公共的理性（public reason）」を提唱している。ロールズは宗教あるいは包括的教説が自由や平等に反することなく、「道理にかなっている」限りにおいて、それらをも合意形成に取り入れる余地を認めたのである。John Rawls, *The Idea of Public Reason Revisited: in The Law of Peoples*（Harvard University Press, 1999）, p. 143. cf. 原田健二朗「ロールズの政治的リベラリズムと宗教」『政治思想における言語・会話・討議』政治思想研究第一三号（二〇一三年五月）所収。苅田真司「宗教と公共性『境界』から『空間』へ」島薗進・磯前順一編『宗教と公共空間――見直される宗教の役割』（東京大学出版会、二〇一四年）所収。

（2）Ch・テイラーは、中立性のみに依拠する政治社会や共同体が、互いの差異を認めつつ連帯する可能性については批判的である。特定の価値や善から中立な自律的個人を想定することは、政治や社会といった公的領域に参与する際、その個人が「枠組み」を捨象することを意味する。テイラーは、リベラルのみに基づく政治には、自らが依って立つ枠組みへの意識や他者に対する自己開示の視点を欠くがゆえに、構造的な限界が伴うことを指摘している。Judith Butler, Jürgen Habermas, Charles Taylor and Cornel West, *The Power of Religion in the Public Sphere*, Eduardo Mendieta & Jonathan Van Antwerpen (eds.), (Columbia University Press, 2011).（箱田徹・金城美幸訳『公共圏に挑戦する宗教　ポスト世俗化時代における共棲のために』岩波書店、二〇一四年）。Charles Taylor, *Reconcile the Solitudes: Essays on Canadian Federalism and Nationalism* (McGill-Queen's University Press, 1992)

（3）マイケル・ストッカー「現代倫理学の統合失調症」『徳倫理学基本論文集』（加藤尚武・児玉聡編・監訳、勁草書房、二〇一五年）。

（4）Charles Taylor, *A Catholic Modernity?: Charles Taylor's Marianist Award Lecture*, James L. Heft (ed.), (Oxford, 1999). p. 22. Charles Taylor, *A Secular Age* (Belknap Press of Harvard University Press, 2007), p. 246, p. 576.

（5）ティリッヒの倫理学・道徳哲学をテーマとした著作は、部分的なものならば幾つか存在するが、最もまとまった記述は「道徳とそれを超えるもの」(*Morality and Beyond*, Westminster, John Knox Press, 1963) である。

（6）カント研究の一環として、カントのキリスト教理解や神学に対する立場を扱った研究は、それなりに研究史の一角を占めている。

（7）武藤一雄『神学と宗教哲学の間』（創文社、一九六一年）。

（8）芦名定道「ティリッヒとカント――近代キリスト教思想の文脈から」（『ティリッヒ研究』二〇〇六年）。

（9）Werner Süßler und Erdmund Sturm, *Paul Tillich: Leben-Werk-Wirkung*, 2Aufl. (WBG, 2015), S. 223f.

（10）Chris L. Firestone, *Kant and Theology at the Boundaries of Reason* (Ashgate, 2009), p. 135. Pauli Annala,

Transparency of Time: The Structure of Time-Conscious in the Theology of Paul Tillich（Vammala, 1982）．ティリッヒもカントのいうアプリオリな時間と同様、時間概念を存在論認識のカテゴリとみなすが、ティリッヒの場合、「時間」は歴史としての意味合いが大きく付与される点で、カントとは異なる。

(11) この点でシュッスラーの見解、すなわちカントと類似するティリッヒの形而上学概念が、実存哲学へと結実したとの見方には説得力がある。

(12) Immanuel Kant, *Kritik der praktischen Vernunft*, in: *Kants Werke*. Akademie-Textausgabe, Bd. 5(V)（Walter de Gruyter, 1788）, S. 82.

(13) *ibid.*, S. 32.

(14) 川村三千雄『カントの宗教哲学』（小樽商科大学人文科学研究会、一九七四年）。宇都宮芳明『カントと神』（岩波書店、一九九八年）八四頁。

(15) Kant, *op. cit.*, S. 111f.

(16) *ibid.*, S. 113.

(17) *ibid.*, S. 117.

(18) 武藤一雄「信仰の神と哲学の神」『神学的・宗教哲学的論集Ⅰ』（創文社、一九八〇年）五八頁。

(19) Immanuel Kant, *Die Religion innerhalb der Grezen der bloßen Vernunft*, in: *Kants Werke*. Akademie-Textausgabe, Bd. 6(VI)（Walter de Gruyter, 1968（1793））, S. 18.

(20) *ibid.*, S. 32.

(21) *ibid.*, S. 29.

(22) Christian Danz, *Religion als Freiheitsbewußtsein: Eine Studie zur Theologie als Theorie der Konstitutionsbedingungen individueller Subjektivät bei Paul Tillich*（Walter de Gruyter, 2000）

(23) Kant, *op. cit.*, S. 44.

(24) *ibid.*, S. 29.

(25) Immanuel Kant, *Kritik der praktischen Vernunft*, in: *Kants Werke*. Akademie-Textausgabe, Bd. 5(V)（Walter de

Gruyter, 1971 (1788)), S. 30.

(26) Denis Savage, "Kant's Rejection of Divine Revelation and His Theory of Radical Evil", in: *Kant's Philosophy of Religion Reconsidered* (1991) p. 64f., p. 68.

(27) 宇都宮芳明『カントと神』(岩波書店、一九九八年)二七三 - 二七四頁。氷見潔『カント哲学とキリスト教』(近代文藝社、一九九六年)八一 - 八八頁。

(28) 山下和也『カントと敬虔主義――カント哲学とシュペーナー神学の比較』(晃洋書房、二〇一六年)一八六頁。

(29) Immanuel Kant, *Die Religion innerhalb der Grezen der bloßen Vernunft*, in: *Kants Werke*. Akademie-Textausgabe, Bd. 6(VI) (Walter de Gruyter, 1968 (1973)), S. 153.

(30) *ibid.*, S. 8.

(31) *ibid.*, S. 112.

(32) *ibid.*, S. 153f.

(33) ここで扱われるティリッヒの存在論的人間理解および文化と宗教の関わりの体系については、ティリッヒ自身が述べるように(Tillich [1963d], 18)、同年前月に出版された『組織神学』が前提となっている。

(34) cf. 山下和也『カントと敬虔主義――カント哲学とシュペーナー神学の比較』(晃洋書房、二〇一六年)二三五頁。

(35) Kant, *op. cit.*, S. 202.

(36) *ibid.*, S. 164.

(37) *ibid.*, S. 114.

(38) ヤスパースは『啓示に面しての哲学的信仰』(一九六二年)において、カントを引用しつつ啓示が客観的事実であり実在性であるなら、人間の自由にとって災いであると述べている。Karl Jasper, *Der philosophische Glaube angesichts der christlichen Offenbarung*, 3Aufl. (Piper, 1984 (1962)), S. 37.

(39) 西田幾多郎『西田幾多郎全集第十一巻』(岩波書店、一九六五年)四六三頁。

(40) 武藤一雄「宗教における『内在的超越』ということについて」『神学的・宗教哲学的論集Ⅲ』(創文社、一九九三年)九一頁。

（41）倫理学者・政治哲学者Ch・テイラーによれば、世俗化が進展するにつれて、人々が「善」とみなすものは内在的な内容へと変容した。テイラーの指摘によれば、カントは近代啓蒙主義的ヒューマニズムの代表者であり、この立場においては、理性的存在者の外部にある構成善は認められず、理性の働きそのものが「構成善」と想定される。Charles Taylor, *Sources of the Self: The Meaning of the Modern Identity* (Harvard University Press, 1989), p. 94.（『自我の源泉——近代的アイデンティティの形成』下川潔・桜井徹・田中智彦訳、名古屋大学出版会、二〇一〇年）

（42）J・ロールズの正義論の枠組みを採用しつつも、ケイパビリティ・アプローチによって自ら権利を主張できない動物や障がいのある人々に配慮する方法を提唱するマーサ・C・ヌスバウムなど、リベラリズム対コミュニタリアニズムの図式には当てはまらない倫理学者の存在を考慮すれば、事態は明らかであろう。Martha C. Nussbaum, *Frontiers of Justice: Disability, Nationality, Species Membership* (The Belknap Press of Harvard University Press, 2006)（『正義のフロンティア——障碍者・外国人・動物という境界を超えて』神島裕子訳、法政大学出版局、二〇一二年）。

（43）「アガペー的超越」という概念はCh・テイラーが提唱している。本概念については以下の拙論を参照。鬼頭葉子「チャールズ・テイラーにおける超越概念——現代における『宗教』の意義」（『アルケー』二四号、二〇一六年）。

■【比較研究2】

（1）一九二六年、従軍牧師の任にあったティリッヒは、死についての厭世的な感情を知人に書き送っている。「人生そのものが、頼り得る基盤ではないのです。それは私がいつか死ぬだろうということではなく、全ての人が死ぬ、本当に死ぬ、あなたもまた死ぬということ、それが人間の苦難です」(Wilhelm & Marion Pauck, *Paul Tillich: His Life & Thought* (Harper & Row, 1989 (1976)), p. 51)。また一九五一年、ティリッヒ六十五歳のときの書簡では以下のように述べられている。「これからは死を予期すること（ハイデッガー）が、徐々に優勢に、私が従事する事柄となるでしょう。しかし、いまだ私に与えられたあらゆる瞬間に、私はイエスと言うのです」(*ibid.*, p. 239)。また生前ティリッヒは、自身の葬儀の際「人はみな死すべし」(J. S. Bach) の奏楽を希望し、実際に彼の追悼礼拝で演奏された (*ibid.*, p. 329)。

（2）Rollo May, *Paulus: Tillich as Spiritual Teacher* (Saybrook Publishing, 1988 (1973)), p. 100.

（3）『聖書　新共同訳』（日本聖書協会、二〇〇四年（一九八七年））、「ローマの信徒への手紙」六章二十三節。

(4) 四一八年のカルタゴ教会会議において、死が堕罪の結果ではなく被造物の本性であるとするペラギウス派の主張は異端として反駁された。cf. 小高毅編『原典　古代キリスト教思想史　3ラテン教父』（教文館、二〇〇一年）二一一－三〇九頁。またティリッヒの解釈によれば、ペラギウスの理念とは、死が自然的な出来事、有限性に属する事柄であって、堕罪の結果ではないことを示す、とされる（Tillich [1968], 123）。

(5) Eberhard Jüngel, *Tod* (Kreuz-Verlag, 1971), S. 95.

(6) *ibid.*, S. 107.

(7) アウグスティヌス『アウグスティヌス著作集第29巻　ペラギウス派駁論（3）』（金子晴勇・畑宏枝訳、教文館、一九九九年）九－一三八頁。

(8) アウグスティヌス『アウグスティヌス著作集第13巻　神の国』（泉治典訳、教文館、一九八一年）一五六頁。アウグスティヌスの死の分類は、身体の死・霊魂の死・全人間の死と三種類に分ける場合と、第一の死・第二の死の二種類に分ける場合がある。宮谷宣史『アウグスティヌスの神学』（教文館、二〇〇五年）一三〇頁。

(9) 宮谷宣史『アウグスティヌスの神学』（教文館、二〇〇五年）一三四頁。

(10) アウグスティヌス『アウグスティヌス著作集第16巻　創世記注解』（片柳榮一訳、教文館、一九九四年）二一五－二一六頁。

(11) Karl Barth, *Die Kirchliche Dogmatik, III*, Band 2, Teil, 2. (EVZ-Verlag, 1959), S. 730. Vgl. Erich Schmalenberg, "Der Sinn des Todes", in: *Neue Zeitschrift für Systematische Theologie und Religion*, Bd. 14. (Thormann & Goetsch, 1972), S. 235f.

(12) Jüngel, *op. cit.*, S. 99.

(13) *ibid.*

(14) *ibid.*, S. 111.

(15) Bonnie J. Miller-McLemore, *Death Sin and the Moral Life* (Scholars Press, 1988), p. 132f.

(16) ドイツ語版『組織神学』では「死すべき運命（Todes-Shicksal）」と記述（Tillich [1958], 76）。

(17) 創造と堕罪の間に時間的関係はない。ティリッヒの創造論においては、創造と堕罪は一致している。堕罪は、時間内のある一点で起こった出来事ではなく、人間の状態の普遍的象徴として示されている。

(18) ティリッヒは「罪」の語を「永遠からの疎外」と再解釈する。しかし彼自身明言するように、「罪」の語には、「疎外」の語には含まれていない「自ら属するものに背を向ける」という人格的行為のモラリスティックな含意がある。よって「罪」の語が廃止されるわけではない。ティリッヒの罪概念については多くの研究があるが、下記の論文では、ティリッヒの堕罪解釈における「超越論的堕罪説」の要素を、悪の現実性へと展開するのは論理上困難だったとしつつ、罪と悪との連続性を指摘している。近藤剛「創造と堕落の問題――P．ティリッヒの自由理解を手掛かりに」（現代キリスト教思想研究会編『ティリッヒ研究』創刊号、二〇〇〇年）四九－六六頁。

(19) 『聖書　新共同訳』（日本聖書協会、二〇〇四年（一九八七年））「創世記」第一章。

(20) ティリッヒは、堕罪以前の人間の状態、「夢見る無垢」（Dreaming Innocence：実存の状況、現実に存在する人間ではあり得ない可能性の状態）を想定し、この「夢見る無垢」において、「有限性に基づく苦しみ」は、祝福に変えられているとみなす。しかし実存の条件の下では、人間はこの祝福から切り離され、有限性の苦しみが破壊的な仕方で人間を捉える。

(21) Tillich, "On the Transitoriness of Life", in: *The Shaking of the Foundations*（Penguin Books, 1964（1949））, p. 71f.

(22) Tillich, "The Destruction of Death", in: *ibid.*, p. 170f.

(23) Miller-McLemore, *op. cit.*, p. 132.

(24) Tillich, "The Destruction of Death", p. 171.

(25) Martin Heidegger, *Sein und Zeit*, 17. Aufl.（Max Niemeyer Verlag, Tübingen, 1993（1927））, S. 343.

(26) Jacques Choron, *Death and Western Thought*（Macmillan Publishing, 1973（1963））, p. 237. 森一郎『死と誕生』（東京大学出版会、二〇〇八年）一六九－一七二頁。

(27) Heidegger, *op. cit.*, S. 248.

(28) John Macquarrie, *Heidegger and Christianity*（SCM Press Ltd, 1994）, p. 46.

(29) Vladimir Jankélévitch, *La Mort*（Flammarion, 1977（1966））, pp. 17–24.（ジャンケレヴィッチ『死とはなにか』（原章二訳、青弓社、二〇〇三年）二五頁）。

(30) Jankèlèvitch, *op. cit.*, pp. 24-35.

(31) ジャンケレヴィッチ『死とはなにか』二五－三〇頁。ジャンケレヴィッチがここでいう「意味」とは、一回性や重要性などではなく、位置づけや役割、連関性などを指すであろう。

(32) 同前、三〇頁。ジャンケレヴィッチの思想において、死と誕生とはシンメトリックではない。シンメトリーは空間に適用するのであり、時間には適用しないからである。死と誕生は決して同時に経験の内に与えられることがないために、両者の間に共通のものはない。「死は誕生の裏ではなく、誕生は死の表ではない。過去が未来の裏ではなく、未来が過去の表でないように。過去と未来は現在の両サイドに控えているのではありません。私たちは現在のつらなりの内部にしか生きてはいないのです」(『死とはなにか』一六頁)。

(33) Rollo May, *Paulus: Tillich as Spiritual Teacher* (Saybrook Publishing, 1988 (1973)), p. 100.

(34) Jürgen Moltmann, *Das Kommen Gottes- Christoliche Eschatologie* (Gütersloher Verlagshaus, 2005 (1995)), S. 67.

(35) *ibid.*, S. 111.

(36) *ibid.*, S. 110.

(37) *ibid.*, S. 108.

(38) *ibid.*, S. 139.

(39) Jack S. Boozer, "Being and History in Paul Tillich's Theology", in: Gert Hummel (ed.), *God and Being/ Gott und Sein: The Problem of Ontology in the Philosophical Theology of Paul Tillich / Das Problemder Ontologie in der philosophischen Theologie Paul Tillichs* (Walter de Gruyter, 1989).

(40) *ibid.*, p. 144f.

(41) Ingeborg Henel, "Paul Tillichs Begriff der Essentifikation und seine Bedeutung für Ethik", in: *Die Neue Zeitschrift für systematische Theologie und Religionsphilosophie*, Bd. 10. (Thormann & Goetsch, 1968), S. 1-17, S. 5, S. 10. 近藤勝彦「パウル・ティリッヒの神学における政治の問題――特にその『組織神学』第三巻をめぐって」(東京神学大学神学会編『神学』第五一号、一九八九年)六二頁。近藤勝彦『歴史の神学の行方――ティリッヒ、バルト、パネンベルク、ファン・リューラー』(教文館、一九九三年)三〇－三三頁。

(42)　ティリッヒのいう「さばき」は、神的存在から疎外された実存の条件下の人間には全て該当するため（原罪）、子供であっても、モラルを侵犯し悪を行った者であっても、等しく下される。

(43)　John Hick, *Death and Eternal Life* (Westminster/John Knox Press, 1994 (1976)), p. 217.

(44)　cf. Tillich, [1963c], 33f. またパウクの指摘によれば、ティリッヒ個人は、人々に自身が忘れ去られず記憶されることによって不死を願う側面があったようである。永遠において記憶されることは、彼自身の切実な願いであったのかもしれない。Pauck, *Paul Tillich: His Life & Thought*, p. 230, p. 285.

【比較研究３】

(1)　Masao Abe, *Buddhism and Interfaith Dialogue*, Steven Heine (ed.), (University of Hawai'i Press, 1995), p. 106.

(2)　*ibid*., p. 118. しかしこの阿部の「絶対無とよばれる神」の概念は、ハンス・キュンクも指摘するように、キリスト教においては成立困難であろう（*ibid*., p. 216)。

(3)　西田幾多郎・西谷啓治他、森哲郎（解説）『京都哲学撰書　第十一巻　世界史の理論』（燈影社、二〇〇〇年）三九六頁。

(4)　西谷、一九六一年、二二一頁。

(5)　同前、二二二頁

(6)　同前、二二二頁

(7)　同前、二三九頁

(8)　同前、二三九－二四〇頁

(9)　同前、二六八頁

(10)　同前、二六二頁

(11)　同前、二四〇頁

(12)　ドナルド・K・マッキム、高柳俊一・熊澤義宣・古屋安雄監修『キリスト教神学辞典』（日本キリスト教団出版局、二〇〇二年）一三頁。「アイオーン」の聖書中の使用例としては、「ガラテヤの信徒への手紙」一章四節、「ヘブライ人への手紙」六章五節が挙げられる。『NTD新約聖書註解8　パウロ書簡』（NTD新約聖書註解刊行会編、一九七九年）一一二頁、『NTD新約聖書註解9　テモテへの手紙　テトスへの手紙　ヘブライ人への手紙』（NTD新約聖書註解刊行会編、一九七五年）二三〇頁。

(13) 西谷、一九六一年、二三三頁
(14) 同前、二三六頁
(15) 同前、一八九頁
(16) 同前、二三二頁
(17) 同前、二二六―二二七頁
(18) 同前、二二二―二二四頁
(19) 同前、二二四頁
(20) 同前、二二四頁
(21) 同前、二二四頁
(22) 同前、二二二頁
(23) 同前、二七五頁
(24) 同前、二三三―二三四頁
(25) 同前、二三三頁
(26) 同前、二四六頁
(27) 同前、二三三―二三四頁
(28) 武藤一雄「西谷宗教哲学とキリスト教」『神学的・宗教哲学的論集Ⅲ』（創文社、一九九三年）一八二頁。
(29) 西谷、一九六一年、二二一頁
(30) 同前、二二一頁
(31) 同前、一〇六―一〇七頁
(32) 同前、一〇九頁。傍点筆者。

(33) 同前、一〇六－一〇七頁
(34) 松丸壽雄「空の立場について」(『理想』第六八九号、二〇一二年) 七五－七六頁。
(35) 西谷、一九六一年、一七〇頁
(36) ティリッヒ研究においては、芦名定道、R・ブライポールなどがこのような立場をとっている。芦名定道『ティリッヒと現代宗教論』(北樹出版、一九九四年) 六一－六三頁。Renate Breipohl, *Religiöser Sozialismus und bürgerliches Geschichtsbewußtsein zur Zeit der Weimarer Republik* (Theologischer Verlag, 1971), S. 161-172.
(37) 西谷、一九六一年、二四一頁
(38) 同前、二四五頁
(39) 同前、二四九－二五〇頁
(40) 同前、二〇七頁
(41) 同前、二五頁
(42) 同前、二三七頁
(43) Robert Scharlemann, (ed.) *Negation and Theology* (University Press of Virginia, 1992), p. 115.
(44) Masao Abe, "Negation in Buddhism and in Tillich" in: R. Scharlemann (ed.), *Negation and Theology* (University Press of Virginia, 1992), p. 90f.
(45) 西谷、一九六一年、二三三頁
(46) また一九九九年にギルキーが日本で予定していた講演原稿によれば、ティリッヒはニーバーとの対話において、「もし創造と堕落の間にいかなる時間もないとすれば、それらを何らかの仕方で同一視するしかないのです。(中略) 原初的な神話がそこではもはや意味を為さない、空間と時間と世界についての一つの理解として存在論が必要なのです」と述べたという。ラングドン・ギルキー「パウル・ティリッヒと新正統主義」、西谷幸介訳『パウル・ティリッヒ二』(組織神学研究所編、二〇〇〇年) 一四－一五頁。
(47) 西谷の終末論批判は、ブルトマンのような実存論的な終末論解釈を知りつつも継続している。武藤一雄「西谷宗教哲学とキリスト教」『神学的・宗教哲学的論集Ⅲ』(創文社、一九九三年) 一七二－一七三頁、一九七頁。

（48）これらの議論の詳細については、以下の拙論を参照されたい。鬼頭葉子「ティリッヒにおける時間と空間の問題」（『基督教学研究』三十号、二〇一〇年）一〇四‐一一二頁。

（49）西谷、一九六一年、二六二頁

（50）同前、二八〇頁、二九〇頁

（51）同前、二八〇頁

（52）「空と歴史」原文では、（一）～（十）に分割されて論述がなされているが、『京都哲学撰書　第十一巻　世界史の理論』に掲載された「空と歴史」論文では、原文（四）以降は掲載されていない。

（53）西谷、一九六一年、三〇九頁

（54）「空と歴史」二九一頁

（55）「空と歴史」三二〇頁

（56）藤田正勝「座談会『近代の超克』の思想喪失――近代とその超克をめぐる対立」酒井直樹・磯前順一編『「近代の超克」と京都学派――近代性・帝国・普遍性』（以文社、二〇一〇年）。

（57）西谷、一九六一年、七八頁

（58）同前、九一頁

（59）同前、九一頁

（60）Ｊ・Ｗ・ハイジック「西谷啓治と近代の超克（１９４０～１９９０年）」酒井直樹・磯前順一編『「近代の超克」と京都学派――近代性・帝国・普遍性』（以文社、二〇一〇年）。

（61）西谷、一九六一年、一〇四頁

（62）同前、二九〇頁

（63）同前、二九〇頁

（64）西谷啓治「『近代の超克』私論」川上徹太郎・竹内好他『近代の超克』（冨山房百科文庫、一九七九年）三四頁。

（65）Robert P. Ericksen, *Theologians under Hitler: Gerhard Kittel, Paul Althaus and Emanuel Hirsh* (Yale University Press, 1985)

(66) 芦名定道『ティリッヒと現代宗教論』(北樹出版、一九九四年)四五-四六頁。

【比較研究4】

(1) Robin W. Lovin, *An Introduction of Christian Ethics: Goals, Duties, and Virtues* (Abingdon Press, 2011)

(2) *ibid.*, pp. viii-x.

(3) *ibid.*, p. viii.

(4) John Courtney Murray, *We Hold These Truths: Catholic Reflections on the American Proposition* (New York, Sheed & Ward, 1960), p. 101f.

(5) Lovin, *op. cit.*, p. 47.

(6) ハワワースの「完結性」型神学としての特徴は、以下の文献の引用箇所に示されている。特に *A Community of Character* では、政治的、経済的リベラリズムへの批判が明らかである。*The Peaceable Kingdom*, (University of Notre Dame Press, 1983), p. xvii. *A Community of Character* (University of Notre Dame Press, 1981), p. 78f.

(7) Lovin, *op. cit.*, p. 51.

(8) Stanly Hauerwas and William H. Willimon, *Resident Aliens: Life in the Christian Colony* (Abingdon Press, 1989), p. 38.

(9) Lovin, *op. cit.*, p. 54.

(10) *ibid.*, p. 55f.

(11) H. Richard Niebuhr, *Christ and Culture* (Harper Collins Publishers, 2011 (1951)), p. i-ii.

(12) Lovin, *op. cit.*, p. 56.

(13) Reinhold Niebuhr, *The Children of Light and the Children of Darkness: A Vindication of Democracy and a Critique of its Traditional Defense* (University of Chicago Press, 2011 (1944)), pp. 162-190. (武田清子訳『光の子と闇の子——キリスト教人間観によるデモクラシー及びマルキシズムの批判』聖学院大学出版会、一九九四年、一六三-一八八頁)。Lovin, *op. cit.*, p. 57.

（14） *ibid.*, p. 59.

（15） *ibid.*

（16） *ibid.*, p. 63. 「ウーマニスト神学」は、アフリカ系アメリカ人の女性達によって展開された解放の神学の形態で、白人中心のフェミニスト神学とは異なる目標や立場を持つ神学である。ロヴィンは「Black Womanist ethics」と記載しているが、前後の文脈から、Womanist Theology の定訳である「ウーマニスト神学」という呼称を用いた。cf. J・ゴンザレス『キリスト教神学基本用語集』（鈴木浩訳、教文館、二〇一〇年）三三頁、九二－九三頁。

（17） James H. Cone, *A Black Theology of Liberation, 40 Anniversary edition* (Orbis Books, 2011).

（18） Lovin, *op. cit.*, p. 62.

（19） ギルは二〇一二年以降、キリスト教神学と社会学との関係性について論じた三巻組の『社会学的神学』（『第1巻　社会の文脈における神学』『第2巻　社会によって形作られる神学』『第3巻　神学によって形作られる社会』）を発表した。ロヴィンはギルの神学理解を「相乗効果」であるとしている。しかしギルは、この三巻の著作を通し、神学と社会との関わりについて多様な視点に立つ。第1巻では「神学の社会的文脈（the social context of theology）」が考察されるため、この意味では「現実主義（realism）」であろう。しかし、第2巻では、一九六〇年代から七〇年代にかけて道徳論と社会との関係で議論されたような、「社会の決定因子」として神学を位置づけ、社会が神学を形成する点に注目する。これはギルの神学の「相乗効果（synergy）」的要素である。一方、第3巻では、神学の位置づけに関する社会的意義を探りつつ、「預言を受けた」個人が社会に価値を「埋め込む」ことが語られている。Robin Gill, *Society Shaped by Theology: Sociological Theology*, Volume 1 (Routledge, 2012), pp. 15-24.

（20） Lovin, *op. cit.*, p. 55.

（21） 本書はR・ニーバーに捧げられている。ティリッヒ自身による献辞には、ニーバーは倫理的なもの、ティリッヒは存在論的なものに立つという緊張関係にあり、その関係が新たな神学的展開を開くものであったと捉えられている。

（22） Ruwan B. Palapathwala, "Beyond Christ and System: Paul Tillich and Spirituality for the Twenty-first Century", in: Raymond F. Bulman and Fredrick J. Parrella (eds.), *Religion in the New Millennium: Theology in the Spirit of Paul Tillich* (Mercer University Press, 2001), p. 205.

（23） デリダの法と正義を峻別する立場は、カント倫理学における、義務に適った「適法性（Legalität）」と義務に基づく「道徳性（Moralität）」との峻別の立場と継承性があると論ずる先行研究もある。川谷茂樹「デリダの正義論――カント倫理学との対質」（『北海学園大学学園論集』一四二号、二〇〇九年）一-三頁。

（24） 邦訳『法の力』の翻訳者である堅田研一は、"droit"について原語に含まれる法と権利という二つの意味を表すため「法／権利」の訳語を用いている。本書文中では"droit"に「法」という訳語のみを充てて表記し、ティリッヒの「法（law）」と対比させている。また『法の力』は、米国カルドーゾ・ロースクールで行われた英語による講演"Deconstruction and the Possibility of Justice"が基となっており、同書英語版では"droit"は"law"と表記されている。cf. Jacques Derrida, *Deconstruction and the Possibility of Justice*, Drucilla Cornell, Michel Rosenfeldand and David Gray Carlson (eds.)（Routledge, 1992）

（25） ジャック・デリダ『法の力』（堅田研一訳、法政大学出版局、一九九九年）七頁。Jacques Derrida, *Force de loi* (Galilée, 1994), p. 14.

（26） 同前、三五頁。*ibid.*, p. 35.

（27） 同前、四〇頁。*ibid.*, p. 39.

（28） 同前、一二頁。*ibid.*, p. 17. cf. 仲正昌樹『〈法〉と〈法外なもの〉――ベンヤミン、アーレント、デリダをつなぐポスト・モダンの正義論へ』（お茶の水書房、二〇〇一年）。

（29） cf. 川谷茂樹、前掲論文、一〇頁。

（30） デリダ、前掲書、三九頁、*ibid.*, p. 38.

（31） 同前、五三頁、*ibid.*, p. 48f.

（32） 同前、七一頁。

（33） 同前。*ibid.*

（34） 同前、三五頁、*ibid.*, p. 35.

（35） cf. 川谷茂樹、前掲論文、七頁。

（36） cf. 同前。

あとがき

本書は、筆者が二〇一〇年に京都大学大学院文学研究科（思想文化学科キリスト教学専修）に提出した学位論文をもとに、その後のティリッヒ研究の成果や、筆者自身の研究の展開を踏まえて加筆修正を行ったものである。学位論文執筆をご指導いただいた京都大学文学研究科キリスト教学専修の芦名定道教授は、遅々として進まない筆者の論文指導を粘り強く続けて下さり、まことに感謝の念に堪えない。また学位論文の査読をいただいた京都大学文学研究科宗教学専修の氣多雅子教授、杉村靖彦教授からは、今後の研究への貴重な示唆をいただくことができた。また京都大学大学院在学中は、片柳榮一名誉教授をはじめ、キリスト教学研究室の皆様から多くのご指導をいただいた。

本書補論に掲載した比較研究は、それぞれ以下の学術誌への投稿論文をもとにしている。拙論の査読をいただいた先生方の貴重なご意見により、よりよいものへと改稿することができたことに感謝を申し上げたい。

「ティリッヒとカント——道徳と宗教のあいだ」（『キリスト教学研究室紀要』京都大学文学部基督教学研究室、第四号、二〇一六年三月）

「死、その由来とその向こう——ティリッヒ、モルトマン、ハイデガー、ジャンケレヴィッチ」（『宗教と倫理』宗教倫理学会、第一一号、二〇一一年十月）

「西谷啓治とパウル・ティリッヒの歴史理解——『空』と『カイロス』」（『基督教学研究』京都大学基督教学

会、第三六号、二〇一七年三月）
「宗教と倫理の関わり――ティリッヒとデリダの正義論、ロヴィンのキリスト教倫理を手がかりに」（『宗教と倫理』宗教倫理学会、第一七号、二〇一七年十一月）

本書は、独立行政法人 国立高等専門学校機構 長野工業高等専門学校ならびに株式会社ミマキエンジニアリングから出版助成をいただいて刊行の運びとなった。思想系の書籍出版が困難をきわめる昨今、本書の出版を支援して下さったことはまことに僥倖であった。実際の本書の執筆・刊行にあたっては、ナカニシヤ出版の石崎雄高氏に多大なご尽力をいただいたことに、感謝を申し上げたい。

また私事ではあるが、家族に感謝の意を述べたい。私の学業を支えてくれた両親、日々の研究や論文執筆に有用な助言や手助けをしてくれ、私の論文の最良の（かつ最も辛辣な）読者である夫古木健一朗には深く感謝している。最後に、「我々と同じ被造物」である我が家の伴侶動物たち（猫：小次郎、犬：タハティ）に感謝する。本書補論の比較研究「死、その由来とその向こう」は、二〇一一年夏、愛犬の最期が迫るなかで執筆された。時間の「永遠」という意味、空間の「寄る辺なさ（homelessness）」という意味を、その生をもって語る動物たちは、人間よりも宗教的・哲学的真理に近いのかもしれない。それを日々教えてくれる彼らに感謝を捧げる。

『岩波哲学・思想事典』（岩波書店）
『キリスト教組織神学事典』（教文館）
『キリスト教神学事典』（教文館）
『キリスト教神学辞典』（日本キリスト教団出版局）
『キリスト教神学基本用語集』（教文館）

Harvard University Press, Cambridge（下川潔・桜井徹・田中智彦訳［2010］『自我の源泉——近代的アイデンティティの形成』名古屋大学出版会）
————［1992］*Reconcile the Solitudes: Essays on Canadian Federalism and Nationalism.* McGill-Queen's University Press, Kingston
————［2007］*A Secular Age.* Harvard University Press, Cambridge
Tönnies, Ferdinand［1887］*Gemeinschaft und Gesellschaft, Abhandlung des Communismus und des Socialismus als empirischer Culturformen.* R. Reisland, Leipzig（杉之原寿一訳［1957］『ゲマインシャフトとゲゼルシャフト——純粋社会学の基本概念』岩波書店）
Toulmin, Stephen Edelston［1990］*Cosmopolis: The Hidden Agenda of Modernity.* Free Press, New York（藤村龍雄・新井浩子訳［2001］『近代とは何か——その隠されたアジェンダ』法政大学出版局）
Troeltsch, Ernst［1922］（2008）*Der Historismus und seine Probleme: Erstes Buch: Das logische Problem der Geschichtsphilosophie.* Walter de Gruyter, New York（近藤勝彦訳［1980－1988］『トレルチ著作集 第４巻〜第６巻　歴史主義とその諸問題』ヨルダン社）
宇都宮芳明［1998］『カントと神——理性信仰・道徳・宗教』（岩波書店）
Walzer, Michael［1994］*Thick and Thin: Moral Argument at Home and Abroad*（Loyola Lectures in Political Analysis）. University of Notre Dame Press, Notre Dame（芦川晋・大川正彦訳［2004］『道徳の厚みと広がり——われわれはどこまで他者の声を聴き取ることができるか』風行社）
Wilckens, Ulrich［1979］*Evangelisch-Katholischer Kommentar zum Neuen Testament, EKK, Bd. 6/1, Der Brief an die Römer.* Benziger Verlag Zürich（岩本修一訳［1984］『EKK 新約聖書註解 VI/1　ローマ人への手紙』教文館）
————［1994］*Evangelisch-Katholischer Kommentar zum Neuen Testament, EKK, Bd. 6/2, Der Brief an die Römer.* Benziger Verlag Zürich（岩本修一・朴憲郁訳［1998］『EKK 新約聖書註解 VI/2　ローマ人への手紙』教文館）
柳父圀近［1992］『エートスとクラトス——政治思想史における宗教の問題』（創文社）
山下和也［2016］『カントと敬虔主義——カント哲学とシュペーナー神学の比較』（晃洋書房）
安酸敏眞［2001］『歴史と探求——レッシング・トレルチ・ニーバー』（聖学院大学出版会）

c．辞典・事典類

RGG: *Die Religion in Geschichte und Gegenwart.* J. C. B. Mohr, Tübingen

―――― [1999] *The Idea of Public Reason Revisited: in The Law of Peoples.* Harvard University Press, Cambridge

Ritschl, Albrecht [1870] (1978) *Die Christliche Lehre von der Rechtfertigung und Versöhnung.* Olms, Hildesheim (森田雄三郎訳 [1974]「義認と和解」『現代キリスト教思想叢書 1』白水社)

Rosenberg, Arthur [1938] *Demokratie und Sozialismus.* de Lange, Amsterdam (足利末男訳 [1968]『近代政治史――民主主義と社会主義』みすず書房)

Rossi, Philip J. and Wreen, Michael [1991] *Kant's Philosophy of Religion Reconsidered.* Indiana University Press, Bloomington

佐藤真一 [1997]『トレルチとその時代――ドイツ近代精神とキリスト教』(創文社)

Sauter, Gerhard [1995] *Einführung in die Eschatologie.* Wissenschaftliche Buchgesellschaft, Darmstadt (深井智朗・徳田信訳 [2005]『終末論入門』教文館)

―――― [1999] *What Dare We Hope?: Reconsidering Eschatology,* Trinity Press International

Schleiermacher, Friedrich [1799] (2004) *Über die Religion: Reden an die gebildeten unter ihren Verächtern.* Felix Meiner Verlag, Hamburg (高橋英夫訳 [1991]『宗教論――宗教を軽んずる教養人への講話』筑摩書房)

Schmalenberg, Erich [1972] Der Sinn des Todes: in *Neue Zeitschrift für Systematische Theologie und Religionsphilosophie*, Bd. 14 No. 2 pp. 233-249. Walter de Gruyter, Berlin/New York

Schweitzer, Albert [1906] *Geschichte der Leben-Jesu-Forschung.* Mohr, Tübingen (遠藤彰・森田雄三郎訳 [1960]『イエス伝研究史』白水社)

―――― [2011] *Die Religionsphilosophie Kants,* 4Aufl., Georg Olms, Hildesheim (斎藤義一・上田閑照訳 [2004]『カントの宗教哲学 (上) (下)』白水社)

Sontheimer, Kurt [1968] *Antidemokratisches Denken in der Weimarer Republik: Die Politischen Ideen des deutschen Nationalismus zwischen 1918 und 1933.* Nymphenburger Verl. hdlg, München (河島幸夫・脇圭平訳 [1976]『ワイマール共和国の政治思想――ドイツ・ナショナリズムの反民主主義思想』ミネルヴァ書房)

Steck, K. G. und D. Schellong [1973] *Karl Barth und die Neuzeit.* Chr. Kaiser, München (尾形隆文訳 [1986]『バルトと近代市民社会』教文館)

Strauss, David Friedrich [1835] (1969) *Das Leben Jesu.* Wissenschaftliche Buchgesellschaft, Darmstadt (岩波哲男訳 [1996]『イエスの生涯』教文館)

竹本秀彦 [1989]『エルンスト・トレルチと歴史的世界』(行路社)

Taylor, Chalres [1989] *Sources of the Self: The Making of the Modern Identity.*

University of Chicago Press, Chicago（武田清子訳［1994］『光の子と闇の子――キリスト教人間観によるデモクラシー及びマルキシズムの批判』聖学院大学出版会）
Niebuhr, H. Richard［1951］（2011）*Christ and Culture.* Harper Collins Publishers, New York
西谷啓治［1961］『宗教とは何か』（創文社）
――――［1966］『ニヒリズム』（創文社）
――――［1971］『神と絶対無』（創文社）
――――［1979］「『近代の超克』私論」河上徹太郎・竹内好他『近代の超克』（冨山房百科文庫）
野田宣雄［1988］『教養市民層からナチズムへ――比較宗教社会史のこころみ』（名古屋大学出版会）
――――［1997］『ドイツ教養市民層の歴史』（講談社）
Nussbaum, Martha C.［2006］*Frontiers of Justice: Disability, Nationality, Species Membership.* The Belknap Press of Harvard University Press, Cambridge（神島裕子訳［2012］『正義のフロンティア――障碍者・外国人・動物という境界を越えて』法政大学出版局）
大林浩［1972］『トレルチと現代神学――歴史主義的神学とその現代的意義』（日本基督教団出版局）
大木英夫［2003］『組織神学序説――プロレゴーメナとしての聖書論』（教文館）
Pannenberg, Wolfhart［1964］（1990）*Gründzuge der Christologie.* Gütersloher Verlagshaus Gütersloh
――――［1967］*Grundfragen systematischer Theologie.* Vandenhoeck und Ruprecht, Göttingen
――――［1969］*Theology and the Kingdom of God.* Westminster Press, Philadelphia
Plessner, Helmuth［1981］in: Adolf Portmann and Rudolf Ritsema（eds.）, *Zeit und Zeitlosigkeit.* Insel Verl., Frankfurt am Main（松田高志訳［1990］「死に対する時間の関わりについて」『時の現象学』平凡社）
Pöhlmann, Horst Georg［1997］（2002）*Abriss der Dogmatik: Ein Kompendium.* Gütersloher Verlagshaus, Gütersloh（蓮見和男訳［2008］『現代教義学総説』新教出版社）
von Rad, Gerhard［1987］*Das Alte Testament Deutsch（ATD）, Das erste Buch Mose, Genesis.* Vandenhoeck & Ruprecht, Göttingen（山我哲雄訳［1993］『創世記　私訳と註解』ATD・NTD 聖書註解刊行会）
Rawls, John［1993］*Political Liberalism.* Columbia University Press, New York

Marx, Karl［1844］(2005) *Ökonomisch-Philosophische Manuskripte.* Felix Meiner Verlag, Hamburg
松井富美男［2005］『カント倫理学の研究——義務論体系としての『道徳形而上学』の再解釈』（溪水社）
松丸壽雄［2012］「空の立場について」（『理想』理想社、第 689 号）
May, Rollo［1973］(1988) *Paulus: Tillich as Spiritual Teacher.* Saybrook Publishing, Dallas
McGrath, Alister E.［1998］*Historical Theology: An Introduction to the History of Christian Thought.* Wiley-Blackwell, Oxford
Miller-McLemore, Bonnie J.［1988］*Death, Sin, and the Moral Life.* Scholars Press, Atlanta
宮谷宣史［2005］『アウグスティヌスの神学』〈関西学院大学研究叢書 第 109 編〉（教文館）
水垣渉・小高毅編［2003］『キリスト論論争史』（日本基督教団出版局）
Moltmann, Jürgen［1965］*Theologie der Hoffnung: Untersuchungen zur Begründung und zu den Konsequenzen einer Christlichen Eschatologie.* Gütersloher Verlagshaus, Gütersloh
――――［1995］(2005) *Das Kommen Gottes: Christliche Eschatologie.* Gütersloher Verlagshaus, Gütersloh
森一郎［2008］『死と誕生』（東京大学出版会）
森田雄三郎［1972］『キリスト教の近代性——神学的思惟における歴史の自覚』（創文社）
――――［2005］『現代神学はどこへ行くか』（教文館）
Murray, John Courtney［1960］*We Hold These Truths: Catholic Reflections on the American Proposition.* Sheed & Ward, New York
武藤一雄［1961］『神学と宗教哲学の間』（創文社）
――――［1980］『神学的・宗教哲学的論集Ⅰ』（創文社）
――――［1986］『神学的・宗教哲学的論集Ⅱ』（創文社）
――――［1993］『神学的・宗教哲学的論集Ⅲ』（創文社）
中村勝己［1995］『近代文化の構造——キリスト教と近代』（講談社）
中野実［1998］『シリーズ 21 世紀の政治学 1　宗教と政治』（新評論）
並木浩一［1997］『ヘブライズムの人間感覚——「個」と「共同性」の弁証法』（新教出版社）
Niebuhr, Reinhold［1944］(2011) *The Children of Light and the Children of Darkness: A Vindication of Democracy and a Critique of its Traditional Defense.*

片柳榮一［1995］『初期アウグスティヌス哲学の形成——第一の探求する自由』（創文社）
河野健二［1996］『革命と近代ヨーロッパ』（岩波書店）
川村三千雄［1974］『カントの宗教哲学』（小樽商科大学人文科学研究会）
川谷茂樹［2009］「デリダの正義論——カント倫理学との対質」（『北海学園大学学園論集』北海学園大学、第142号）
喜田川信［1986］『歴史を導く神』（ヨルダン社）
鬼頭葉子［2016］「チャールズ・テイラーの超越概念——宗教と政治性」（『アルケー』関西哲学会、第24号）
近藤勝彦［1993］『歴史の神学の行方——ティリッヒ、バルト、パネンベルク、ファン・リューラー』（教文館）
———［1996］『トレルチ研究（上・下）』（教文館）
熊野義孝［1979］『熊野義孝全集5　終末論・キリスト論・教会論』（新教出版社）
Leeuw, G. van der［1981］in: Adolf Portmann and Rudolf Ritsema (eds.), *Zeit und Zeitlosigkeit.* Insel Verl., Frankfurt am Main（森哲郎訳［1990］「根源の時と終末の時」『時の現象学』平凡社）
Lovin, Robin W.［2011］*An Introduction of Christian Ethics: Goals, Duties, and Virtues.* Abingdon Press, Nashville
Löwith, Karl［1949］*Meaning in History: The Theological Implications of the Philosophy of History.* University of Chicago Press, Chicago
———［1953］(1983) Weltgeschichte und Heilsgeschehen, in: Sämtliche Schriften 2. J. B. Metzlersche Verlagsbuchhandlung, Stuttgart
MacIntyre, Alasdair C.［1959］*Difficulties in Christian Belief* (Lecturer in Philosophy at the University of Leeds). SCM Press Ltd., London
———［1966］*A Short History of Ethics*, Macmillan, London（菅豊彦・甲斐博見・岩隈治子・新島龍美訳［1985］『西洋倫理思想史（上）』、井上義彦・柏田康史・東城国裕・岩隈敏訳［1992］『西洋倫理思想史（下）』九州大学出版会）
———［1981］*After Virtue: a Study in Moral Theory.* University of Notre Dame Press, Notre Dame（篠崎榮訳［1993］『美徳なき時代』みすず書房）
———［1988］*Whose Justice? Which Rationality?* University of Notre Dame Press, Notre Dame
Macquarrie, John［1973］*Existentialism: An Introduction, Guide and Assessment.* Penguin Books, Harmondsworth
———［1978］*Christian Hope.* Seabury, New York
———［1994］*Heidegger and Christianity.* SCM Press, London

平田俊博［2001］『柔らかなカント哲学　増補改訂版』（晃洋書房）
保呂篤彦［2001］『カント道徳哲学研究序説——自由と道徳性』（晃洋書房）
今村仁司［2001］『マルクス』（作品社）
稲葉稔［1983］『カント『道徳形而上学の基礎づけ』研究序説』（創文社）
岩淵慶一［2007］『マルクスの疎外論——その適切な理解のために』（時潮社）
岩波哲男［1984］『ヘーゲル宗教哲学の研究——ヘーゲルとキリスト教』（創文社）
Jankélévitch, Vladimir［1966］（1977）*La Mort.* Flammarion, Paris（原章二訳［2003］『死とはなにか』青弓社）
Jaspers, Karl［1949］Vom Ursprung und Ziel der Geschichte. R. Piper, München
————［1962］(1984) *Der philosophische Glaube angesichts der Offenbarung,* 3Aufl. Piper Verlag, München（重田英世訳［1986］『啓示に面しての哲学的信仰』創文社）
Jüngel, Eberhard［1971］*Tod.* Kreuz-Verlag, Freiburg im Breisgau
蔭山宏［1986］『ワイマール文化とファシズム』（みすず書房）
Kähler, Martin［1892］（1961）*Der Sogenannte Historische Jesus und der Geschichtliche, Biblische Christus.* Chr. Kaiser, München（森田雄三郎訳［1974］「いわゆる史的イエスと歴史的＝聖書的キリスト」『現代キリスト教思想叢書２』白水社）
金子晴勇［1999］『ヨーロッパの思想文化』（教文館）
————［2001］『近代人の宿命とキリスト教——世俗化の人間学的考察』（聖学院大学出版会）
————［2004］『アウグスティヌスとその時代』（知泉書館）
Kant, Immanuel［1785］*Grundlegung zur Metaphysik der Sitten* in: *Kants Werke.* Akademie-Textausgabe, Bd. 4(IV), Walter de Gruyter, Berlin（篠田英雄訳［1976］『道徳形而上学原論』岩波文庫）
————［1788］*Kritik der praktischen Vernunft* in: *Kants Werke.* Akademie-Textausgabe, Bd. 5(V), Walter de Gruyter, Berlin（坂部恵・伊古田理・平田俊博訳［2000］『カント全集７　実践理性批判・人倫の形而上学の基礎づけ』岩波書店、波多野精一・宮本和吉・篠田英雄訳［1979］『実践理性批判』岩波文庫）
————［1793］*Die Religion innerhalb der Grenzen der bloßen Vernunft* in: *Kants Werke.* Akademie-Textausgabe, Bd. 6(VI), Walter de Gruyter, Berlin（北岡武史訳［2000］『カント全集10　たんなる理性の限界内の宗教』岩波書店）
笠井惠二［1995］『二十世紀キリスト教の歴史観』（新教出版社）
Käsemann, Ernst［1973］*An Die Römer.* J. C. B. Mohr, Tübingen（岩本修一訳［1980］『ローマ人への手紙』日本基督教団出版局）

スト教史（下巻）』新教出版社）
波多野精一［1943］『時と永遠』（岩波書店）
原田健二朗［2013］「ロールズの政治的リベラリズムと宗教」（『政治思想研究』政治思想学会、第13号）
Harnack, Adolf von ［1886-1890］（4. Aufl. 1909/1910）（1990） *Lehrbuch der Dogmengeschichte.* Mohr, Tübingen
――――［1900］ *Das Wesen des Christentums.* J. C. Hinrichs, Leipzig（山谷省吾訳［1977］『キリスト教の本質』玉川大学出版部）
Hauerwas, Stanley ［1981］ *A Community of Character: Toward a Constructive Christian Social Ethic.* University of Notre Dame Press, Notre Dame
――――［1983］ *The Peaceable Kingdom: A Primer in Christian Ethics.* University of Notre Dame Press, Notre Dame
――――［1986］ *Suffering Presence: Theological Reflections on Medicine, the Mentally Handicapped, and the Church.* University of Notre Dame Press, Notre Dame
――――［1994］ *God, Medicine, and Suffering,* reprinted with new title. William B. Eerdmans Publishing Company, Grand Rapids, Michigan（First published 1990 as *Naming the Silences: God, Medicine, and the Problem of Suffering*）
Hauerwas, S. and Willimon, W. H. ［1989］ *Resident Aliens: Life in the Christian Colony.* Abingdon Press, Nashville（東方敬信・伊藤悟訳［1999］『旅する神の民――「キリスト教国アメリカ」への挑戦状』教文館）
Hauerwas, S. and Pinches, C. ［1997］（2002） *Christians among the Virtues: Theological Conversations with Ancient and Modern Ethics,* University of Notre Dame Press, Notre Dame（東方敬信訳［1997］『美徳の中のキリスト者――美徳の倫理学との神学的対話』教文館）
Hauerwas, S. and Vanier, J. ［2008］ *Living Gently in a Violent World: The Prophetic Witness of Weakness,* InterVarsity Press, Downers Grove
Hegel, Georg Wilhelm Friedrich ［1837］（1993） *Vorlesungen über die Geschichte der Philosophie.* Suhrkamp, Frankfurt am Main（長谷川宏訳［1994］『歴史哲学講義』岩波書店）
Heidegger, Martin ［1927］（1993） *Sein und Zeit,* 17. Aufl. Max Niemeyer Verlag, Tübingen
Hick, John ［1976］（1994） *Death and Eternal Life.* Westminster John Knox Press, Louisville
氷見潔［1996］『カント哲学とキリスト教』（近代文藝社）

人社）
Collingwood, Robin George［1946］（1951）*The Idea of History*. Oxford Clarendon Press, Oxford
Cone, James H.［2011］*A Black Theology of Liberation: 40 Anniversary edition*. Orbis Books, Maryknoll
Cullmann, Oscar［1946］*Christus und die Zeit: die urchristliche Zeit- und Geschichtsauffassung*. EVZ-Verlag, Zürich（前田護郎訳［1954］『キリストと時――原始キリスト教の時間観及び歴史観』岩波書店）
Derrida, Jacques［1992］*Deconstruction and the Possibility of Justice*,（eds.）Drucilla Cornell, Michel Rosenfeld and David Gray Carlson. Routledge, Abingdon-on-Thames
――――［1994］*Force de loi*. Galilée / Paris（堅田研一訳［1999］『法の力』法政大学出版局）
Ericksen, Robert P.［1985］*Theologians Under Hitler: Gerhard Kittel, Paul Althaus and Emanuel Hirsch*. Yale University Press, New Haven（古賀敬太・久保田浩・木部尚志訳［2000］『第三帝国と宗教――ヒトラーを支持した神学者たち』風行社）
Feifel, Herman［1959］*The Meaning of Death*. Blakiston Division, McGraw-Hill, New York
Fergusson, David［1999］*Community, Liberalism and Christian Ethics*（New Studies in Christian Ethics）. Cambridge University Press, Cambridge（関川泰寛訳［2002］『共同体のキリスト教的基礎』教文館）
Firestone, Chris L.［2009］*Kant and Theology at the Boundaries of Reason*. Ashgate, Farnham
Giddens, Anthony［1990］*The Consequences of Modernity*. Stanford University Press, Stanford
――――［1991］*Modernity and Self-identity: Self and Society in the Late Modern Age*. Stanford University Press, Stanford
Gill, Robin［2012］*Society Shaped by Theology: Sociological Theology*, Volume 1. Routledge, Abingdon-on-Thames
Gonzalez, Justo L.［1984］*The Story of Christianity, Volume 1: The Early Church to the Dawn of the Reformation*. Harper & Row, San Francisco（石田学訳［2002］『キリスト教史（上巻）』新教出版社）
――――［1985］*The Story of Christianity, Volume 2: The Reformation to the Present Day*. Harper & Row, San Francisco（石田学・岩橋常久訳［2003］『キリ

出版会）
『アウグスティヌス著作集』（赤木善光・泉治典・金子晴勇・茂泉昭男・野町啓・大島春子・岡野昌雄・松田禎二訳、教文館）
『神の国』（11 巻〜15 巻）
『創世記註解』（16 巻・17 巻）
『ペラギウス派駁論（3）』（29 巻）

b．論文と著書

Abe, Masao［1995］*Buddhism and Interfaith Dialogue.* University of Hawai'i Press, Honolulu
芦名定道［1993］『宗教学のエッセンス――宗教・呪術・科学』（北樹出版）
――――［1994］『ティリッヒと現代宗教論』（北樹出版）
――――［2007］『自然神学再考――近代世界とキリスト教』（晃洋書房）
芦名定道・小原克博［2001］『キリスト教と現代――終末思想の歴史的展開』（世界思想社）
Barth, Karl［1919］*Der Römerbrief.* Unveränderter Nachdruck der ersten Auflage von 1919. EVZ-Verlag, Zürich
――――［1933］*Der Römerbrief.* Chr. Kaiser Verlag, München（小川圭治・岩波哲男訳［1972］『ローマ書講解』河出書房新社）
――――［1938］（1970）*Rechtfertigung und Recht: Christengemeinde und Bürgergemeinde.* EVZ-Verlag, Zürich
――――［1948］*Die Kirchliche Dogmatik III*, Band2. Teil, 2. EVZ-Verlag, Zürich（菅円吉・吉永正義訳［1973］『教会教義学（第 3 巻 創造論 第 2 分冊 第 1 － 3 部 造られたもの）』新教出版社）
Bergson, Henri［1889］*Essai sur les données immédiates de la conscience.* Félix Alcan, Paris
Bultmann, Rudolf K.［1957］*History and Eschatology The Presence of Eternity*: The Gifford Lectures 1955. Harper & Brothers, New York
Butler, Judith, Jürgen Habermas, Charles Taylor and Cornel West［2011］*The Power of Religion in the Public Sphere*（eds.）Eduardo Mendieta & Jonathan Van-Antwerpen. Columbia University Press, New York（箱田徹・金城美幸訳［2014］『公共圏に挑戦する宗教――ポスト世俗化時代における共棲のために』岩波書店）
Choron, Jacques［1963］*Death and Western Thought.* Collier Books, New York（田中克佳・森野衛・山本正身・松丸修三・諏訪内敬司訳［1999］『死と西洋思想』行

矢澤励太［2003］「パウル・ティリッヒにおける聖霊論――その神論との対応関係を巡って」（『神学』東京神学大学、第65号）
Yoon, Dong Cheol［1998］*The Protestant Principle: a Study on Paul Tillich.* Diss. Drew University

C．その他研究文献

a．論文集・全集

歴史学研究会編『再生する終末思想』〈シリーズ歴史学の現在〉（青木書店、2000年）
Buckley, J. J. and L. G. Jones（eds.）*Theology and Eschatology at the Turn of the Millennium.* Blackwell, Oxford, 2001
Heft, James L.（ed.）［1999］*A Catholic Modernity?: Charles Taylor's Marianist Award Lecture, with responses by William M. Shea, Rosemary Luling Haughton, George Marsden, and Jean Bethke Elshtain.* Oxford University Press, Oxford
Husserl, E., Heidegger, M., Horkheimer, M.（清水多吉・手川誠士郎編訳［1999（1976）］『30年代の危機と哲学』平凡社）
小高毅編［2001］『原典　古代キリスト教思想史　3ラテン教父』（教文館）
加藤尚武・児玉聡編・監訳［2015］『徳倫理学基本論文集』（勁草書房）
河上徹太郎・竹内好他［1979］『近代の超克』（冨山房百科文庫）
Manuel, Frank Edward（ed.）［1967］*Utopias and Utopian Thought.* Beacon Press, Boston
Moltmann, Jürgen et al.［1970］*The Future of Hope: Theology as Eschatology.* Herder and Herder, New York
西田幾多郎［1965］『西田幾多郎全集　第11巻』（岩波書店）
西田幾多郎・西谷啓治他、森哲郎解説［2000］『京都哲学撰書　第11巻　世界史の理論』（燈影社）
Rossi, Philip J. and Wreen Michael J.（eds.）［1991］*Kant's Philosophy of Religion Reconsidered.* Indiana University Press, Bloomington
酒井直樹・磯前順一編［2010］『「近代の超克」と京都学派――近代性・帝国・普遍性』（以文社）
Schwöbel, Christoph（ed.）［1972］*Neue Zeitschrift für Systematische Theologie und Religionsphilosophie.* Walter de Gruyter, Berlin / New York
Scharlemann, Robert（ed.）［1992］*Negation and Theology.* University Press of Virginia, Charlottesville
島薗進・磯前順一編［2014］『宗教と公共空間――見直される宗教の役割』（東京大学

———[2004] *Kunst und Gesellschaft*: Drei Vorlesungen (1952), Aus dem Englischen übersetzt, herausgegeben und mit einem Nachwort über die Bedeutung der Kunst für das Denken Paul Tillichs von Werner Schüßler. LIT Verlag, Münster
Schüßler, Werner und Erdmann Sturm [2015] *Paul Tillich: Leben-Werk-Wirkung*, 2Aufl. WBG, Darmstadt
Schweitzer, Albert [1899](2011) *Die Religionsphilosophie Kants*, 4Aufl. Georg Olms, Hildesheim（斎藤義一・上田閑照訳［2004］『カントの宗教哲学（上）（下）』白水社）
Stenger, Mary A. and Ronald H. Stone [2002] *Dialogues of Paul Tillich*. Mercer University Press, Macon
Stone, Ronald H. [1980] *Paul Tillich's Radical Social Thought*. John Knox Press, Atlanta
———[2012] *Politics and Faith: Reinhold Niebuhr and Paul Tillich at Union Seminary in New York*. Mercer University Press, Macon
Stumme, John R. [1978] *Socialism in Theological Perspective: A Study of Paul Tillich 1918-1933*. Scholars Press, Missoula
茂洋［1971］『ティリッヒの組織神学の構造』（新教出版社）
———［2004］『ティリッヒ神学における存在と生の理解』（新教出版社）
高橋良一［2004］「学会報告：ティリッヒのキリスト論」（『ティリッヒ研究』現代キリスト教思想研究会、第７号）
———［2005］「平和への希望」（『ティリッヒ研究』現代キリスト教思想研究会、第９号）
———［2006］「ティリッヒにおける歴史解釈の問題」（『ティリッヒ研究』現代キリスト教思想研究会、第 10 号）
Taylor, Mark Kline [1987] *Paul Tillich: Theologian of the Boundaries*. Collins, London
Thatcher, Adrian [1978] *The Ontology of Paul Tillich*. Oxford University Press, Oxford
Wenz, Gunther [1979] *Subjekt und Sein: Die Entwicklung der Theologie Paul Tillichs*. Chr. Kaiser, München
Wittschier, Sturm [1975] *Paul Tillich. Seine Pneuma-Theologie: Ein Beitrag zum Problem Gott und Mensch*. Glock und Lutz, Nürnberg
Wrege, Wolf Reinhard [1996] *Die Rechtstheologie Paul Tillichs*. J. C. B. Mohr, Tübingen

キリスト教思想研究会、第９号）
近藤勝彦［1989］「パウル・ティリッヒの神学における政治の問題――特にその『組織神学』第三巻をめぐって」（『神学』東京神学大学、第51号）
――――［1993］『歴史の神学の行方――ティリッヒ、バルト、パネンベルク、ファン・リューラー』（教文館）
Lai, Pan-chiu［1994］*Towards a Trinitarian Theology of Religions: a Study of Paul Tillich's Thought.* Kok Pharos Publishing House, Kampen, the Netherlands
Manning, Russell Re［2005］*Theology at the End of Culture: Paul Tillich's Theology of Culture and Art.* Peeters, Leuven
O'Neill, Andrew［2008］*Tillich: A Guide for the Perplexed.* T & T Clark, London / New York
Palmer, Michael F.［1984］*Paul Tillich's Philosophy of Art.* Walter de Gruyter, Berlin / New York
Pauck, Wilhelm & Marion［1976］*Paul Tillich: His Life & Thought.* Harper & Row, New York
Pongo, Kodzo Tita［1996］*Expectation as Fulfillment; A Study in Paul Tillich's Theory of Justice.* University Press of America, Lanham
Reimer, James A.［1989］*The Emanuel Hirsch and Paul Tillich Debate: A Study in the Political Ramifications of Theology.* The Edwin Mellen Press, Lewiston
Repp, Martin［1986］*Die Transzendierung des Theismus in der Religionsphilosophie Paul Tillichs.* Lang, Frankfurt am Main / New York
Rolinck, Eberhard［1976］*Geschichte und Reiche Gottes: Philosophie und Theologie der Geschichte bei Paul Tillich.* Ferdinand Schoningh, München
Schäfer, Karin［1988］*Die Theologie des Politischen bei Paul Tillich unter besonderer Berücksichtigung der Zeit von 1933 bis 1945.* Lang, Frankfurt am Main
Scharlemann, Robert P.［1989］*Inscriptions and Reflections: Essays in Philosophical Theology.* University Press of Virginia, Charlottesville
――――［2004］*Religion and Reflection: Essays on Paul Tillich's Theology.* LIT Verlag, Münster
Schnübbe, Otto［1985］*Paul Tillich und seine Bedeutung für den Protestantismus Heute: Das Prinzip der Rechtfertigung im theologischen, philosophischen und politischen Denken Paul Tillichs.* Lutherhaus Verlag, Hannover
Schüßler, Werner［1999］(2009) *"Was uns unbedingt angeht": Studien zur Theologie und Phiolosophie Paul Tillichs.* LIT Verlag, Münster

究会、第5号）
——— ［2003］「芸術神学序説——ティリッヒにおける状況と芸術」（『ティリッヒ研究』現代キリスト教思想研究会、第6号）
——— ［2006］「ティリッヒとロマン主義考察」（『ティリッヒ研究』現代キリスト教思想研究会、第10号）
Kelsey, David H. ［1967］ *The Fabric of Paul Tillich's Theology*. Yale University Press, New Haven / London
Kergley, Charles W. ［1952］ *The Theology of Paul Tillich* (ed.). Macmillan, New York
鬼頭葉子 ［2002］「ティリッヒとヤスパース——『実存』と『宗教』概念について」（『ティリッヒ研究』現代キリスト教思想研究会、第5号）
——— ［2003a］「書 評 R. F. Bulman / F. J. Parrella, eds., *Religion in the New Millennium: Theology in the Spirit of Paul Tillich*, Mercer University Press, 2001」（『ティリッヒ研究』現代キリスト教思想研究会、第6号）
——— ［2003b］「ティリッヒの歴史解釈」（『ティリッヒ研究』現代キリスト教思想研究会、第7号）
——— ［2004a］「後期ティリッヒにおける歴史をめぐる問題——「歴史の意味の問い」の構造」（『ティリッヒ研究』現代キリスト教思想研究会、第8号）
——— ［2004b］「後期ティリッヒにおける歴史をめぐる問題——問いの構造について」（『基督教学研究』京都大学基督教学会、第24号）
——— ［2006］「パウル・ティリッヒの聖霊理解——霊の普遍性・創造性について」（『基督教学研究』京都大学基督教学会、第26号）
——— ［2007］「『道徳』なき『近代』？——パウル・ティリッヒにおける道徳的命法の宗教的次元」（『宗教と倫理』宗教倫理学会、第7号）
——— ［2010］「ティリッヒにおける時間と空間の問題」（『基督教学研究』京都大学基督教学会、第30号）
近藤剛 ［2000］「創造と堕落の問題——P. ティリッヒの自由理解を手掛かりに」（『ティリッヒ研究』現代キリスト教思想研究会、創刊号）
——— ［2002］「初期ティリッヒの組織神学構想（1）——『組織神学』（1913年）の「弁証学」を中心に」（『ティリッヒ研究』現代キリスト教思想研究会、第4号）
——— ［2002］「初期ティリッヒの組織神学構想（2）——『組織神学』（1913年）の「教義学」を中心に」（『ティリッヒ研究』現代キリスト教思想研究会、第5号）
——— ［2003］「初期ティリッヒの組織神学構想（3）——『組織神学』（1913年）の「倫理学」を中心に」（『ティリッヒ研究』現代キリスト教思想研究会、第6号）
——— ［2005］「正義の神学——ティリッヒを手掛かりに」（『ティリッヒ研究』現代

Bedeutung für die Ethik: in Die Neue Zeitschrift für systematische Theologie und Religionsphilosophie, Bd10. Thormann & Goetsch, Berlin
———[1981] *Philosophie und Theologie im Werk Paul Tillichs.* Evangelisches Verlagswerk, Frankfurt am Main
Hertel, Wolf [1971] *Existenzieller Glaube; eine Studie über den Glaubensbegriff von Karl Jaspers und Paul Tillich.* A. Hain, Meisenheim am Glan
今井尚生［1996］「P・ティリッヒにおける『カイロス』と認識の形而上学——歴史相対主義の克服」（『基督教学研究』京都大学基督教学会、第15号）
———［1998］「価値および意味と宗教の問題——トレルチおよびティリッヒの思想を手掛かりとして」（『基督教学研究』京都大学基督教学会、第18号）
———［2001］「ティリッヒの生の次元論における精神的次元の現実化——生の自己統合と自己創造の機能」（『ティリッヒ研究』現代キリスト教思想研究会、第3号）
———［2002］「ティリッヒとフロム——自己愛を巡って」（『ティリッヒ研究』現代キリスト教思想研究会、第5号）
Irwin, Alexander C. [1991] (2004) *Eros toward the World: Paul Tillich and the Theology of the Erotic.* Wipt & Stock Publishers, Oregon
石川明人［2004］「聖なる空虚——ティリッヒの教会建築論について」（『ティリッヒ研究』現代キリスト教思想研究会、第7号）
———［2007］『ティリッヒの宗教芸術論』（北海道大学出版会）
岩城聡［2001］「パウル・ティリッヒの宗教社会主義論をめぐって」（『ティリッヒ研究』現代キリスト教思想研究会、第2号）
———［2001］「ティリッヒ・ヒルシュ論争が明らかにしたもの——ティリッヒ神学と宗教社会主義が直面した課題」（『ティリッヒ研究』現代キリスト教思想研究会、第3号）
———［2002］「ティリッヒにおける宗教社会主義の神学的意義——ティリッヒ・ヒルシュ論争をめぐって」（『基督教学研究』京都大学基督教学会、第22号）
———［2004］「ティリッヒの宗教社会主義——その現代的意義についての一考察」（『ティリッヒ研究』現代キリスト教思想研究会、第7号）
———［2005］「ティリッヒの社会主義と民族問題」（『ティリッヒ研究』現代キリスト教思想研究会、第9号）
James, Robison B. [2003] *Tillich and World Religions: Encountering Other Faiths Today.* Mercer University Press, Macon
川桐信彦［2002］「新即物主義と信仰的現実主義——ティリッヒの状況分析と芸術」（『ティリッヒ研究』現代キリスト教思想研究会、第4号）
———［2002］「現代芸術の宗教的次元」（『ティリッヒ研究』現代キリスト教思想研

Paul Sartre, Paul Tillich, Etienne Gilson, Karl Barth. Westminster Press, Philadelphia

Cooper, John Charles [1997] *The "Spiritual Presence" in the Theology of Paul Tillich: Tillich's Use of St. Paul.* Mercer University Press, Macon

Cooper, Terry D. [2005] *Paul Tillich and Psychology: Historic and Contemporary Explorations in Theology, Psychotherapy, and Ethics.* Mercer University Press, Macon

Crossman, Richard C. [1983] Paul Tillich. A Comprehensive Bibliography and Keyword Index of Primary and Secondary Writings in English. Scarecrow Press, Metuchen

Danz, Christian [2000] *Religion als Freiheitsbewußtsein: Eine Studie zur Theologie als Theorie der Konstitutionsbedingungen individueller Subjektivität bei Paul Tillich.* Walter de Gruyter, Berlin / New York

土肥真俊［1960］『ティリッヒ』人と思想シリーズ（日本基督教団出版局）

Donnelly, Brian [2003] *The Socialist Émigré: Marxism and the Later Tillich.* Mercer University Press, Macon

Ferrell, Donald R. [1992] *Logos and Existence: the Relationship of Philosophy and Theology in the Thought of Paul Tillich.* Peter Lang, New York

藤倉恒雄［1988］『ティリッヒの「組織神学」研究』（新教出版社）

――――［1992］『ティリッヒの神と諸宗教』（新教出版社）

Gerhards, Hans-Joachim [1973] *Utopie als innergeschichtlicher Aspekt der Eschatologie: die konkrete Utopie Ernst Blochs unter der eschatologischen. Vorbehalt der Theologie Paul Tillichs.* Gütersloher Verlagshaus, Gütersloh

Gilkey, Langdon [1990] (2000) *Gilkey on Tillich.* Wipt and Stock Publishers, Oregon

Glöckner, Konrad [2004] *Personsein als Telos der Schöpfung: Eine Darstellung der Theologie Paul Tillichs aus der Perspektive seines Verständnisses des Menschen als Person* (Tillich-Studien 15). LIT Verlag, Münster

Grau, Karin [1999] *"Healing Power" —— Ansätze zu einer Theologie der Heilung im Werk Paul Tillichs.* LIT Verlag, Münster

Halme, Lasse [2003] *The Polarity of Dynamics and Form: The Basic Tension in Paul Tillich's Thinking.* (Tillich-Studien 4). LIT Verlag, Münster

Hamilton, Kenneth [1963] *The System and Gospel. A Critique of Paul Tillich.* Macmillan, New York

Henel, Ingeborg C. [1968] Paul Tillichs Begriff der Essentifikation und seine

b．論文と著書

Adams, James Luther [1965] *Paul Tillich's philosophy of Culture, Science, and Religion.* Harper & Row, New York

相澤一 [2004]「ティリッヒ『組織神学』の基礎構造——存在論、キリスト論、歴史論」(聖学院大学大学院博士論文)

雨宮栄一 [2002]『主を覚え、死を忘れるな——カール・バルトの死の理解』(新教出版社)

Annala, Pauli [1982] *Transparency of Time: The Structure of Time-Consciousness in the Theology of Paul Tillich.* Luther-Agricola-Society, Helsinki

芦名定道 [1986]「P. ティリッヒの時間論」(『基督教学研究』京都大学基督教学会、第9号)

——— [1994]『ティリッヒと現代宗教論』(北樹出版)

——— [1994]「P. ティリッヒの宗教思想研究」(京都大学大学院博士論文)

——— [1995]『ティリッヒと弁証神学の挑戦』(創文社)

——— [1998]「現代キリスト教思想における終末論の可能性」(『基督教学研究』京都大学基督教学会、第18号)

——— [2000]「ティリッヒ　生の次元論と科学の問題」(『ティリッヒ研究』現代キリスト教思想研究会、創刊号)

——— [2001]「ティリッヒとシュライアーマッハー」(『ティリッヒ研究』現代キリスト教思想研究会、第2号)

——— [2001]「ティリッヒのユートピア論」(『ティリッヒ研究』現代キリスト教思想研究会、第3号)

——— [2003]「ティリッヒと平和の神学」(『ティリッヒ研究』現代キリスト教思想研究会、第7号)

——— [2006]「ティリッヒとカント——近代キリスト教思想の文脈から」(『ティリッヒ研究』現代キリスト教思想研究会、第10号)

——— [2007]「ティリッヒと宗教社会主義」(『ティリッヒ研究』現代キリスト教思想研究会、第11号)

Breipohl, Renate [1971] *Religiöser Sozialismus und bürgerliches Geschichtsbewußtsein zur Zeit der Weimarer Republik.* Theologischer Verlag, Zürich

Clayton, John Powell [1980] *The Concept of Correlation: Paul Tillich and the Possibility of a Mediating Theology.* Walter de Gruyter, Berlin / New York

Cochrane, Arthur C. [1956] *The Existentialists and God: Being and the Being of God in the Thought of Sören Kierkegaard, Karl Jaspers, Martin Heidegger, Jean-*

Actes du XVe Colloque International Paul Tillich Toulouse 2003 (Tillich-Studien 14). LIT Verlag, Münster, 2005
⑭ Werner Schüßler, Erdmann Sturm (hrsg.): *Macht und Gewalt. Annäherungen im Horizont des Denkens von Paul Tillich.* Lit Verlag, Münster, 2005
⑮ Christian Danz, Werner Schüßler und Erdmann Sturm (hrsg.): *Wie viel Vernunft braucht der Glaube? Internationales Jahrbuch für die Tillich-Forschung.* Lit Verlag, Münster, 2005
⑯ Peter Haigis, Gert Hummel, Doris Lax (hrsg./eds.): *Christus Jesus — Mitte der Geschichte* !? / *Christ Jesus — the Center of History* !? Beiträge des X. Internationalen Paul Tillich-Symposions Frankfurt am Main 2004 Proceedings of the X. Internationa Paul-Tillich-Symposion Frankfurt am Main 2004 (Tillich-Studien 13). Lit Verlag, Münster, 2007
⑰ Russell Re Manning (ed.): *The Cambridge Companion to Paul Tillich.* Cambridge University Press, Cambridge, 2009
⑱ Christian Danz, Werner Schüßler und Erdmann Sturm (hrsg.) *Religion und Politik, Internationales Jahrbuch für die Tillich-Forschung, Bd. 4*, LIT Verlag, Münster, 1. Aufl. 2009
⑲ Christian Danz, Werner Schüßler und Erdmann Sturm (hrsg.) *Religionstheologie und interreligiöser Dialog, Internationales Jahrbuch für die Tillich-Forschung Bd. 5.* LIT Verlag, Münster, 1. Aufl. 2010
⑳ Marc Dumas, Martin Leiner und Jean Richard (eds.) *Paul Tillich - Interprète de l'histoire, Forum Religionsphilosophie*, Bd. 31, LIT Verlag, Münster, 1. Aufl. 2013
㉑ Christian Danz, Marc Dumas, Werner Schüßler, Mary Ann Stenger und Erdmann Sturm (hrsg.) *International Yearbook for Tillich Research, Bd. 10*, Walter de Gruyter, Berlin / New York, 2015
㉒ Christian Danz, Marc Dumas, Werner Schüßler, Mary Ann Stenger und Erdmann Sturm (hrsg.) *International Yearbook for Tillich Research, Bd. 11*, de Gryuter, Berlin / New York, 2016
㉓ Christian Danz und Werner Schüßler (hrsg.) *Paul Tillich im Exil, Tillich Research 12*, Walter de Gruyter, Berlin / New York, 2017
㉔ Marc Dumas, Jean Richard und Bryan Wagoner (hrsg.) *Les ambiguïtés de la vie selon Paul Tillich. Travaux issus du XXIe Colloque international de l'Association Paul Tillich d'expression française, Tillich Research 9*, Walter de Gruyter, Berlin / New York, 2017

① Charles W. Kegley (ed.): *The Theology of Paul Tillich.* Macmillan, New York, 1952 (1982)
② John J. Carey (ed.): *Kairos and Logos. Studies in the Roots and Implications of Tillich's Theology.* Mercer University Press, Macon, 1984 (1978)
③ James Luther Adams, Wilhelm Pauck, Roger Lincoln Shinn (eds.): *The Thought of Paul Tillich.* Harper & Row, San Francisco, 1985
④ Gert Hummel (ed.): *God and Being / Gott und Sein: The Problem of Ontology in the Philosophical Theology of Paul Tillich / Das Problem der Ontologie in der Philosophischen Theologie Paul Tillichs.* Walter de Gruyter, Berlin / New York, 1989
⑤ Gert Hummel (ed.): *New Creation or Eternal Now / Neue Schöpfung oder Ewiges Jetzt: Is there an Eschatology in Paul Tillich's Work? / Hat Paul Tillich eine Eschatologie?* Walter de Gruyter, Berlin / New York, 1991
⑥ Gert Hummel (ed.): *Truth and History — a Dialogue with Paul Tillich / Wahrheit und Geschichte — ein Dialog mit Paul Tillich.* Proceedings of the VI. International Paul Tillich Symposium held in Frankfurt am Main 1996 / Beiträge des VI., Internationalen Paul-Tillich-Symposions in Frankfurt am Main 1996. Walter de Gruyter, Berlin/ New York, 1998
⑦ Gert Hummel (ed.): *Being Versus Word in Paul Tillich's Theology? / Sein versus Wort in Paul Tillichs Theologie* Proceedings of the VII. International Paul Tillich Symposium held in Frankfurt am Main 1998 / Beiträge des VII. Internationalen Paul-Tillich-Symposions in Frankfurt am Main 1998. Walter de Gruyter, Berlin / New York, 1999
⑧ 組織神学研究所編『パウル・ティリッヒ研究』(聖学院大学出版会、1999 年)
⑨ 組織神学研究所編『パウル・ティリッヒ研究２』(聖学院大学出版会、2000 年)
⑩ Raymond F. Bulman and Frederick J. Parrella (eds.): *Religion in the New Millennium: Theology in the Spirit of Paul Tillich.* Mercer University Press, Macon, 2001
⑪ Marc Boss, Doris Lax, Jean Richard (eds.): *Mutations religieuses de la modernité tardive*: actes du XIVe Colloque International Paul Tillich, Marseille, 2001 (Tillich-Studien 7). Lit Verlag, Münster, 2002
⑫ Christian Danz (Hg.): *Theologie als Religionsphilosophie: Studien zu den problemgeschichtlichen und systematischen Voraussetzungen der Theologie Paul Tillichs* (Tillich-Studien 9). Lit Verlag, Münster, 2004
⑬ Marc Boss, Doris Lax, Jean Richard (eds.): *Ethique sociale et socialisme religieux.*

1954：*Love, Power, and Justice*（in: MW. 3）
1955a：Biblical Religion and the Search for Ultimate Reality（in: MW. 4）
1955b：Religious Symbols and Our Knowledge of God（in: MW. 4）
1957a：*Systematic Theology vol. 2*（=ST. 2）
1957b：*Dynamics of Faith*（in: MW. 5）
1958a：Kairos（in: GW. VI）
1958b：The Lost Dimension in Religion（in: *The Essential Tillich.* ed. by F. F. Church. New York, 1987）
1959a：Kairos - Theonomie - Das Dämonische（in: GW. XII）
1959b：Das christliche Verständnis des modernen Menschen（in: MW. 2）
1959c：The Struggle between Time and Space（in: TC）
1960（1962）：『文化と宗教』（岩波書店）
「私の神学の哲学的背景」「宗教と文化」「宗教哲学の諸原理」「神学に対する実存主義の意義」「宗教社会主義の根本理念」「民主主義の精神的基礎」「宗教の力学と悪魔的なものの構造」「世界諸宗教の出会い」「実在と象徴の神」
1963a：*Systematic Theology vol. 3*（=ST. 3）
1963b：Christianity and the Encounter of the World Religions（in: MW. 5）
1963c：*The Eternal Now.* Charles Scribner's Sons, New York
1963d：*Morality and Beyond.* Westminster John Knox Press, Louisville
1963e：Die christliche Hoffnung und ihre Wirkung in der Welt（in: MW. 6）
1965a（1966）：The Significance of the History of Religions for the Systematic Tholeogian（in: MW. 6）
1965b：The Right to Hope（in: *Theology of Peace*, Westminster John Knox Press, Louisville 1990）
1984：*The Meaning of Health*（ed. by Perry LeFevre, Exploration Press, Chicago）
1987：*On Art and Architecture*（ed. by John Dillenberger and Jane Dillenberger, Crossroad publishing, New York）
1988：*The Spiritual Situation in Our Technical Society*（ed. by J. Mark Thomas, Mercer University Press, Macon）
1990：*Theology of Peace*（ed. by Ronald H. Stone, Westminster John Knox Press, Louisville）

B．ティリッヒ研究文献

a．論文集

1933b：Das Wohnen, der Raum und Zeit（in: MW. 2）
1934a：Die Theologie des Kairos und die gegenwärtige geistige Lage: ein Offner Brief an Emanuel Hirsch（in: EW. VI）
1934b：The totalitarian State and the Claims of the Church（in: MW. 3）
1934-1936：Prophetische und marxische Geschichtsdeutung（in: GW. VI）
1935a：Um was es geht. Antwort an Emanuel Hirsch（in: EW. VI）
1935b：Marx and the Prophetic Tradition（in: MW. 3）
1936：On the Boundary（in: IH）
1937a：The End of the Protestant Era（in: GW. VII）
1937b（1948）：The End of the Protestant Era（in: PEa）
1938：The Kingdom of God and History（in: *The Kingdom of God and History*, Willett Clark & Company, Chicago/New York）
1939a：History as *the* Problem of our Period（in: MW. 6）
1939b（1948）：Historical and Nonhistorical Interpretation of History（in: PEa）
1942：Marxism and Christian Socialism（in: MW. 3）
1944a：Existential Philosophy（in: MW. 1）
1944b：Estrangement and Reconciliation in Modern Thought（in: MW. 6）
1944c：Power and Justice in the Postwar World（in: *Theology of Peace*, Westminster John Knox Press, 1990）
1945：The World Situation（in: *Theology of Peace*, Westminster John Knox Press, 1990）
1946：The Two Types of Philosophy of Religion（in: MW. 4）
1947：The Problem of Theological Method（in: MW. 4）
1948a：Author's Introduction（in: PEa）
1948b：Kairos（in: PEa）
1948c：How Much Truth is There in Karl Marx?（in: GW. XII）
1948d：*The Shaking of the Foundations*. Charles Scribner's Sons, New York
1949：Beyond Religious Socialism（in: MW. 3）
1951：*Systematic Theology vol. 1*（=ST. 1）
1952a：*The Courage to Be*（in: MW. 5）
1952b：Autobiographical Reflections, in: *The Theology of Paul Tillich*. eds. Charles W. Kegley and Robert W. Brettall, Macmillan, New York, 1964, pp. 3-21
1952c：Answer, in: *ibid.*, pp. 374-394
1952d：Das christliche Menschenbild im 20. Jahrhundert（in: GW. III）
1953：Der Mensch im Christentum und Marxismus（in: MW. 2）

HCT : *A History of Christian Thought* (ed. by Carl E. Braaten). Harper & Row, New York, 1972, Previously published as two separate volumes: *A History of Christian Thought* and *Perspectives on 19th and 20th Century Protestant Theology*
IH : *The Interpretation of History.* Charles Scribner's Sons, New York, 1936
PEa : *The Protestant Era* (Abridged). University of Chicago Press, Chicago, 1948
TC : *Theology of Culture.* Oxford University Press, Oxford, 1959

1919a : Der Sozialismus als Kirchenfrage (in: MW. 3)
1919b : Christentum und Sozialismus (in: GW. II)
1919-1920 : *Berliner Vorlesungen I: Ergänzungs-und Nachlaßbände zu den Gesammelten Werken XII*, Walter de Gruyter, Berlin / New York, 2001
1920 : Christentum und Sozialismus (in: GW. II)
1921 : Religiöser Stil und Religiöser Stoff in der bildenden Kunst (in: MW. 2)
1922a : Kairos (in: MW. 4)
1922b : Albrecht Ritschl, Zu seinen hundertsten Geburtstag (in: GW. XII)
1923a : *Das System der Wissenschaften* (in: MW. 1)
1923b : Ernst Troeltsch (in: GW. XII)
1923c : Grundlinien des religiösen Sozialismus (in: MW. 3)
1924 : Kirche und Kultur (in: MW. 2)
1926a : *Die religiöse Lage der Gegenwart* (in: MW. 5)
1926b : Das Dämonische. Ein Beitrag zur Sinndeutung der Geschichte (in: MW. 5)
1926c : Der Begriff des Dämonischen und seine Bedeutung für die Systematische Theologie (in: GW. VIII)
1926d : Kairos. Ideen zur Geisteslage der Gegenwart (in: MW. 4)
1926e : Kairos und Logos (in: MW. 1)
1926f : Der Glaube an den Sinn (in: GW. XIII)
1927 : Eschatologie und Geschichte (in: MW. 6)
1928 : Das religiöse Symbol (in: MW. 4)
1929-1930 : *Vorlesungen über Geschichtsphilosophie und Sozialpädagogik (Frankfurt 1929/1930)* (in: EW. XI)
1930a : Christologie und Geschichtsdeutung (in: MW. 6)
1930b : Die Geisteslage der Gegenwart. Rückblick und Ausblick (in: GW. X)
1931 : Das Problem der Macht (in: MW. 3)
1933a : *Die sozialistische Entscheidung* (in: MW. 3)

参考文献一覧

本書の参考文献を以下に挙げる。ティリッヒの著作からの引用は、グロイター版ティリッヒ著作集（略記号 MW）を用い、ここに収録されていないものについては、従来のドイツ語版ティリッヒ全集（略記号 GW）、およびティリッヒ全集補遺・遺稿集（略記号 EW）を用いた。翻訳に際して、邦訳のあるものについてはそれを参照したが、訳語の適切性を考慮するため、原則として私訳を用いた。引用は「　」によって行ったが、その中の諸記号は以下のことを意味している。

①傍点○○○は、原文における種々の強調記号（イタリックなど）を示す。なお、本文中の傍点○○○は、筆者の強調を意味する。
②『　』は、原文内の” “（引用符）を示す。書名と混同される場合は、別途注記する。

引用箇所の指示については、ティリッヒからの引用に限り、原則として全て本文中に組み入れ、（　）内に著者・出版年・頁数を付した。出版年によって指示される著作・論文に関しては、以下の文献表を参照のこと。ティリッヒの著作以外の参考文献からの引用については略記号を用いず、引用箇所を脚注において文献情報と共に示した。

A. ティリッヒの著作

ティリッヒの文献については次の略記号を使用。

GW：Gesammelte Werke. Hrsg. v. Renate Albrecht. Evangelisches Verlagswerk, Stuttgart 1959-1975
EW：Ergänzungs- und Nachlaßbände zu den GW. Walter de Gruyter, Berlin / New York 1971-1983
MW：Main Works / Hauptwerke. Walter de Gruyter Berlin / New York, 1987-
ST：Systematic Theology. vol. 1, 2, 3. University of Chicago Press, Chicago 1951, 1957, 1963
STd：Systematische Theoligie. Bd. I, II, III. Evangelisches Verlagswerk Stuttgart 1955, 1958, 1966

マ　行

ヤ　行

ラ・ワ　行

タ　行

ナ　行

ハ　行

サ　行

事 項 索 引

ア　行

カ　行

ニーチェ(Nietzsche, Friedrich)　6, 23, 27, 28, 136, 189, 191, 242
ニーバー，ラインホールド(Niebuhr, Reinhold)　5, 110, 211, 215, 269, 270, 283, 286
ニーバー，リチャード(Niebuhr, Helmut Richard)　211
ヌォーヴォ(Nuovo, Victor L.)　136
ヌスバウム(Nussbaum, Martha C.)　277

ハ　行

ハイジック(Heisig, James W.)　203
ハイデガー(Heidegger, Martin)　15, 17, 18, 22, 176, 177, 182, 189, 237
パウク(Pauck, Wilhelm)　10, 77, 97, 104, 281
パウロ(使徒)(Paulos)　62, 158, 162, 163, 169, 173-175, 251
パスカル(Pascal, Blaise)　*ii*
パネンベルク(Pannenberg, Wolfhart)　6, 129, 269, 271
ハーバーマス(Habermas, Jürgen)　*v*, 207, 235
ハミルトン(Hammilton, Kenneth)　5
バルト(Barth, Karl)　35, 36, 136, 170, 175, 180, 207, 211, 242, 270, 272
ハルナック(Harnack, Adolf von)　34
ハワワース(Hauerwas, Stanley)　37, 210-212, 285
ピーターズ(Peters, Ted)　6, 135
ヒック(Hick, John)　182, 184
ヒルシュ(Hirsch, Emanuel)　47, 98, 102, 103, 126, 206, 261
ファイアストーン(Firestone, Chris L.)　152, 153
フィヒテ(Fichte, Johann G.)　*i*
フォイエルバッハ(Feuerbach, Ludwig)　191
ブーザー(Boozer, Jack S.)　6, 7, 110, 111, 139, 181
藤倉恒雄　5, 8, 265
藤田正勝　202, 203
ブライポール(Breipohl, R.)　10, 47, 283
プラトン(Plátōn)　170
ブルトマン(Bultmann, Rudolf)　22, 35, 135, 136, 193, 201, 241, 284
ブルマン(Bulman, Raymond F.)　7, 11, 104, 136
ブルンナー(Brunner, Emil)　35, 207
ヘーゲル(Hegel, Georg W. F.)　23, 30, 207, 238, 239, 242
ヘーネル(Henel, Ingeborg)　6, 139
ペラギウス(Pelagius)　278
ペールマン(Pöhlmann, Horst G.)　135
ポンゴ(Pongo, Kodzo Tita)　76, 92, 93

マ　行

マクルモア(Miller-McLumore, Bonnie J.)　76, 171, 174, 175
マッキンタイア(MacIntyre, Alasdair)　76, 150
マッコーリー(Macquarrie, John)　136, 177
マルクス(Marx, Karl H.)　27, 41-43, 216, 242, 243, 245
武藤一雄　152, 157, 165, 193
ムレイ(Murray, John C.)　209, 210
メイ(May, Rollo)　168, 178
森田雄三郎　73
モルトマン(Moltmann, Jürgen)　179, 180, 184, 270-272

ヤ　行

ヤスパース(Jaspers, Karl T.)　*iv*, 7, 122-124, 144, 165, 276
ヤール(Jahr, Hannelore)　11, 104
ユンゲル(Jüngel, Eberhard)　170, 171
ヨハネ23世（ローマ教皇）(Ioannes PP. XXIII)　215

ラ・ワ　行

ライ(Lai, Pan-Chiu)　251, 252, 266
ライナー(Leiner, Martin)　6, 7, 128-130
ライマー(Reimer, A. James)　47, 229, 261
ラーナー(Rahner, Karl)　48, 65
リッチュル(Ritschl, Albrecht B.)　33-35
ルター(Luther, Martin)　88, 173, 174

人名索引

ア　行

アウグスティヌス(Augustinus)　169, 170, 278
芦名定道　9-11, 17, 21, 48, 104, 152, 225-227, 239, 241, 262, 263, 283
アダムス(Adams, James Luther)　47
阿部正雄　186, 200, 281
アリストテレス(Aristoteles)　25
ヴィットシアー(Wittschier, Sturm)　60, 263
ウェーバー(Weber, Max)　207
ヴェンツ(Wenz, Gunther)　5, 60
ウォルツァー(Walzer, Michael)　94
エリアーデ(Eliade, Mircea)　188

カ　行

カント(Kant, Immanuel)　17, 22, 25, 83-87, 143, 150-168, 198, 207, 220-222, 237, 256, 257, 274-277, 287
キェルケゴール(Kierkegaard, Søren Aabye)　23, 242
ギルキー(Gilkey, Langdon B.)　5-7, 17, 73, 76, 110, 186, 269, 283
熊野義孝　263
クレイトン(Clayton, John Powell Clayton)　10, 100, 232
ケグレイ(Kegley, Jacquelyn Ann K.)　4
ケルゼイ(Kelsey, David H.)　5
コリングウッド(Collingwood, R. G.)　241
近藤勝彦　8, 135

サ　行

サヴェッジ(Savage, Denis)　158
サッチャー(Thatcher, Adrian)　5, 263
サンデル(Sandel, Michael J.)　150
シェーラー(Scheler, Max)　17
シェリング(Schelling, Friedrich W. J. von)　*i*, 23, 87
シャールマン(Scharlemann, Robert P.)　186, 200
ジャンケレヴィッチ(Jankélévitch, Vladimir)　177, 178, 182, 280
シュタム(Stumme, John R.)　47
シュッスラー(Schüßler, Werner)　7, 18, 123, 152, 153, 275
シュペングラー(Spengler, Oswald)　242
シュライアーマッハー(Schleiermacher, Friedrich)　33, 170, 240
ストーン(Stone, Ronald H.)　8, 10, 18, 47, 48, 54, 60, 76, 245-247, 273

タ　行

ダンツ(Danz, Christian)　6, 7, 76, 79, 130, 139, 152
テイラー, チャールズ(Taylor, Charles M.)　*v*, 150, 151, 207, 235, 274, 277
テイラー, マーク(Taylor, Mark L.)　7, 48, 245
デリダ(Derrida, Jacques)　219-224, 259, 287
トインビー(Toynbee, Arnold J.)　187, 188, 191, 193
ドゥオーキン(Dworkin, Ronald)　150
トゥールミン(Toulmin, S.)　20, 235
ドネリー(Donnelly, Brian)　7, 8, 48, 60, 68, 245
トマス・アクィナス(Thomas Aquinas)　209
トレルチ(Troeltsch, Ernst)　35, 36, 99, 100, 196, 211, 241, 242, 264

ナ　行

西田幾多郎　165, 166
西谷啓治　185-206, 266, 283

■著者略歴
鬼頭葉子（きとう・ようこ）
2000年　東京大学文学部卒業
2007年　京都大学大学院文学研究科博士後期課程研究指導認定。
2010年　博士号取得（文学）（京都大学）
現　在　長野工業高等専門学校一般科准教授。京都大学大学院文学研究科応用哲学・倫理学教育研究センター研究員。キリスト教学・宗教哲学・倫理学専攻
著　作　“The Metaphysical Background of Animal Ethics and Tourism in Japan,” in *Tourism Experiences and Animal Consumption, Contested Values, Morality and Ethics*, ed. Carol Kline, Routledge,「チャールズ・テイラーの超越概念——宗教と政治性」（『アルケー』24, 2016年),「動物倫理とフェミニズム」（『長野工業高等専門学校紀要』50, 2016年),「ティリッヒとカント——道徳と宗教のあいだ」（『キリスト教学研究室紀要』14, 2016年), 他

時間と空間の相克
——後期ティリッヒ思想再考——

2018年3月27日　初版第1刷発行

著　者　鬼　頭　葉　子
発行者　中　西　　良

発行所　株式会社　ナカニシヤ出版
〒606-8161　京都市左京区一乗寺木ノ本町15
TEL　(075)723-0111
FAX　(075)723-0095
http://www.nakanishiya.co.jp/

印刷・製本／創栄図書印刷
＊乱丁本・落丁本はお取り替え致します。
ISBN978-4-7795-1238-4　Printed in Japan.

情報体の哲学
—デカルトの心身論と現代の情報社会論—

曽我千亜紀

デカルト流の二元論に基づき、〈情報〉を補完した新概念——〈情報体〉を提起。この新概念を駆使し、現代の情報社会の構造、さらにはそこにあるべき倫理に迫る。気鋭のヘーゲル研究者による挑戦の書。 五〇〇〇円＋税

存在肯定の倫理Ⅰ
ニヒリズムからの問い

後藤雄太

なぜ私たちはこんなにも、「生きることの意味」を求めるのか？　社会に浸透した虚無主義が持つ「真実」を受けとめた先に、新たな倫理への道を切り拓く。現代を苦しみ生きる万人にとって必読の倫理論。 二六〇〇円＋税

無神論と国家
—コジェーヴの政治哲学に向けて—

坂井礼文

哲学者は〝神〟となりうるのか？　現代思想に多大な影響を与えた哲学者にして、官僚としてヨーロッパ共同体創設への道を切り開いたA・コジェーヴ。その政治哲学を解明する本邦初の本格的研究書。 四四〇〇円＋税

〈他者〉の逆説
—レヴィナスとデリダの狭き道—

吉永和加

徹底された他者論は、宗教もしくは形而上学へ回帰せざるを得ないのか。あるいは、哲学、宗教、倫理の間に〝狭き道〟を見出すことは可能か。他者、神、言語の境界を問う著者渾身の書。 四二〇〇円＋税

表示は二〇一八年三月現在の価格です。